저출산 극복

한국생존 · 자유통일 위해

저출산 극복

인구소멸 · 비혼 탈피 전략

| 박영수 지음 |

젊은이들에게 아이 낳을 희망을 어떻게 줄 것인가?
젊은이에게 희망을! 한국과 기업에게 생존을!

좋은땅

저자 서문

부부 2명이 1명의 아이도 낳지 않고 겨우 0.8명을 낳는 현 초저출산율 하에서는 얼마 지나지 않아 한국의 인구는 북한에 역전되고 만다. 한 세대(약 30년) 후인 2053년에는 한국 인구가 약 2080만[1] 명이 될 때 북한은 약 2470만 명이 되어 크게 역전될 것으로 예상된다. 북한의 인구 규모가 한국보다 약 19%나 커져 역전되는 것이다. 자유 통일을 해야 하지만 선거를 통한 체제 수호를 어떻게 할 것인가?

서울경제신문은 2050년에는 한국의 경제 규모가 아프리카의 나이지리아와 이집트 그리고 아시아의 파키스탄에 의해 추월될 것이라는 글로벌 회계컨설팅 기업의 발표를 2017.2.7. 자로 보도했는데, 초저출산국 한국의 수요·공급 감소 및 경제저성장과 초고출산국 나이지리아 등의 수요·공급 증가 및 경제고성장을 고려할 때 그 가능성을 배제할 수는 없다. 이는 인구증감과 경제 활성화의 대조적인 명암이 불러올 비극이다.

초등학교는 학령인구 급감을 넘어 아예 다닐 아이가 없어 폐교되고 노인학교로 전환됐다는 비보가 이어진다. 지방 대학도 학생 부족으로 폐교 위기로 몰리고 있다. 60대가 청년인 농촌에서는 70~80대가 아픈 몸을 이끌고 일하고 있지만 앞으로 오래 하지는 못한다.

---

1) 참조: 본 서 3장 6항. 현 인구 한국 5200만 출산율 0.8명 및 북한 2600만 출산율 1.9명 기준

설상가상으로 우리나라 2030 여성들이 “애 낳아 주지 말자”라며 보복하겠다는 비보를 국민일보는 2022.3.12. 자로 보도했는데, 믿고 싶지 않아 다시 보았지만 사실 보도를 부인할 수는 없다. 아픈 가슴을 부여안고 묻지 않을 수 없다. 도대체 그것이 누구에 대한 보복이란 말인가? 지금은 북한 핵 위협 제거와 물가 안정을 위해 고군분투하는 대통령에 대한 보복이란 말인가?

그렇다면 그것은 결과적으로 예쁘게 키워 준 부모에 대한 불효도 포함되는 것이고, 세계 파워 랭킹 2위인 한국의 여권을 가지고 유럽 여행마저도 잘 다니게 해 주는 나라에 대한 보복도 결과적으로 포함된다는 것은 왜 생각하지 않는지 안타까울 뿐이다.

상황이 이러하건만 인구절벽을 통탄하는 책들만 출간되지, 나라의 출산율 전략 목표가 얼마가 되어야 하는지, 인구 전략 목표는 얼마가 되어야 하는지, 그 달성 전략은 무엇인지 등을 제언하는 전략서는 찾아보기 힘들다.

국가마저도 인구 목표도, 출산율 전략도, 그 달성 전략도 제시하지 않고 있다. 이는 ‘전략 부재’와 ‘간절함 부족’에서 비롯되었다. 한국소멸이라는 5천 년 민족사 최대 ‘국난’을 맞았음에도 제대로 인식하지 못함에서 비롯된 것이기도 하다. ‘적’을 제대로 알지 못하고서는 전쟁에서 승리할 수 없다.

이런 우리의 안타까운 상황을 보다 못한 외국의 뜻있는 사람들은 경고를 보내오고 있다. 그중 가장 대표적인 세 가지 경고만 살펴본다.

첫째, 영국의 인구학자인 옥스퍼드대 데이비드 콜먼(David Coleman) 교수는 인구 감소 추세로 볼 때 한국이 세계에서 가장 먼저 소멸하는 국가가 될 수 있다고 경고했음을 KBS뉴스가 2015.4.6. 자로 보도했는데, 이는 세계 최저출산율을 수년간 연거푸 경신하는 우리나라 현 상황을 고려할 때 안타깝지만 그 가능성을 배제할 수 없다 할 것이다.

둘째, 미국의 기업인인 세계 최대 부호 겸 AI 투자가 일론 머스크(Elon Musk)는 세계 최악의 독보적 극초저출산율을 해마다 경신하고 있는 한국에 대해 이대로라면 3세대 안에 한국의 인구는 현재의 6% 미만(약 330만 명)이 되고 말 것이며, 그 6% 미만마저도 대부분이 60세 이상이 될 것이라고 경고했음을 조선비즈는 2022.5.27. 자로 보도했는데, 이는 AI가 우리나라 현 출산율 상황을 분석하여 계산한 수치를 머스크가 출력하여 말한 것이기에 한국의 미래를 우려하는 그로서는 충심으로 했던 경고라 생각된다.

셋째, 일본의 와세다대학교 정치경제학술원 특임교수를 역임한 하라다 유타카(原田 泰) 교수는 한국의 GDP 증가율이 일본보다 높지만 한국은 급격한 인구 감소 때문에 일본 경제를 추월하기 어렵다고 경고했음을 한국경제신문은 2022.6.13. 자로 보도했는데, 이는 인구 격감을 고려할 때 그렇게 될 가능성을 배제하기 어렵다고 생각된다.

세계 최악의 독보적 극초저출산은 민족소멸과 국가소멸을 초래하는 우리 민족 5천 년사에 최대의 '국난'이 아닐 수 없다. 그러므로 이 '국난의 극복'은 국가와 민족의 존망이 걸린 것으로 그 어떤 국정과제보다 최우선, 최상위의 과제이다.

그러나 주변을 살펴보면 용산도, 여의도도, 제주도까지도 실질적으로 잠들어 있지 않나 하는 의문이 든다. 국난을 국난으로 제대로 인식하지 못하고 있기 때문이다. 그 근거는 다음의 두 가지이다.

1) 독일은 패전 후 1921.5.~1922.7. 사이에만 700%에 달하는 초인플레이션으로 고통받았다. 그러나 독일은 우리와 달리 극초저출산에 의한 민족소멸이 없었기에 민족과 국가를 보전하여 오늘날 세계 4대 경제대국이 되었다. 이처럼 인플레이션이 연간 7%가 아닌 700%가 되더라도 인구소멸이 없는 한 국가와 민족이 멸망하지는 않는다. 그런데 어찌 인플레이션율을 몇 % 선 이하로 관리하는 것이 국정의 최우선 과제가 될 수 있겠는가? 인구소멸 후에는 한국도 없고, 국민도 없다.

2) A씨가 아니고 B씨나 C씨가 당 대표가 된다고 민족과 국가가 멸망하지는 않는다. 그런데 어찌 당 대표 되는 것에 그렇게 매달린단 말인가? 인구소멸 후에는 당 대표도 없고, 우리의 후손도 없다. 내가 아끼던 집과 건물, 땅도 우리나라를 접수한 중국이나 일본, 러시아가 차지할 것이다. 그들은 개발 시에 무연고인 우리와 우리 조상들의 무덤을 결국은 불도저로 다 밀어서 갈아엎어 버릴 것이다.

위와 같은 재앙은 막아야 한다. 대통령은 국가원수 겸 최고 리더로서 국정과 입법의 최우선 과제를 세계 최악의 극초저출산을 탈피하여 국가와 민족을 멸망에서 구출하는 데 두어야 한다. 국민을 결집하고 행정부와 입법부를 독려하여 출산율을 안전권으로 진입시켜야 한다.

국민은 "생육하고 번성하라" "혼인을 귀히 여기라"시는 하나님의 말씀을 순종하고 그 축복과 가르치심을 감사히 받아야 한다. 비혼(非婚) 긍정률이 79%라고 데일리팝은 2020.4.10. 자로 보도했는데, 이 경악스러운 수치는 믿고 싶지 않지만 사실 보도이니 부인할 수는 없다. 그것이 사실일진대 이 비극에서 우리 젊은이들을 돌아서게 해야 한다. 그래야 한국생존이 가능하다.

아이 낳지 않는 '딩크족'이 되겠다는 비율이 44%라고 시사위크는 2019.11.29. 자로 보도했는데, 이 충격적인 수치는 믿고 싶지 않지만 사실 보도이니 부인할 수는 없다. 그것이 사실일진대 이 비극에서 우리 젊은이들의 생각을 바꿔 놓아야 한다. 그래야 한국의 미래가 있다.

'동성애 결혼' 찬성률이 66%라고 한국갤럽은 2017.6.8. 자 갤럽리포트에서 발표했는데, 이 경악스런 수치는 믿고 싶지 않지만 사실 보도이니 부인할 수는 없다. 그것이 사실일진대 이 비극에서 우리 20대를 돌아서게 해야 한다. 그래야 '동성애국 소돔과 고모라의 말로'를 우리 한국은 답습하지 않을 수 있다. 국민은 세계로부터의 경고들도 경청하고, 국가·민족 소멸의 재앙을 탈출하는 국난 극복에 적극적으로 동참해야 한다.

본 서에서는 극초저출산으로 국가소멸·민족소멸의 위기로 몰리고 있는 '현 상황 및 미래인구 예측'을 '외국과 비교 분석'하였다. 그리고 한국 소멸을 초래하는 '아이를 낳지 않으려는 원인'을 분석하였고, 심혈을 기울여 준비한 '한국 생존 전략'을 6개 장을 투입하여 제언하였다. 그리고 결론으로 한국의 '국가 비전'을 추가로 제언했다.

우리 자손들을 위하여, 사랑하는 이 나라와 민족을 위하여, 국가·민족 소멸이라는 전대미문의 이 국난을 우리는 반드시 극복해야 한다. 그래야 애국가처럼 '하느님의 보우하심'을 입어 자유 통일로 북한 2600만 동포도 기아와 노예 상태에서 구출하고, 만주도 수복할 기약을 할 수 있다.

그런 후 구출한 동포들과 함께 자유와 인권이 보장된 새 나라에서 인간답게 살며, 세계 2대 원조국 겸 강국이 되어 세계 열방을 구제하며 자유와 진리 가운데로 선도하는 나라가 되어야 한다. 이는 하나님의 보호하심을 받으면 가능하다. 그 은혜는 우리가 하나님을 사랑하고 경외하면 반드시 주신다.

박영수

차례

제3장

세계 주요국과의 출산율 비교

제4장

2020년 세계 최악 출산율 0.8명은 망국 대역죄인 고종 정부 연상시키는 무능

제5장
"한국, 막다른 골목 몰렸다" 비웃는 일본

제6장
'60만 대군'은 옛말, 2021년 출생 남아 약 13만뿐

제10장
"생육하고 번성하라" 하나님의 말씀, 순종과 불순종의 차이

제11장
출산율 목표 2.2~2.9명, 축복과 생존·번영의 지름길

제12장
풍요 속의 적막강산

제15장

한국생존전략 2. 청년취업 보장

제16장

한국생존전략 3. 사교육비 제로화 위해 사교육 금지, 무상보육 무상교육

제19장

한국생존전략 6. 인구소멸 · 에이즈 · 성적 타락 부르는 비혼 · 동거 · 동성애 · 성전환 근절

제20장

국가 비전: 세계 2대 원조국, 핵보유국, 북한 · 만주 자유 통일

제1장

한국 국가소멸 · 민족소멸, 세계 석학 세계 경제인 공통 경고

1. 세계 석학 한국소멸 경고

영국 옥스퍼드대학교 데이비드 콜먼(David Coleman) 인구통계학 교수는 세계 최악의 극초저출산과 인구 감소 추세를 보이는 한국에 대해, 한국이 이런 추세라면 인구 부족으로 지구에서 사라지는 최초의 국가가 될 것이라고 경고했음을 KBS뉴스는 2015.4.6. 자로 보도했는데, 세계 최저출산율을 수년간 연거푸 경신하는 우리나라 현 상황을 고려할 때 한국소멸은 반드시 피해야 하지만 출산율 역전이 없는 한 모면하기 어려운 것이기에 안타깝게도 부인하기 어렵다.

합계출산율은 한 명의 여성이 평생 낳는 평균 자녀의 수이다. 부부 2명이 낳는 자녀의 숫자인 셈이다. 합계출산율은 2명을 기준으로 평가하는데, 2명 이상이면 인구 증가, 2명이면 인구 정체, 2명 이하이면 인구 감소로 판단할 수 있다. 합계출산율(이하 '출산율')이 3.0명이라면 부부가 일생에 3명의 자녀를 낳는 것이고, 출산율이 0.8명이라면 부부가 일생에 1명도 낳지 않고 평균적으로 겨우 0.8명을 낳는 수치이다.

우리나라는 경제성장을 위해 인구 증가 억제가 필수적이라고 판단하여 가족계획을 실시하고자 1961년에 대한가족계획협회를 발족시켰다. 그리하여 1962년에 가족계획이 본격적으로 시작되었다. 강력한 가족계획의 실시로 1962년에 5.62명이었던 출산율을 20년 후인 1982년에 2.39명으로 낮추는 데 성공했다. 그러나 거기서 멈췄어야 했다.

안타까운 점은 1983년에 출산율은 2.06명을 기록함으로써 저출산으로 추락했다는 것이다. 그리고 1984년에는 1.74명으로 더욱 추락하여 저출산은 더욱 심화되고 말았다. 그 후 출산율은 더욱 추락해 장차 생산연령인구(15~64세) 감소 및 국가의 미래성장동력을 떨어뜨릴 것임에도 불구하고, 정책 당국도 그 누구도 제동을 걸지 않았다.

문제의 그 저출산에 대해 제동은커녕 오히려 악화를 부채질하였다. "하나만 낳아도 삼천리는 초만원"이라며 국민을 속여 1983~1995년의 장장 13년간이나 더 가족계획을 지속하여 저출산을 부채질하는 인구정책의 대실패를 보였다는 것은 통탄을 넘어 국가의 크나큰 비극이 아닐 수 없다.

우리나라의 출산율은 독보적 세계 최저가 된 지 이미 수년째이다. 2018년 이래 해마다 세계 꼴찌 기록을 경신하고 있다. 그 출산율을 그래프로 보면 아래 〈그림 1-1〉과 같다. 2018년에 OECD 37개국 중 최초로 0점대에 진입한 0.98명이었고, 그 후 개선은커녕 점점 더 악화하여 2019년에 0.92명, 2020년 0.84명, 2021년에 0.81명으로 크게 떨어졌다.

한겨레신문은 한양대학교 전영수 교수가 우리나라의 출산율이 0.5명까지 떨어질 수 있다고 경고하는 것을 2022.8.29. 자로 보도했는데, 세계 최저출산율로 인해 국가소멸의 위기를 맞고 있으니 출산율을 높이자는 호소에도 불구하고 출산율은 오히려 더욱 떨어지고 있는 현실을 고려하면 그 가능성을 배제할 수는 없다.

〈그림 1-1〉 한국 출산율 세계 최저 심화 추이

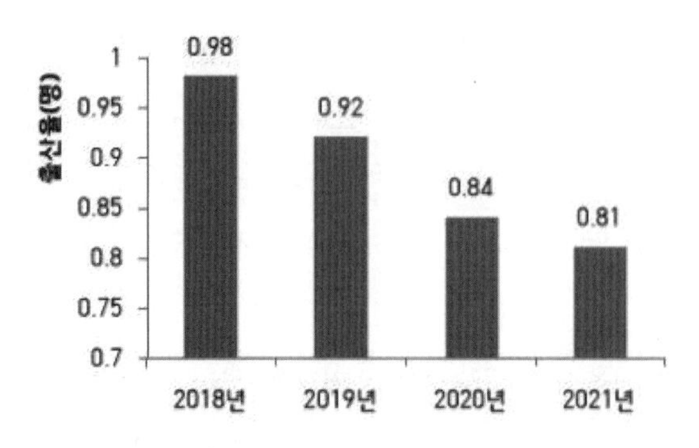

출처: 통계청. 공공누리 제1유형 '합계출산율 2011~2021' 이용

한국은 현재 5030클럽 멤버로서 세계 7대 강국이다. 세계 200개 국가 가운데 인구가 50,000,000명이 넘고, 1인당 GDP가 30,000달러를 넘는 국가들 모임이 5030클럽이다. 한국은 이 클럽에 2018년에 회원국으로 받아들여졌다. 일본은 1992년에 회원국이 되었다. 아래 표는 회원국들의 국세이다.

이 5030클럽 7개 회원국들의 공통점은 경제적으로 세계의 리더 그룹에 속해 있고, 인권을 존중하는 자유민주주의 국가들이라는 점이다.

중국과 러시아가 핵보유국으로서 군사 강대국이고, 경제적으로도 중국은 세계 2대 강국이지만, 1950년 이래 이웃 나라를 침략하여 살인을 자행하는 등 반인권적 만행으로 인해 자유민주주의 국가가 아니고, '1인당 GDP'가 러시아는 10,127달러, 중국은 10,500달러로서 30,000달러에 모두 미달하여 가입하지 못하고 있다. 그러나 간과해서는 안 되는 점은 중국의 '국가 GDP'는 현재 한국의 약 9배라는 점이다.

〈표 1-1〉 세계 7대 강국 5030클럽 회원국 국세(2020)

순위	국가	인구 (만 명)	GDP (국내총생산) (10억 US$)	1인당 GDP (US$)
1	미국	33,100	20,937	63,544
2	일본	12,648	5,065	40,113
3	독일	8,378	3,806	45,724
4	영국	6,789	2,708	40,285
5	프랑스	6,527	2,603	38,625
6	이탈리아	6,046	1,886	31,676
7	한국	5,178	1,638	31,637

출처: 통계청. 'OECD국가의 주요지표'(2020) 이용

그런데 우리나라가 이 세계 7대 강국 클럽에서 쫓겨날 처지에 몰렸다. 그 이유는 인구가 해마다 감소하여 드디어 5000만 명 미만으로 내려앉을 위기에 처했기 때문이다. 경제인들은 자국의 인구가 1억 명, 적어도 5000만 명 이상의 규모이기를 원한다. 그것은 제품을 개발하였을 때 국내시장에서 기본적으로 소화해 주기 때문이다. 수출에 목을 매지 않아도 기업생존은 가능하기 때문이다.

그런데 세계 평균 출산율은 2.4명으로서 그 출산율하에서는 인구가 증가하여 세계시장규모도 증대된다. 그러나 유독 우리나라만 병적인 독보적 초저출산율로 일부에서 우려하면서 전망하고 있는 '출산율 0.6명'으로 떨어져 고정된다면, 30년 후에는 5184만(2020년 기준) 인구가 약 1555만

으로 격감한다. 그리고 60년 후에는 다시 467만으로 격감하여, 국내시장 규모가 불과 60년 만에 1/10 이하로 끔찍하게 축소되고 만다. 이는 경제의 폭망이다. 기업과 국민과 정부는 이 경제 폭망을 피해야 한다.

지금도 잊히지 않는 것이 있다. 2002년 한일월드컵 본선 조별리그를 통과하여 16강전에서 이탈리아와 맞붙었을 때의 일이다. 그것을 중계하던 이웃 나라의 한 여아나운서가 우리나라가 1:1로 따라붙은 후, 연장전 끝에 안정환 선수의 골든골로 승리하게 되었을 때의 일이다. 그 여아나운서가 분노하며 어떻게 한국이 이탈리아를 이길 수 있냐면서 뭔가 흑막이 있다는 투로 울면서 분개하였다. 그녀의 눈에는 세계적 미남 스타 안정환의 모습조차 들어오지 않는 모양이었다.

그녀와 그 중계방송을 보는 이웃 나라의 수많은 시청자도 우리와 같은 동양인이다. 어떻게 동양인의 승리를 축하는 못 해줄지언정 분개하며 울 수 있단 말인가? 이웃의 승리가 그녀에게는 불행이란 말인가?

이처럼 우리에게는 우리가 잘되는 것을 기뻐하지 않는 이웃이 있다는 점을 결코 잊어서는 안 된다. 우리가 아이 둘 이상만 낳으면 되는데 그걸 안 하다가 인구 감소로 5030클럽에서 탈락한다면, 보이지 않는 곳에서 기뻐할 이웃이 있다는 점을 결코 잊어서는 안 된다.

이러한 점들이 바로 우리나라 모든 정치가뿐만 아니라 경제인도 학자도 종교인도 다 각성하여 힘을 모아 병적인 세계 최저출산율이라는 이 국난을 반드시 극복해야 할 이유이다.

2. 세계 경제인 한국 민족소멸 경고

조선비즈는 미국의 기업인인 세계 최대 부호 겸 AI 투자가 일론 머스크(Elon Musk)가 세계 최악의 독보적 극초저출산율을 해마다 경신하고 있는 한국에 대해 이대로라면 3세대 안에 한국의 인구는 현재의 6% 미만(약 330만 명)이 되고 말 것이며 그 6% 미만마저도 대부분이 60세 이상이 될 것이라고 경고하는 것을 2022. 5. 27. 자로 보도했는데, 이는 AI가 우리나라 현 출산율 상황을 분석하여 계산한 수치를 머스크가 출력하여 말한 것으로 한국의 미래를 우려하는 그로서는 충심으로 한 경고라 생각된다.

우리나라 인구 5159만 명(2022년)이 불과 3세대(90년) 안에 330만 명 미만의 소멸 직전 수준이 되고 만다는 것은 무서운 경고가 아닐 수 없다. 그나마 그 잔존 330만 명 미만도 거의 60대 이상의 노인들로 구성되어 극심한 고령화 문제를 안고 있으니 인구소멸이 현실화했다 할 것이다.

머스크는 출산율 0.8명의 한국과는 비교할 수 없을 정도로 높은 출산율인 출산율 1.3명을 보이는 일본과 출산율 1.2명을 보이는 이탈리아에 대해서도 출산율을 안전출산율로 반전시키지 못하면 시간 차이만 있을

뿐 국가소멸을 피할 수 없을 것이라고 충고했다.

머스크. 그는 어느 정도의 재산을 가지고 있으며, 어떤 사업을 하며, 과연 그의 판단력은 믿을 만한지 살펴보기로 한다. 머스크는 빌 게이츠나 워렌 버핏 등 유명한 세계적 부호들을 다 제치고 세계 1위 부호로 올라섰으며, 머스크의 재산은 약 300조 원인 것으로 알려졌다. 우리나라 대표 이재용 삼성전자 회장은 약 10조 원의 재산으로 안타깝게도 200위권 안에 들지 못한 것으로 알려졌다. 머스크의 재산 300조 원의 규모는 개발도상국 수십 개의 국가 1년 예산을 합한 규모이다.

머스크는 인간형 로봇으로 저출산 · 고령화 문제도 해결해 보려 한다. 언젠가 로봇이 테슬라보다 시장규모가 더 커질 것으로 예상하고 있다. 그러면 머스크는 어떻게 하여 세계에서 가장 많은 돈을 벌었을까? 그의 2대 사업은 다음과 같다.

1) 테슬라

머스크는 사업성이 우수하다고 판단하여 전기자동차 회사인 테슬라에 많은 투자를 했다. 그리고 나중에 CEO로 취임했다. 그의 예견대로 산업의 중심이 내연기관 자동차 산업에서 마침내 전기자동차로 상당 부분 이동하면서, 2020년 시가총액 1위의 자동차 회사로 군림하게 되었다.

2) 인공지능(AI)

머스크는 인공지능을 전기자동차에 장착하여 자율주행체계를 갖추어 성공했다. 또한 인공지능을 장착한 사람 모양의 로봇을 이미 개발하여 발전시키고 있다. 참고로 인공지능과 이세돌의 바둑 대결에서는 인간이 졌다. 머스크는 곧 수백만 대의 로봇이 팔려 수많은 사람을 도와주게 될 것이라고 발표하고 있다. 그 로봇이 사용되면 인류는 일찍이 경험하지 못한 새로운 문명을 맞이할 것이라고 그는 말하고 있다.

한편 머스크는 사람의 뇌에 인공지능 칩을 심어서 인간의 뇌와 컴퓨터를 연결하는 기술을 개발 중인데, 뇌졸중이나 사고 등으로 신체 일부를 쓰지 못하는 환자에게 칩을 이식해서 생각만으로도 움직일 수 있게 하는 사업을 펼치고 있다고 YTN사이언스는 2022.1.25. 자로 보도했다. 컴퓨터과학의 발달 속도를 고려하고 AI가 바둑 대결에 있어서조차 인간 대표 이세돌마저 이긴 바 있음을 감안하면 이의 실현 가능성은 충분하다 할 것이다.

문제는 위의 사업에서, 반대로 컴퓨터에 의해 인간의 정신이나 마음을 통제하는 것도 가능해질 수 있다는 것이다. 머스크가 인공지능은 핵무기보다 더 무섭다고 고백하는 것도 이와 관련해 검토할 때 그 시사하는 바가 아주 크다.

인체에 칩을 삽입하여 컴퓨터나 스마트폰 등으로 사람의 마음과 정신을 통제하는 것은 성경에서 경고하고 있는 666 즉 적그리스도에 의한 인간 통제 및 영혼 멸망과 밀접한 관련이 있을 것으로 보인다. 해당 성경 내용은 다음과 같다.

"저가 모든 자 곧 작은 자나 큰 자나 부자나 빈궁한 자나 자유한 자나 종들로 그 오른손에나 이마에 표를 받게 하고 누구든지 이 표를 가진 자 외에는 매매를 못하게 하니 이 표는 곧 짐승의 이름이나 그 이름의 수라 지혜가 여기 있으니 총명 있는 자는 그 짐승의 수를 세어보라 그 수는 사람의 수니 666이니라."(성경전서. 개역한글판. 요한계시록 13장 16~18절)

"…짐승과 그의 우상에게 경배하고 이마에나 손에 표를 받으면 …중략… 짐승과 그의 우상에게 경배하고 그 이름의 표를 받는 자는 누구든지 밤낮 쉼을 얻지 못하리라…."(성경전서. 개역한글판. 요한계시록 14장 9~11절)

성경학자들은 칩이 표일 가능성을 예견하기도 한다. 영국 BBC는 쌀알만 한 1그램 미만의 작은 칩을 손에 이식한 사람들이 영국에서만 500명 이상이라고 2022.4.12. 자로 보도했는데, 이는 우려가 현실이 된 것으로 그 보도 내용은 맞을 것으로 생각된다. 컴퓨터과학의 발달을 고려하면 쌀알만 한 그 칩은 언젠가 깨알만 한 크기로 축소될 것으로 예상된다.

개나 짐승의 위치를 파악하기 위해 칩을 이식하는 경우는 있다. 그러나 인체에 칩을 이식하면 사람의 위치가 실시간으로 파악되어 인간 통제가 용이할 것이다. 이는 사생활 침해와 인권 침해 문제마저 발생시킨다.

인체에 칩을 삽입하여 컴퓨터나 스마트폰 등으로 사람의 마음과 정신을 통제하고 사람의 위치마저도 실시간으로 통제하는 그런 시대는 원치 않았지만 도래하고 말았다. 성경학자들의 예견대로 표가 칩이라면, 그 칩을 이식받지 않은 사람들은 영혼이 구원받게 될 것이 성경에 다음과 같이 기록되어 있다.

> "…짐승과 그의 우상에게 경배하지도 아니하고 이마와 손에 그의 표를 받지도 아니한 자들이 살아서 그리스도로 더불어 천 년 동안 왕 노릇 하니"(성경전서. 개역한글판. 요한계시록 20장 4절)

그러므로 위의 성경의 경고들을 신중히 생각하고 칩이 표일 가능성에 대한 성경학자들의 충고를 받아들여, 자신의 이마나 손에 칩을 이식받는 것은 영혼 구원을 위해 절대로 하지 말아야 할 것이다. 머스크는 인간의 뇌에 칩을 이식하여 뇌졸중이나 신체를 못 쓰는 환자들을 컴퓨터와 연결하여 생각만으로도 움직일 수 있는 선한 일을 위해 인공지능 칩을 쓰겠다고 말은 하고 있다.

이상 위에서 살펴보았듯이 머스크는 예리한 예측력과 정확한 사업성 판단으로 빌 게이츠 등을 다 제치고 세계에서 가장 돈을 많이 번 사람이 되었다. 그러므로 그의 판단력은 세계 최고 수준이라 할 수 있다. 일반적으로 정치인보다는 경제인의 말이 더 신뢰성이 높다고 알려져 있다.

그러므로 머스크의 한국에 대한 경고인 한국이 안전출산율로 반전시키지 않는다면 한국 인구는 3세대 안에 현재의 6% 미만으로 떨어질 것이고 그 6% 미만조차도 대부분이 60세 이상으로 이루어질 것이라는 소름끼치는 경고는 그 신뢰성이 매우 높다. 우리는 그러한 일이 결코 발생되지 않도록, 늦었지만 지금부터라도 방비(防備)를 철저히 해야 할 것이다.

3. 핵무기보다 무서운 출산율 0.8명, 인구 5159만 90년 후 330만 만든다

한 나라의 인구가 현 수준을 유지하려면 부부가 두 명씩은 낳아야 한다. 남아가 더 많은 성비(性比)와 여성의 가임기 종료 전 사망 때문에 출산율이 2.1명이 되어야 인구의 증감이 없는 안정 상태가 되는데, 이때의 출산율을 대체출산율이라고 한다. 저출산과 고출산은 이 대체출산율을 벗어난 것이다.

저출산과 초저출산, 고출산과 초고출산에 의한 인구 변화가 무서운 것은 세대가 경과할수록 증감된 인구는 제곱, 세제곱, 네제곱 등 거듭제곱의 형태로 변화하기 때문이다. 그 변화된 인구는 일반인들의 상상을 초월하는 엄청나게 큰 격변이다.

저출산과 고출산에 의해 세대가 경과하여 변화된 인구는 지수함수 $y=ab^n$로 표시할 수 있다. 여기서 y는 변화된 인구이고, a는 기준세대 인구이며, 밑 b는 출산율의 ½이고(부부가 2명이라 ½만 반영), 지수 n은 세대이다. 그러므로 변화된 인구는 기준세대 인구와 출산율 및 세대의 함수로 표시될 수 있다.

머스크가 한국의 인구가 현재의 출산율이 변화되지 않는다면 3세대 안에 현재의 6% 미만(약 330만 명)이 되고 말 것이라고 경고했는데, 그 말이 사실인지 혹은 사용한 AI가 제대로 계산한 것인지, 상기 지수함수 $y=ab^n$로 검증해 보기로 한다.

a: 기준세대 인구는 5159만 명(2022년)이다.

b: 출산율(0.8명)의 ½은 0.4이다(부부가 2명이라 ½만 반영).

n: 3세대이니 지수는 3이다.

변수의 값이 상기와 같을 때 y의 값을 구하는 방정식은 다음과 같다.

$y=ab^n$

$y=5159\times0.4^3$

상기 방정식에서 y의 값은 330이 된다. 즉 3세대 후 변화된 인구는 330만 명이 된다. 그러므로 검증 결과, 머스크가 가지고 있는 AI는 계산을 제대로 하는 정품이고, 그 결과를 출력하여 한국에 경고한 머스크의 말은 아쉽게도 틀렸다고 할 수는 없는 것으로 판명되었다.

위의 지수함수와 방정식 $y=ab^n$을 활용하여 1세대(30년), 2세대(60년), 3세대(90년) 후의 변화된 인구를 산정해 보기로 한다. 일반인들의 상상을 초월하는 큰 변화가 정말 오는지 검증해 볼 필요가 있기 때문이다.

1세대(30년) 후 변화된 인구: 5159×0.4^1 = 2064만 명
2세대(60년) 후 변화된 인구: 5159×0.4^2 = 825만 명
3세대(90년) 후 변화된 인구: 5159×0.4^3 = 330만 명

우리나라는 머스크의 경고대로 출산율을 반전시키지 못하고 현 출산율하에 있게 된다면, 5200만에 육박하던 그 많던 인구가 불과 1세대(30년) 후, 즉 아들 세대에는 2064만 명으로 60%나 격감하는 충격적 결과를 맞이하게 된다.

2세대(60년) 후, 즉 손자 세대에는, 5200만 명에 육박하던 그 많던 인구가 불과 60년 만에 825만 명으로 84%나 격감하는 경악스러운 결과를 맞게 된다. 그리고 3세대(90년) 후, 즉 증손자 세대에는 330만 명으로 94%가 격감하고 겨우 6%만 잔존하는 경천동지할 비극을 맞이하게 된다.

인구변화가 거듭제곱의 형태로 경천동지할 결과를 가져오는 이 놀라운, 위의 사실을 요약 정리하면 다음의 표와 같다.

〈표 1-2〉 인구변화법칙 및 인구변화방정식

인구변화법칙: 변화된 인구는 기준세대 인구에 출산율 ½의 세대 거듭제곱을 곱한 지수함수로 표시된다. 인구변화방정식: $y=ab^n$(y: 변화된 인구, a: 기준세대 인구, b: 출산율의 ½, n: 세대)

이를 일목요연하게 보기 위하여 그래프로 표시하면 아래 〈그림 1-2〉와 같다. 세계 최악의 극초저출산율 0.8명은 5159만 명 인구를 불과 3세대인 90년 후 330만 명으로 격감시킨다. 그 잔존 330만 명도 거의 노인으로 구성된 극심한 고령화 문제에 시달리는 노인국으로 만들어 버린다. 거의 소멸 직전으로 만들어 버리는 경천동지할 무서운 격변이다. 세계 역사상 이런 전례는 듣도 보도 못한 무서운 '저주'가 아닐 수 없다.

세계 최악의 출산율 0.8명. 그것은 '핵폭탄'보다도 무섭다. 핵무기가 수백만 명을 죽일 수 있지만, 5159만 인구를 330만 명으로 만들지는 못한다. 그것도 잔존 330만 명을 대부분 노인으로 만들어 버리는 대재앙을 가져오지는 못한다.

세계 최저의 극초저출산율 0.8명. 그것은 '전쟁'보다도 무섭다. 그 어떤 전쟁도 5159만 인구를 330만으로 만들어 버리는 전쟁은 한국사, 동양사, 세계사 그 어디에도 없다. 그것도 잔존 330만 명을 대부분 노인으로 만들어 버리는 대재앙을 가져오지는 못한다.

〈그림 1-2〉 출산율 0.8명, 인구 5159만 90년 후 330만 만든다

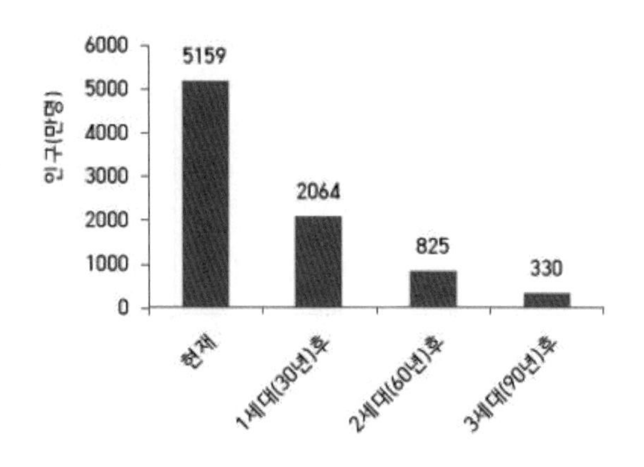

4. 문제는 타국들은 존재하는데 한국만 소멸한다는 것

미국은 출산율이 1.6명이지만 부족한 생산연령인구를 확보하기 위해 우리나라보다는 적극적으로 이민을 받아들이는 인구정책을 펼치고 있다. 그래서 인구 3억 3천만이 급격히 줄어들지는 않는다. 그것은 국가소멸은 요원하다는 것을 시사한다.

중국도 출산율이 1.7명으로서 출산율 0.8명인 한국이 약 90년 후 인구가 330만 명으로 줄어들어 실질적으로 소멸 국면에 접어들었을 때도 인구 대국으로 건재하고 있다는 것이 문제이다. 러시아도 출산율 1.5명으

로서 출산율 0.8명의 한국이 소멸된 후에도 여전히 건재할 것이다. 일본도 출산율 1.3명으로서 출산율 0.8명인 한국이 소멸한 후에도 여전히 건재할 것이다.

우리와 국경을 접하고 있는 이들 저출산 3개국 일본, 중국, 러시아 외에도 세계 200개국 모두가 다 우리보다는 출산율이 차원이 다르게 높기에, 우리나라가 인구소멸로 국가와 민족이 없어진 후에도, 저들은 다 건재하고 있다는 것이 문제다.

우리나라가 국가소멸, 민족소멸이 될 때 200개 외국도 다 소멸한다면 문제가 아니다. 아니 우리와 이웃한 3개국만이라도 함께 소멸한다면 그나마 덜 부끄러울 것이다. 그러나 유독 우리나라만 세계에서 독보적 극초저출산율로 홀로 소멸해 버린다면, 그리고 다른 나라들은 건재하여 우리의 강토와 재산을 접수해 버린다면, 그것은 너무나 수치스러운 일이 아닐 수 없다.

5. 세계 출산율 10단계 분류

용이한 분석을 위해 세계 200개국을 출산율에 의해 10단계로 분류하면 아래 표와 같다. 출산율 단계와 단계 특징 및 각 단계의 소속 국가 예도 살펴본다. 인구폭발단계는 출산율 6.0 이상으로 대폭적인 국가복지는 거의 포기 상황인데 소속 국가는 니제르가 유일하다.

극초고출산단계는 출산율 5.0명 이상~6.0명 미만인데 극빈 상황으로 소속 국가 예는 나이지리아이다. 초고출산단계는 출산율 4.0 이상~5.0 미만으로 슬램화 가속 상태인데 소속 국가 예는 아프가니스탄이다. 고출산단계는 출산율 3.0 이상~4.0 미만으로 슬램화 진입 상황인데 소속 국가 예는 파키스탄이다.

안전출산단계는 출산율 2.1명 이상~2.9대인데 밝은 미래가 예상된다. 소속 국가 예는 세계 3대 핵보유국이자 노벨상 최다 수상 민족인 이스라엘이다. 저출산단계는 출산율 1.3명 이상~2.1명 미만으로 인구감소단계이다. 소속 국가 예는 일본, 미국, 영국이다.

초저출산단계는 출산율 1.0명 이상~1.3명 미만으로 국가소멸예고단계이다. 소속 국가 예는 머스크의 충고를 받은 이탈리아와 스페인이다. 극초저출산단계는 출산율 0.85명 이상~1.0명 미만으로 국가소멸주의단계이다. 도시국가와 기막히게 작은 나라를 제외하고 여기에 해당하는 나라는 없다.

인구소멸직전단계는 출산율 0.6명 이상~0.85명 미만으로 국가소멸경고단계이다. 여기에 소속된 국가는 세계에서 단 1개 나라뿐인데, 세계 석학과 세계 최대 부호 겸 AI 투자가로부터 각각 국가소멸 경고와 민족소멸 경고를 받고 있는 한국이 유일하다.

〈표 1-3〉 출산율 10단계 분류 (단위: 명)

구분	출산율	출산율 단계	단계 특징	소속 국가 예
1	6.0 이상	인구폭발단계	국가복지 포기	니제르
2	6.0 미만~5.0 이상	극초고출산단계	극빈	나이지리아
3	5.0 미만~4.0 이상	초고출산단계	슬램화 가속	아프가니스탄
4	4.0 미만~3.0 이상	고출산단계	슬램화 진입	파키스탄
5	2.9대~2.1 이상	안전출산단계	밝은 미래	이스라엘, 사우디 아라비아
6	2.1 미만~1.3 이상	저출산단계	인구 감소	미국, 영국, 일본
7	1.3 미만~1.0 이상	초저출산단계	국가소멸 예고	이탈리아, 스페인
8	1.0 미만~0.85 이상	극초저출산단계	국가소멸 주의	해당국 없음 (도시국가 등 제외)
9	0.85 미만~0.6 이상	인구소멸직전단계	국가소멸 경고	한국
10	0.59대~0.0	인구소멸단계	국가생존 포기, 인구소멸	없음

인구소멸단계는 출산율 0.0명 이상~0.59명대로서 거의 국가생존을 포기한 단계이다. 출산율 0.0명은 출생아는 없고 극심한 고령화 문제를 앓고 있는 노인들만 죽음을 기다리는 상황으로 그 민족에게는 인구소멸이 현실화한 출산율이다. 이 단계에 소속된 국가는 없다.

6. 세계 출산율 · 인구 · 면적 · 출산율 단계 분석

통계청이 발표한 세계 각국의 출산율과 인구, 면적, 출산율 단계를 분석한 표는 다음과 같다. 우리나라는 200개국 중 최하위인 출산율 0.8명을 기록하고 있다. 세계의 출산율 평균은 2.4명이다. 여기에 해당하는 대표적 국가가 에콰도르이다.

인구 감소가 되지 않기에 일할 젊은이가 부족하지 않고, 경제 규모를 키워 나갈 수 있으며, 국방을 위한 군인 수도 줄이지 않아도 되는, 우리나라가 목표로 삼아야 할 출산율은 2.2~2.9명이다. 우리처럼 생존을 위협하는 적국들에 둘러싸인 이스라엘은 선진국으로서 우리나라보다 1인당 GDP가 약 1.6배나 높은 OECD 회원국이지만 출산율이 2.9명이다. 우리와 밀접한 인적교류를 하고 있는 우즈베키스탄도 출산율이 2.9명이다.

출산율이 2.2명을 기록하여 한 세대인 30년마다 인구가 5%씩 증가하는 안정적인 출산율을 기록하는 대표적인 나라는 사우디아라비아이다. 인구 감소가 발생하지 않고 인구가 현상 유지를 하는 출산율인 대체출산율은 2.1명이다. 여기에 해당하는 대표적인 국가가 멕시코이다.

프랑스는 1.8명을 기록하여 우리나라와는 차원이 다른 높은 출산율을 기록하고 있다. 미국과 영국의 출산율은 1.6명이다. 우리나라와는 차원이 다른 높은 출산율이다. 이들 두 나라는 출산율 증가를 위한 인구정책을 펼치고 있다. 또한 부족한 생산연령인구를 확보하기 위한 인구정책도 보조적으로 펼치고 있다. 이민을 우리나라보다는 적극적으로 받아들이고 있는 것이 그 예이다.

〈표 1-4〉 세계 출산율 · 인구 · 면적 · 출산율 단계 분석표 (단위: 명)

순위	국가	대륙 세분	출산율	인구(만 명)	면적(만 ㎢)	출산율 단계
1	니제르	아프리카 서부	6.8	2421	127	인구폭발단계
7	나이지리아	아프리카 서부	5.3	2억 0610	92	극초고출산단계
28	아프가니스탄	아시아 중앙	4.2	3893	65	초고출산단계
52	파키스탄	아시아 남부	3.5	2억 2090	88	고출산단계
55	이집트	아프리카 북부	3.2	1억 0230	101	고출산단계
60	우즈베키스탄	아시아 중앙	2.9	3423	45	안전출산단계
61	이스라엘	아시아 서부	2.9	922	2	안전출산단계
67	몽골	아시아 동부	2.8	328	156	안전출산단계
76	필리핀	아시아 동부	2.5	1억 0960	34	안전출산단계
80	에콰도르	남미 북서	2.4	1595	28	안전출산단계
86	인도네시아	아시아 동남부	2.3	2억 7485	190	안전출산단계
92	인도	아시아 남부	2.2	13억 8000	329	안전출산단계
94	사우디아라비아	아시아 서부	2.2	3481	215	안전출산단계
103	멕시코	북미 남부	2.1	1억 2890	197	안전출산단계
109	베트남	아시아 동남	2.0	9734	33	저출산단계
110	튀르키예(터키)	유럽 남동부 아시아 서부	2.0	8434	78	저출산단계
111	말레이시아	아시아 동남	2.0	3237	33	저출산단계
119	북한	아시아 동북부	1.9	2578	12	저출산단계
128	프랑스	유럽 서부	1.8	6735	55	저출산단계
136	중국	아시아 동부	1.7	14억 1260	960	저출산단계
146	미국	북미 중앙	1.6	3억 2950	983	저출산단계
147	영국	유럽 북서	1.6	6722	24	저출산단계
165	러시아	유럽 동부 아시아 북부	1.5	1억 4673	1710	저출산단계
183	일본	아시아 동북부	1.3	1억 2580	38	저출산단계
191	이탈리아	유럽 남부	1.2	5955	30	초저출산단계
192	스페인	유럽 서부	1.2	4735	51	초저출산단계
200	한국	아시아 동북부	0.8	5184	10	인구소멸직전단계

출처: 통계청. '합계출산율' '인구' 등 이용

역사상 호시탐탐 우리나라의 강토를 삼키려는 이웃 나라 일본과 중국 및 러시아의 출산율을 살펴보기로 한다. 중국은 1.7명을 기록하여 우리나라 0.8명보다 출산율이 차원이 다르게 높다. 그리고 러시아는 1.5명, 일본도 1.3명을 기록하여 국가와 민족의 생존 지구력이 우리보다 탁월하게 강하다.

일본과 중국 및 러시아, 이들 세 나라는 한국이란 국가와 민족이 소멸한다면 이웃에 위치하고 있기에 가장 먼저 우리나라의 강토를 무혈 접수할 것이다. 우리나라가 세계 최악의 극초저출산율인 0.8명이 지속된다면, 불과 90년 후면 그런 비극이 도래하기에, 우리는 국민적 역량을 모아 출산율의 획기적 개선으로 그런 비극을 막아야 한다.

7. 통계의 경고, 통계는 과학이다

〈그림 1-3〉 한국 최근 40년간 '출산율' 변화

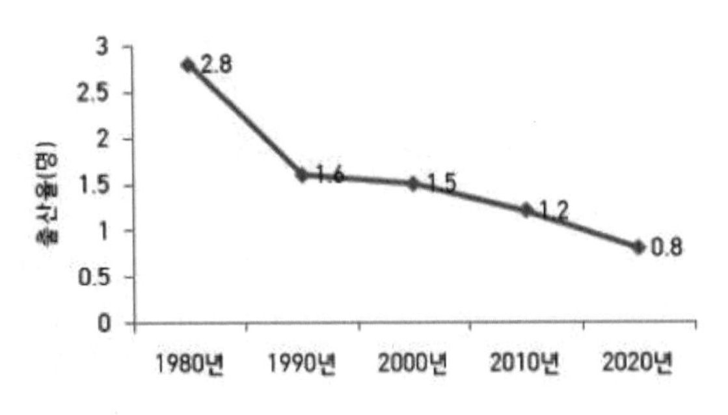

출처: 통계청. '출생아 수와 합계출산율' 이용

1980~2020년의 40년간 장기적인 우리나라 '출산율' 변화 추이를 보면 놀라운 사실을 발견할 수 있다. 1980년 2.8명이던 출산율이 2020년에 0.8명으로서 3.5분의 1토막으로 급감했다. 이 내용을 시각적 이해를 돕기 위하여 그래프로 구체적으로 살펴보면 〈그림 1-3〉과 같다.

동 기간의 '출생아 수' 변화 추이를 살펴보면, 1980년의 86만 명에서 2020년에는 27만 명으로 급감했다. 출생아 수 격감에 관한 이 내용을 시각적 이해를 돕기 위하여 그래프로 살펴보면 아래 〈그림 1-4〉와 같다. 이상 살펴본 40년간의 통계가 주는 메시지는 명확하다. 출산율의 격감은 세계에서 독보적인 최저이고, 출생아 수 또한 세계에 그 유례를 찾아보기 힘든 격감이다.

〈그림 1-4〉 한국 최근 40년간 '출생아 수' 변화

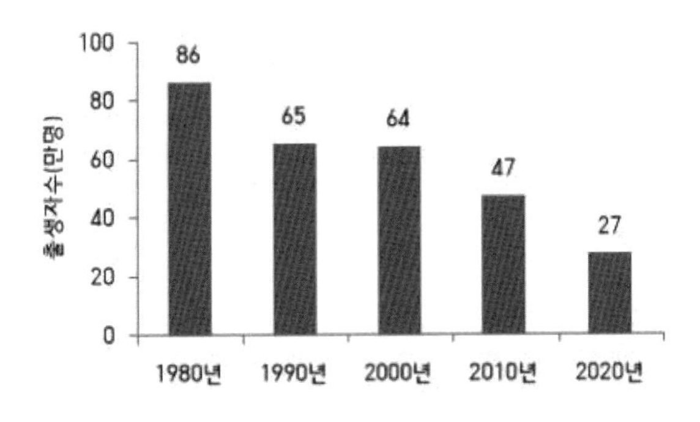

출처: 통계청, '출생아 수와 합계출산율' 이용

통계는 말할 것도 없이 과학이다. 그 과학인 통계가 우리에게 주는 경고는 비상한 특단의 정책과 노력으로써만 국가소멸과 민족소멸의 재앙을 막을 수 있다는 것이다.

8. 경고와 과학 무시하면? 저주 자초 멸망 불면(不免)

동양사와 세계사를 통해 역사가 주는 교훈을 사례 연구와 함께 살펴보기로 한다. 수나라 양제는 중국 역사상 두 번째로 막강한 권력을 휘두른 자로 평가받고 있다. 그 첫 번째 권력자는 물론 진시황이다. 이 수양제의 권력이 어느 정도였던가 하면, 당시 인구 규모가 현재와는 비교되지 않을 정도로 작았음에도 불구하고, 고구려와의 전쟁에 병력 113만 명과 병참 인원 약 187만 명(군사전문가들의 합리적 추정) 도합 약 300만 명을 동원한 것만 보아도 짐작할 수 있다.

권력의 막강함은 또 다른 사료에서도 알 수 있다. 이자가 물놀이 갈 때면 거대 4층 호화 유람선을 포함하여 약 1000척의 배를 동원했는데, 약 8만 명을 동원하여 강 좌우에서 그 배들을 끌게 했다고 역사는 증언하고 있다.

수양제의 폭정으로 노역과 병역에 의한 죽음을 피하려고 백성들은 스스로 팔이나 다리를 끊으며 자해하고는 "나의 복된 손이여, 나의 복된 다리여!"(福手福足)라고 불렀다고 역사는 말하고 있다. 이자는 교만했기에 다른 사람들의 경고를 듣지 않았다. 경고하는 사람들을 오히려 죽였다. 그는 충신 위임종(威任宗)의 경고도 듣지 않았고, 최민상(崔民象)의 경고도 듣지 않았다. 충신 왕애인(王愛仁)의 경고도 무시했다.

그는 우리의 을지문덕(乙支文德) 장군이 113만 수나라 대군의 우장군(右將軍) 우중문(于仲文)을 통해 경고한 "만족함을 알고 그만 돌아가는 것이 어떨까?"(知足願云止)라는 경고도 무시했다. 경고들을 무시하고, 살수대첩의 생환자가 2700명밖에 되지 않는 엄연한 현실, 즉 과학을 보고도 무시하고, 2차, 3차 우리나라 침략을 강행한 그와 그의 나라 및 백성들의 말로는 어떻게 되었을까?

그는 고수전쟁(高隋戰爭)에서 좌장군(左將軍)이었던 우문술(宇文述)의 아들인 근위대장 우문화급(宇文化及)에 의해 살해당하고, 나라는 망했으며, 전쟁에 동원되었던 국민들은 대부분이 전사하거나 동사하여 죽음을 면치 못했다.

경고를 무시하여 저주를 자초하고 멸망을 면치 못한 사례를 세계사를 통해 하나만 더 살펴보기로 한다. 이스라엘이 우리나라처럼 남북으로 갈라져서 북쪽의 이스라엘은 아시리아의 침략을 받아 멸망당하였고, 남쪽의 유다만 남았을 때의 일이다. 유다의 왕인 시드기야와 그의 정부 관료들 및 국민들은 여러 사람들로부터 수차례 경고를 받았다.

경고의 내용은 위로는 왕으로부터 아래로는 국민에 이르기까지 우상숭배를 버리라는 것이었다. 그리고 우상숭배를 하게 되면 필연적으로 따라오는 성적 타락인 동성애와 간음 등의 죄에서 돌아서라는 것이었다. 그러나 시드기야왕은 경고들을 듣지 않았다. 장관들도 듣지 않았고, 공무원들도 듣지 않았다. 국민들도 다수가 경고들을 귀담아들으려고 하지 않았다.

우상숭배와 동성애, 간음 등 성적 타락에서 돌아서라는 그 경고들을 무시한 그 결과는 참혹했다. 시드기야왕은 침략군 바벨론 왕에게 사로잡혀가 면전에서 자식들이 살해당하는 모습을 봐야 했고, 그의 두 눈은 강제로 눈알이 뽑혀야 했다.[2] 그리고 그의 정부 관료들과 국민 대다수는 무참히 살해당했다. 나라는 망했다. 그리고 기술자 등 소수의 남은 사람들만이 바벨론으로 포로로 끌려가 노예의 삶을 살아야 했다.

그런데 우리는 세계 최악의 극초저출산으로 인한 인구소멸로 국가와 민족이 소멸될 것이라는 경고들을 받고 있다. 영국의 세계적 석학이 경고했고, 세계 최고 부자 겸 AI 투자가도 경고했다. 경고와 과학을 무시하면 저주를 자초하는 것이고 멸망을 면하기 어렵다. 이는 동서양과 고금을 막론하고 역사가 증명하고 있다.

부부 두 명이 아이를 한 명도 낳지 않는 이 인구소멸 직전의 출산율 단계를 탈피하고, 부부가 최소 두 명 이상의 자녀를 낳음으로 국가와 민족을 보전해야 한다. 그래야 세계에서 우리나라만 소멸하는 저주를 벗어 버리고, 우리 강토가 다른 나라들에게 무혈 접수되는 비극을 막을 수 있다.

---

2) 성경전서. 개역한글판. 열왕기하 25장 7절.

제2장

일·중·러 한반도 무혈 접수 노린다

1. 일본의 노림

일본이 우리나라를 괴롭힌 것은 수도 없이 많다. 신라 시대에도 여러 차례 침략해 왔고, 고려 시대에는 더 많았다. 특히 고려 말에는 왜구의 침략이 너무 심해 민생이 도탄에 빠질 지경이었다. 그 규모도 상당히 컸다. 최영, 최무선, 이성계 같은 명장들이 있었기에 홍산, 진포, 황산에서 크게 승리하여 국가를 보전할 수 있었다.

국가생존 자체가 위기를 맞은 것은 1592년 조일전쟁(朝日戰爭) 때의 일이었다. 그러나 이 전쟁에서도 이순신, 권율, 김시민, 황진 같은 4대 명장의 활약으로 한산도, 행주, 진주, 이치에서 크게 승리하여 우리는 국난을 극복할 수 있었다.

일본에 의한 수천 년간의 침략으로 마침내 나라가 망한 것은 1910년 경술국치 때의 일이다. 그때는 왕도 그 정부도 무능하였고, 국민들도 깊은 잠에서 깨어나지 못했기에 일본의 침략을 저지할 사람이 없었다. 하지만 미국의 태평양전쟁 참전과 핵폭탄 투하로 일본은 36년 만에 우리를 향한 그 마수를 거둘 수밖에 없었다.

그러나 일본의 한반도를 향한 그 수천 년의 노림이 이제는 실현될 위기를 맞고 있다. 그것은 바로 인구소멸에 의한 우리 민족의 국가소멸 때문이다. 양국의 현재 출산율을 토대로 한 미래인구 예측은 다음 그림과 같다.

〈그림 2-1〉 현 출산율하의 한 · 일 미래인구 예측 및 비교

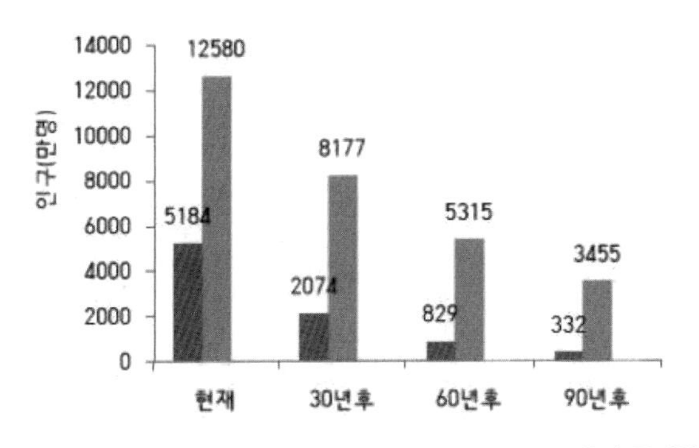

출처: 통계청. '인구' 이용

한국의 2020년 인구는 왼편 막대그래프의 5184만 명이고 출산율은 0.8명이다. 일본의 인구는 오른편 막대그래프의 1억 2580만 명에 출산율은 1.3명이다. 인구변화방정식 $y=ab^n$에 이를 대입하면, 현재와 같은 출산율하에서는 한국과 일본의 인구는 90년 후 각각 332만과 3455만으로 변화된다. 그 격차는 현재는 1:2.4이지만 90년 후에는 1:10.4로 엄청나게 벌어진다. 그마저도 한국은 인구 332만이 대부분 60대 이상의 노인으로 구성되며, 극심한 고령화 문제를 안고 있는 노인국이 된다.

국방이 힘든 대부분이 노인들인 332만 명의 한국이, 그것도 곧 국가와 민족의 소멸을 앞둔 한국이 3455만 명의 일본의 침략을 어떻게 막을 수 있겠는가? 일본은 전쟁할 필요도 없다. 기다리면 된다. 곧 소멸할 나라의 땅을 저들은 무혈 접수할 수 있기 때문이다. 일본은 2천 년의 노림을 이루게 되는 것이다.

인구소멸 후에는 한국도 없고, 국민도 없고, 우리의 후손도 없다. 우리 땅과 건물도, 내가 아끼던 집도 한반도를 접수한 일본인이 차지할 것이다. 우리의 무덤도, 우리 조상들의 선산도 그들이 개발 시에 연고가 없기에 다 갈아엎어 버릴 것이다.

선열들이 피로써 지켜온 우리 강토를 일본에 그냥 넘겨줄 것인가? 부부가 아이를 두 명 이상만 낳아도 90년 후에는 한국과 일본의 인구 비율이 5200:3455가 되어 인구와 국세가 역전이 된다. 그런데도 아이를 한 명도 안 낳아 민족과 국가의 소멸을 자초할 것인가? 그것은 오로지 한민족의 선택에 달려 있다.

2. 중국의 호시탐탐

중국은 고조선을 침략하여 우리나라의 땅을 빼앗아 갔다. 그것을 회복함에는 우리의 모본왕, 고구려 태조왕, 광개토태왕 등을 비롯한 많은 사람의 피와 땀이 요구되었다. 1950년 6·25전쟁에서도 중국은 우리 국군의 많은 젊은이를 죽임으로써 통일을 방해하였다.

중국은 대만해협과 센카쿠열도 및 오키나와와 한반도에 가로막혀 동해로의 진출이 제한되어 있다. 이 숙원을 해결하려는 중국에게 전혀 의외의 해결책이 주어질 상황이 전개되고 있다. 그것은 인구 때문이다. 현재의 출산율하의 향후 90년간 한중 미래인구를 살펴보면 아래의 그림과 같다.

〈그림 2-2〉 현 출산율하의 한·중 미래인구 예측 및 비교

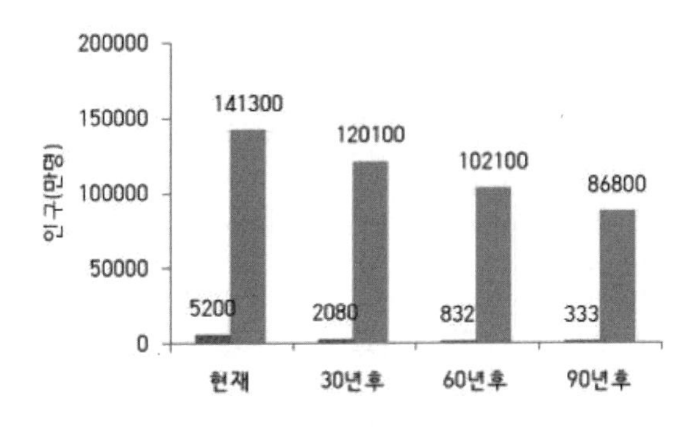

출처: 통계청. '인구' 이용

현재 한국의 인구는 약 5200만이고 출산율은 0.8명이다. 중국은 인구 약 14억 1300만에 출산율 1.7명이다. 인구변화방정식 $y=ab^n$에 이를 대입하면, 현재와 같은 출산율하에서는 한국과 중국의 인구는 90년 후 각각 333만과 8억 6800만으로 변화한다. 그 격차는 현재는 1:27이지만 90년 후는 1:261로 엄청나게 벌어진다. 그나마 333만의 한국은 대부분이 60대 이상인 노인국이다.

국방이 힘든 대부분이 노인들인 333만 명의 한국이, 그것도 곧 국가와 민족의 소멸을 앞둔 한국이 8억 6800만 명의 중국의 침략을 어떻게 막을 수 있겠는가? 중국은 전쟁할 필요도 없다. 기다리면 된다. 곧 소멸할 나라의 땅을 저들은 무혈 접수할 수 있기 때문이다. 중국은 2천 년간 호시탐탐 노리던 것을 이루게 되는 것이다.

인구소멸 후에는 한국도 없고, 국민도 없고, 우리의 후손도 없다. 우리 땅과 집도, 내가 아끼던 건물도 한반도를 접수한 중국인이 차지할 것이다. 우리의 무덤도, 우리 조상들의 선산도 그들이 개발 시에 연고가 없기에 다 갈아엎어 버릴 것이다.

선열들이 피로써 지켜온 우리 강토를 중국에 그냥 넘겨줄 것인가? 부부가 아이를 두 명 이상만 낳아도 90년 후에는 한국과 중국의 인구 비율이 5200:86800이 되어 인구와 국세의 격차가 현재보다는 훨씬 개선된다. 그런데도 아이를 한 명도 안 낳아 민족과 국가의 소멸을 자초할 것인가? 그것은 오로지 한민족의 선택에 달려 있다.

3. 러시아의 야욕

'몽골의 멍에'. 러시아인들은 지금도 치욕으로 생각하는 단어이다. 칭기즈칸의 손자 바투에 의해 1243년 몽골의 식민지가 된 후, 러시아는 237년간 그 '몽골의 멍에'를 메어야 했다. 그 멍에를 벗어 버리고 주권국이 된 것은 1480년의 일이다.

〈표 2-1〉 세계 16대 강국 피식민/피지배 일람표

항	피해국	지배국 (식민지 등으로)	항	피해국	지배국 (식민지 등으로)
1	미국	영국	9	이탈리아	그리스
2	영국	로마	10	인도	영국
3	중국	몽골, 청	11	스페인	로마
4	러시아	몽골	12	캐나다	영국
5	일본	가야, 백제	13	호주	영국
6	독일	프랑스(나폴레옹)	14	브라질	포르투갈
7	프랑스	로마	15	인도네시아	네덜란드
8	한국	일본	16	네덜란드	스페인

세계사를 면밀히 살펴보면 현재 세계 16대 강국은 위의 표와 같이 모두가 다 피식민이나 피지배의 쓰라린 역사를 안고 있음을 알 수 있다. 이는 러시아나 한국만의 일이 아니다. 해가 지지 않는 세계사 최대의 제국을 건설한 영국조차도 예외가 아니다. 어느 민족이 어떠한 목표를 설정하고 단결하여 그것을 이루는가가 그 민족의 도약과 세계사의 주인공이 될 수 있는가 없는가를 결정짓는다.

러시아가 1480년에 '몽골의 멍에'를 벗은 후 동으로 남으로 확장해 온 것은 우리의 생존을 위해 연구해야만 한다. 왜냐하면 첫째는 저들은 우리나라와 국경을 맞대고 있어 이해 상충 관계이고, 둘째는 그들은 야욕을 버리지 않고 지금도 우크라이나를 침략하여 확장 전쟁을 수행하는 등, 러시아의 확장은 현재 진행형이기 때문이다.

러시아는 1533년까지 모스크바 주변을 확장해 나갔다. 1579년부터는 모피 확보를 위해 '대장 부리바'로도 우리에게 알려진 코사크(=카자크, 카자흐) 기병대를 이용해 동으로, 동으로 시베리아를 정복해 나갔다. 1632년에는 시베리아의 동부 중앙이자 두만강의 정북방에 위치한 야쿠츠크에 요새를 건설했다.

1689년에는 마침내 우리 선조였던 부여의 북쪽 땅에 대한 국경을 명확히 하고자 당시 지배자인 청나라 강희제와 조약을 맺었는데 그것이 네르친스크 조약이다. 그 조약은 아무르강의 지류인 아르군강과 외싱안링산맥을 러시아가 청과의 국경으로 확보한다는 내용이었다.

아래 지도는 러시아의 영토 확장과 우리나라와의 접경을 역사적으로 살펴서 그린 것이다.

〈그림 2-3〉 러시아 영토 확장 및 한국 접경(接境)

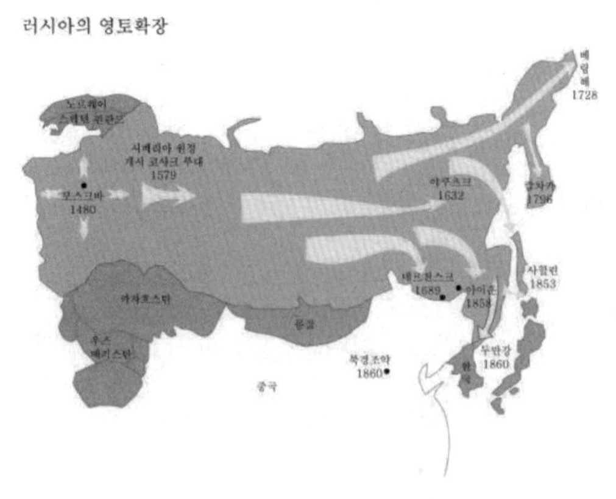

© 그래픽 디자인: 정예지 Dulwl1034@naver.com

1724년 러시아의 표트르 대제는 해군성에 명령하여 베링 원정대로 하여금 시베리아의 동쪽 끝까지 탐사하여 보고하게 했다. 1728년에 러시아의 원정대장 베링은 시베리아 동쪽 끝에 도달하여 베링해까지 넘었다. 1742년에 러시아 황제는 시베리아 동부에 대대로 거주하던 원주민인 축치인들을 전멸시키라는 잔인한 살육 지령을 내렸다.

다음의 표는 러시아의 영토 확장과 우리나라를 노리고 남진해 온 러시아의 남하정책 역사를 정리한 것이다.

〈표 2-2〉 러시아의 확장 및 한국을 노린 남진 역사

연도	사건	내용
1243	칭기즈칸 손자 바투	러시아를 식민지화 '몽골의 멍에'
1480	이반 3세	식민지 탈피 모스크바 주변 공략
1533	모스크바 대공국	모스크바 주변 확장 범위 확대
1579	예르마크	코사크부대 이용 시베리아원정 개시
1632	야쿠츠크 요새 건설	두만강 정북방 시베리아 동부 중앙
1689	네르친스크 조약	옛 부여 북부 당시 청 북부 확보
1724	표트르 대제	시베리아 동쪽 끝까지 탐사 보고 지시
1728	베링 원정대장	시베리아 동쪽 끝 정복 베링해 돌파
1742	원주민 살육	러시아 황제 축치인 '전멸' 지령
1796	캄차카 점령, 선언	캄차카반도 점령 러시아령 선언
1853	사할린 점령 후 선언	사할린 소유 선언 일본 반발 묵살
1858	아이훈 조약	아무르강 북부 한반도 약 3배 확보
1860	북경 조약	연해주 확보, 두만강을 경계로 마침내 한국과 접경(接境)

1796년까지 러시아는 재빨리 캄차카반도마저 점령한 후 자국령임을 곧바로 선언하였다. 물론 힘이 그 선언을 뒷받침하였다. 미국은 이미 자유민주주의를 고안하여 인간답게 살기 시작했건만, 우리나라는 황구첨정(黃口簽丁) 등으로 자국민에게는 잔인하나 외치에는 무능한 왕과 정부였고, 자신들의 지배를 공고히 하고자 우민화정책(愚民化政策)을 펼쳤기에 백성들도 세계에 대해 무지하였다. 일본도 에도막부의 쇄국정책으로 상하가 무지하기는 마찬가지였다. 한국, 일본, 중국이 모두 유교에 매몰되어 무능하였다.

1853년에 러시아는 사할린섬을 자국령이라고 선언했다. 분한 일본이 이의를 제기했지만 힘이 약했기에 묵살당했다. 부동항을 얻기 위한 남하정책을 펼치던 러시아는 우리나라를 노리고 역사적으로 일관된 작전을 펼치고 있다. 그 첫 번째 작전의 결실이 아이훈 조약이다. 1858년에 러시아는 제2차 아편전쟁 중에 불평등조약인 아이훈 조약을 청과 체결하여 아무르강 북쪽 땅 전부를 획득하였다. 그 면적은 우리나라 남북한의 약 3배인 60만㎢에 달한다.

1860년에 러시아는 제2차 아편전쟁의 결과 불평등조약인 북경 조약을 청과 체결하여 우수리강 동편의 연해주를 획득하였다. 그 면적은 우리나라 남북한의 약 2배인 40만㎢로 추정된다. 이 조약의 결과 러시아는 우리나라와 두만강 하류 약 16㎞를 국경으로 접하게 되었다. 러시아 황제는 이 일에 공을 세운 젊은이에게 백작이라는 귀족 작위를 수여하여 타의 모범으로 삼아 널리 홍보하여 장려했다.

러시아는 부동항 블라디보스토크를 확보한 후에도 우리나라를 노려왔다. 그 증거가 1904년의 러일전쟁이다. 그러한 러시아에게 마침내 그 숙원을 이룰 수 있는 의외의 해결책이 주어질 상황이 전개되고 있다. 그것은 인구 때문이다. 현재의 인구와 출산율을 반영한 향후 90년간 한·러 미래인구는 다음 그림과 같다.

〈그림 2-4〉 현 출산율하의 한·러 미래인구 예측 및 비교

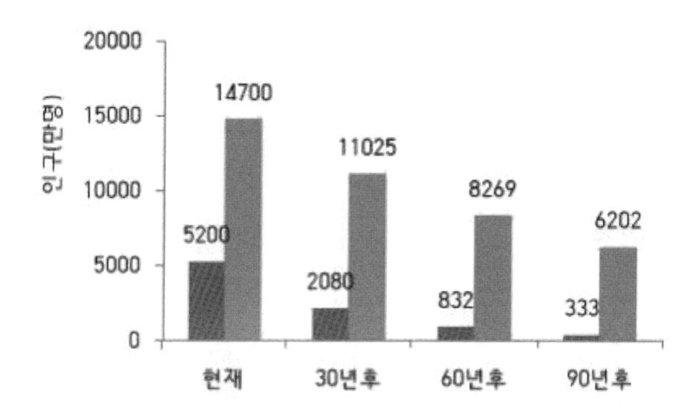

출처: 통계청, '인구' 이용

현재 한국의 인구는 약 5200만 명이고 출산율은 0.8명이다. 러시아는 인구 약 1억 4700만 명에 출산율 1.5명이다. 인구변화방정식 $y=ab^n$에 이를 대입하면, 현재와 같은 출산율하에서는 한국과 러시아의 인구는 90년 후 각각 333만과 6202만으로 변화한다. 그 격차는 현재는 1:2.8이지만 90년 후는 1:18로 엄청나게 벌어진다. 그나마 한국의 인구 333만은 대부분이 60대 이상의 노인으로 구성된 노인국이 된다.

국방이 힘든 대부분이 노인들인 333만 명의 한국이, 그것도 곧 국가와 민족의 소멸을 앞둔 한국이 6202만 명의 러시아의 침략을 어떻게 막을 수 있겠는가? 러시아는 전쟁할 필요도 없다. 기다리면 된다. 곧 소멸할 나라의 땅을 저들은 무혈 접수할 수 있기 때문이다. 러시아는 1904년 러일전쟁 이래 오랫동안 바라던 바를 이루게 되는 것이다.

인구소멸 후에는 한국도 없고, 국민도 없고, 우리의 후손도 없다. 우리 땅과 집도, 내가 아끼던 건물도 한반도를 접수한 러시아인이 차지할 것이다. 우리의 무덤도, 우리 조상들의 선산도 그들이 개발 시에 연고가 없기에 다 갈아엎어 버릴 것이다.

선열들이 피로써 지켜온 우리 강토를 러시아에 그냥 넘겨줄 것인가? 부부가 아이를 두 명 이상만 낳아도 90년 후에는 한국과 러시아의 인구 비율이 5200:6202가 되어 인구와 국세의 격차가 현재보다는 훨씬 개선된다. 그런데도 아이를 한 명도 안 낳아 민족과 국가의 소멸을 자초할 것인가? 그것은 오로지 우리의 선택에 달려 있다.

제3장

세계 주요국과의
출산율 비교

1. 프랑스: 패셔니스트 그들은 왜 출산율 1.8명일까?

멋쟁이의 나라. 영국 수상도 프랑스 국회 연설 시 프랑스어로 하는 것을 은근히 뽐내는 세계의 사교어 프랑스 말. 고급 레스토랑의 메뉴로 인식되는 프랑스 요리와 포도주. 세계를 선도하는 미술과 패션. 그리고 여성들이 연인으로부터 은근히 기대하는 프렌치 키스까지. 프랑스는 그 뛰어난 심미안과 패션 감각으로 세계인의 선망을 받으며 유행을 선도하는, 여성들에게는 가 보고 싶은 로망의 나라이다.

위와 같이 멋을 내고, 사교를 즐기고, 연애하기만으로도 바쁠 것 같은 프랑스인들의 출산율이 어떻게 1.8명일까? 우리나라의 출산율 0.8명과 비교하면 차원이 다른, 너무나 큰 차이이기에 이는 의문이 아닐 수 없다. 프랑스도 위기를 맞은 적이 있었다. 그것은 한때 출산율이 1.7명으로까지 떨어져 저출산 심화 위기에 봉착했었기 때문이다.

그러나 인구 감소로 인한 국력 저하의 위기의식을 느낀 프랑스 대통령과 정부가 저출산을 탈피하고자 국민을 일깨우기 위하여 적극적으로 홍보하였다. 그리고 출산장려정책을 적극적으로 시행하여 마침내 2010년에는 2.0명까지 출산율을 높이는 데 성공하였다. 현 출산율하의 한국과 프랑스의 90년간 미래인구를 예측 비교하면 다음 그림과 같다.

현재 한국은 출산율 0.8명이고 인구는 약 5200만 명이다. 프랑스는 출산율 1.8명이고 인구는 6735만 명이다. 그 비율은 1:1.3이다. 인구변화방정식 $y=ab^n$에 이를 대입하면, 30년 후에는 인구가 한국은 2080만 명으로 격감하는 반면에, 프랑스는 6062만 명으로 소폭 감소한다. 그 비율은 1:2.9로 크게 벌어진다.

〈그림 3-1〉 현 출산율하 한 · 프 90년간 미래인구 예측 및 비교

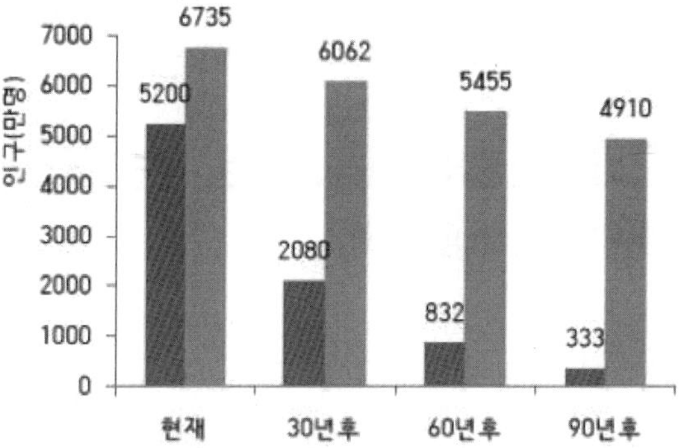

출처: 통계청. '인구' 이용

60년 후 한국의 인구는 다시 832만 명으로 줄어드나, 프랑스는 5455만 명으로 소폭 감소한다. 그 비율은 1:7로 더욱 벌어진다. 90년 후 한국의 인구는 333만 명이 되는 반면, 프랑스는 4910만 명으로 소폭 감소한다. 그 비율은 1:15가 된다. 이 상황은 한국은 국가와 민족이 소멸하기 직전의 상황이고, 프랑스는 인구가 소폭 감소하기는 하나 국가와 민족이 건재한 상황이 된다.

불과 90년 만에 출산율 0.8의 나라는 소멸 직전에 처하고, 출산율 1.8의 나라는 인구 감소가 있긴 하나 건재한 상황이다. 한국의 경우 부부가

자녀를 둘 이상만 낳아도 이러한 재앙을 탈출할 수 있음에도, 정부도 국회도 반전을 시키지 못하고 하나도 낳지 않는 것을 방치한다면, 각성한 프랑스와는 달리 한국은 국가와 민족의 소멸을 피할 수 없을 것이다. 한국소멸이냐 한국생존이냐, 그것은 오로지 한민족의 선택에 달려 있다.

2. 이스라엘: 노벨상 30% 석권하는 유대인, 출산율 왜 2.9명일까?

2022년 세계 인구는 약 80억 명이다. 그중 유대인은 약 1520만 명인 것으로 알려졌다. 이 중 690만 명이 이스라엘에 거주 중이고, 미국 등 해외에 거주하는 인원이 과반인 830만 명인 것으로 알려졌다. 세계 인구에 대한 유대인의 비중은 약 0.2%에 불과하다.

세계 인구의 0.2%인 유대인들이 세계에서 가장 권위 있는 상(賞)인 노벨상을 수상한 기록을 보면 놀랍다. 노벨상이 제정된 1901년 이후 최근까지 수상자 천여 명을 분석한 결과 약 30%가 유대인인 것으로 알려졌다. '현대 경제학의 아버지'로 평가받는 폴 새뮤얼슨(Paul Anthony Samuelson) 등 경제학상 수상자의 비율은 더 높다. 근현대 문명사에 공헌한 대표 유대인들은 다음 표와 같다.

〈표 3-1〉 근현대 문명사에 공헌한 대표 유대인들

항	분야	이름	항	분야	이름
1	탐험	콜럼버스	9	음악	멘델스존
2	물리학	아인슈타인	10	미술	샤갈
3	경제학	폴 새뮤얼슨	11	철학	스피노자
4	영화감독	스필버그	12	시	하이네
5	금융	로스차일드	13	배우	나탈리 포트만
6	의학(백신)	요나스 살크	14	과학	오펜하이머
7	정치	토니 블링컨	15	심리학	프로이트
8	문학	파스테르나크	16	세계 부자	록펠러

유대인들의 노벨상 수상 비중이 인구 대비 150배나 더 높은 이유가 무엇일까? 여러 가지 설이 있다. '학자 존중 문화' 때문이라는 설, '주입식이 아닌 창의성 중시 교육' 때문이라는 설 등. 하지만 유대인 본인들은 "박해를 피해 생존하기 위해 어느 분야에서든 열심히 일한 덕분"이라고 겸손히 대답했다. 그러나 열심히 일한 것으로 치면 우리 민족보다 더한 민족이 세계에는 아마 없을 것이다.

위의 질문에 대한 답으로 여겨지는 것은 유대인 어머니에게서 어릴 때부터 교육받은 세계 최고급 부호 미국 석유왕 록펠러의 어머니의 10대 교훈에서 찾을 수 있을 것으로 생각된다. 그 10대 교훈의 첫째는 다음과 같다. "친아버지가 생계를 위해 필요한 것을 공급하지만, 더 중요한 목숨과 시간·지혜 등을 주시는 분은 하나님이시다."

얼마 전 러시아 푸틴은 이스라엘 총리에게 사과했다. 러시아 외무장관이 "히틀러도 유대인 혈통이다"고 한 것에 대해 이스라엘 외무장관이 "용서할 수 없을 만큼 터무니없는 발언이다"고 반박한 것에 대한 사과였다.

이스라엘은 핵미사일을 약 300~400기를 가지고 있고 세계 3대 핵 강국으로 알려져 있다. 이스라엘이 모스크바와 러시아 주요 도시를 향해 미사일 등 핵무기를 배치하고 있지 않았어도 러시아 대통령이 사과했을까? 어림없는 일이다. 우리나라의 경우 러시아가 비무장 민간항공기인 KAL기를 공격하여 269명을 무참히 살해했지만 그들이 사과했다는 얘기를 아직 들은 적이 없다.

핵을 가지고 있느냐, 가지고 있지 않느냐는 이만큼 차이가 난다. 미국의 보호를 받고 있지만 이스라엘은 자체 개발한 핵무기를 배치하는 등 자주국방을 하는 나라이다. 핵을 가지고 있기에 세계 2대 군사 강국도 업신여기지 못하고 사과하는 것이다.

출산율 0.8명인 한국과 출산율 2.9명인 이스라엘의 현 출산율하의 90년 후 미래인구를 예측하면 아래 그림과 같다. 현재 인구 한국 약 5200만 명과 이스라엘 922만 명은 그 비율이 5.6:1이다. 출산율이 변하지 않을 경우, 인구변화방정식 $y=ab^n$에 대입하면, 30년 후에는 인구가 한국 2080만 명, 이스라엘은 1337만 명으로 변하여 비율이 1.6:1로 좁혀진다.

〈그림 3-2〉 현 출산율하 한 · 이 90년간 미래인구 예측 및 비교

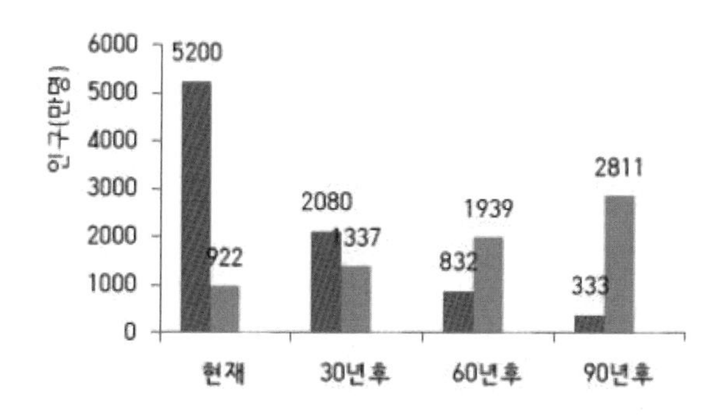

출처: 통계청. '인구' 이용

60년 후에는 인구가 한국 832만 명, 이스라엘이 1939만 명으로 크게 역전된다. 그 역전된 비율은 1:2.3이 된다. 90년 후에는 인구가 한국 333만 명, 이스라엘이 2811만 명이 되어 그 역전된 비율이 1:8.4로 매우 크게 확장된다.

왜 위와 같은 결과가 나오게 될까? 그것은 이스라엘은 "생육하고 번성하라"[3]시는 하나님의 축복의 말씀에 순종하여 자녀를 셋을 낳은 결과이고, 한국은 하나님의 말씀을 경청하지 않고 하나님의 축복을 외면하여 생육하고 번성하기를 거절하였기 때문이다. 유대인들은 하나님의 말씀에 순종하는 것이 지혜이고 그것이 축복으로 돌아온다는 것을 알고 있기 때문이다.

지금도 잊지 못하는 장면이 있다. 유대인 아이들이 성경을 공부하는

3) 성경전서. 개역한글판. 창세기 1장 27~28절

장소였다. 그 꼬마들이 앉아서 몸을 앞뒤로 흔들며 성경을 외우고 있었다. 하나님의 말씀을 기록한 창세기, 출애굽기, 레위기, 민수기, 신명기를 모세오경이라고 하는데 그것을 두루마리로 만든 것이 토라이다.

그 토라 앞에서 꼬마들이 하나님의 말씀을 외우고 있었다. 상당수의 어린이가 그것을 통째로 암기한다고 한다. 사도 바울의 해박한 성경 인용 실력도 어릴 적 이미 갖춰졌을 것이다. 사도 마태의 현란한 구약성경 인용 실력도 아마 어릴 때 이미 형성되었을 것이다.

그리고 나이가 더 들면 그 외운 하나님의 말씀을 토대로 그들은 1:1 자유토론에 들어간다. 이러한 토론에서 서로의 생각을 피력하고, 상대방을 설득하고, 선현들의 주석을 살피면서 그들의 머리가 지혜인 하나님의 말씀에 의해 트이는 것이었다. 노벨상의 기초도 거기서 형성되는 것으로 보였다.

3. 미국 · 영국: 출산율 1.6명인데도 왜 이민까지 받아들일까?

미국은 인류의 보배인 자유민주주의를 고안하여 헌법에 장착한 자유와 인권의 나라이다. 많은 사람이 아메리칸드림을 꿈꾸는 것은 그러한 자유와 인권을 토대로 공정한 기회를 부여받아 세계 최대의 시장에서

부를 형성하여 인간다운 삶을 누리기 위해서일 것이다.

영국은 신사의 나라이다. 마그나 카르타의 나라이고, 명예혁명의 나라이다. 미국과 함께 세계에서 인권을 가장 중시하여 선도하는 나라이다. 1950년에 어디 있는지 잘 알지도 못하던 곳의 잘 알려지지 못했던 나라 한국에, 미국과 함께 군대를 보내어, 피 흘려 목숨 바쳐 구출한 것이 그 증거이다. 그것은 남의 인권까지도 자신의 목숨을 바쳐서라도 지켜 주려는 고귀한 사랑이 있었기에 가능한 일이었다.

미국과 영국 및 우리 청춘의 국군 용사들의 피와 목숨을 바친 희생 위에 오늘 우리는 자유를 누리며, 자유 대한민국이 존재한다. 자유와 정의, 그리고 인권을 중시하는 남자들이 제일 먼저 가 보고 싶은 나라가 미국과 영국이다. 그것은 여자들이 로망의 나라 프랑스를 동경하여 먼저 가 보고자 하는 것과 비견된다.

미국은 인구가 3억 2950만 명이고, 영국은 6722만 명이다. 이 두 나라의 출산율은 공교롭게도 1.6명으로 동일하다. 둘 다 저출산국인 셈이다. 문제는 세계 평균 출산율은 2.4명이라는 점이다. 이들의 고민도 세월이 경과할수록 인구가 감소하므로 국세가 약화된다는 점이다.

이는 상대적으로 이들이 차지하는 세계에서의 위상이 세월의 경과와 함께 실추된다는 사실을 시사한다. 미국과 영국은 생산연령인구의 감소를 막기 위해 출산율 제고 정책을 쓰고 있다. 이에 더하여 미국은 이민

유입 정책을 추가로 쓰고 있다.

현 출산율하의 한국과 영국과 미국의 향후 90년간의 미래인구 예측과 그 비율을 살펴보면 다음 그림과 같다. 현재 한국은 출산율 0.8명이고 인구는 약 5200만 명이다. 영국은 출산율 1.6명이고 인구는 6722만 명이다. 미국은 출산율 1.6명이고 인구는 3억 2950만 명이다. 인구비율은 한국:영국:미국=1:1.3:6.3이다.

〈그림 3-3〉 현 출산율하 한 · 영 · 미 90년간 미래인구 예측 비교

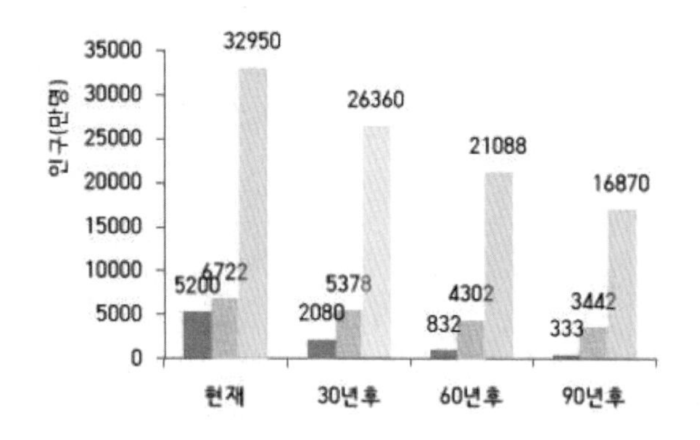

출처: 통계청. '인구' 이용(그래프 좌로부터 한 · 영 · 미 순)

인구변화방정식 $y=ab^n$에 대입하면, 30년 후 한국의 인구는 2080만 명이 되고, 영국은 5378만 명이 된다. 그리고 미국은 2억 6360만 명이 된다. 그 비율은 한국:영국:미국=1:2.8:13이 된다. 60년 후 한국의 인구는 832만 명이 되고, 영국은 4302만 명이 된다. 그리고 미국은 2억 1088만 명이 된다. 그 비율은 한국:영국:미국=1:5.2:25가 된다.

90년 후 한국의 인구는 333만 명이 되고, 영국은 3442만 명이 된다. 그리고 미국은 1억 6870만 명이 된다. 그 비율은 한국:영국:미국=1:10:50이 된다. 이때 한국은 국가와 민족이 소멸 직전 상황이 되는 반면, 미국과 영국은 인구가 감소하긴 하나 국가는 존재하는 상황이다. 한국만 소멸하는 것이다.

불과 90년 만에 출산율 0.8명의 나라는 소멸 직전에 처하고, 출산율 1.6명의 두 나라는 인구 감소가 있긴 하지만 존재하는 상황이다. 한국의 경우 부부가 자녀를 둘 이상만 낳아도 이러한 재앙을 넉넉히 탈출할 수 있다.

그러함에도 불구하고 정부도 국회도 반전을 시키지 못하고 하나도 낳지 않는 것을 방치한다면, 미국과 영국과는 달리 한국은 국가와 민족의 소멸을 피할 수 없을 것이다. 통탄스럽게도 그것은 자업자득이 될 것이다. 한국소멸이냐 한국생존이냐, 그것은 오로지 한민족의 선택에 달려 있다.

4. 우즈베키스탄: 출산율 2.9명, 인구소멸 위기의 한국과 미래 완전히 다르다

우즈베키스탄의 인구 3423만 명 중에는 우리 고려인도 0.6%가 있다.

스탈린이 연해주의 우리 동포를 중앙아시아로 강제 이주시킬 때 우즈베키스탄에 정착한 이들이 많다. 다른 중앙아시아 국가와는 달리 우즈벡인들은 고려인들이 잘 정착하도록 도와줬다. 오늘날 우즈벡 정부의 장관과 정치인들, 기업인 중에는 고려인도 다수 있다.

역사적으로 국제 교류가 많았고 인종적으로도 동서양 혼혈이기에 미인이 많은 것처럼 보일 수는 있다. 우리나라 톱 탤런트 정도가 밭 간다는 우스개도 있으나, 그게 아니더라고 분개하는 사람도 있다. 종교적으로 엄격한 무슬림이기에 혼전 순결이 강조되어 처녀성을 유지하는 것을 매우 중시한다. 결혼 후에도 일부 타락한 사람들을 제외하고는 정조 관념이 투철한데 우리나라의 '참' 크리스천을 뒤따르는 듯하다.

저질 한국인의 잘못으로 한국인에 대한 평판이 필리핀에서처럼 좋지 않게 된 것은 개탄스럽다. 우리 모두 각성하고 이미지 향상을 위해 힘써야 한다. 역사적으로 고구려가 대당 연합전선을 구축하려고 파견한 조우관을 쓰고 환두대도를 찬 두 명의 사신 그림이 이 나라 제2 도시인 사마르칸트 궁전 벽화에서 발견되어 우리나라에도 잘 알려져 있다.

우리나라 남북한의 2배에 달하는 국토에 풍부한 지하자원을 토대로 우즈벡은 개발을 전개하고 있다. 이 나라의 강점은 출산율이 2.9명이라는 점이다. 현재 출산율하의 향후 90년간 한국과 우즈벡의 미래인구 예측은 다음 그림과 같다.

현재 출산율 0.8명의 한국은 인구 약 5200만 명이고, 출산율 2.9명의 우즈베키스탄은 인구 3423만 명으로 인구 비율이 1:0.7로 한국이 인적 자원이 풍부하여 앞선다. 인구변화방정식 $y=ab^n$에 대입하면, 30년 후에는 한국은 2080만 명으로 격감하고, 우즈벡은 4963만 명으로 증가하여 1:2.4로 큰 차이로 인구 역전이 이루어져 우리나라의 인적자원이 열세에 빠진다.

〈그림 3-4〉 현 출산율하 향후 90년간 한 · 우 미래인구 예측

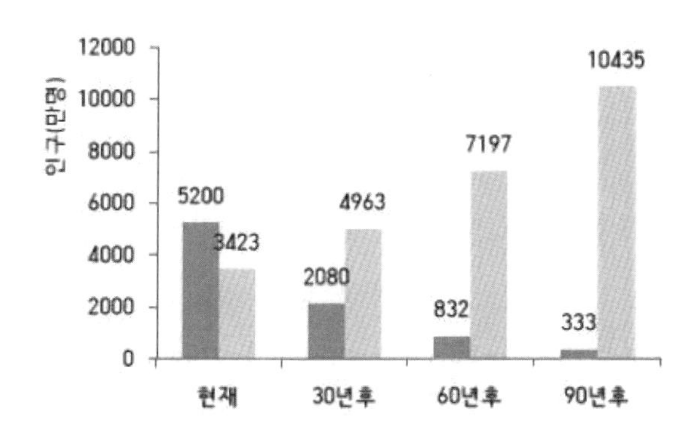

출처: 통계청. '인구' 이용

60년 후에 한국의 인구는 832만 명으로 격감하고, 우즈벡은 7197만 명으로 증가하여 인구 비례가 1:9로 큰 차이로 벌어져, 생산연령인구 및 인적자원의 열세가 비교가 되지 않을 정도로 심화된다. 90년 후에는 한국은 333만 명, 우즈벡은 1억 435만 명이 되어 인구 비례는 1:31이 되어 하늘과 땅 차이로 벌어진다. 더구나 한국의 333만 명은 거의가 60대 이상이니 국가소멸 직전이라고 봐야 한다.

이처럼 현재는 출산율 0.8명인 우리나라 인구의 70%에 불과한 우즈베키스탄이지만, 출산율이 2.9명이기에 90년 후에는 우리나라는 거의 모든 소망이 끊어진 국가소멸 직전의 노인 333만 명의 나라가 되는 반면에, 우즈베키스탄은 생산인구가 풍부한 인구 1억 435만 명의 활기찬 나라가 된다.

이것은 불과 90년 만에 이루어지는 하늘과 땅 차이의 대역전으로 한 나라는 소멸 직전의 나라가 되는 반면, 한 나라는 활기찬 생산국으로 거듭나는 것이다. 한국의 경우 부부가 자녀를 둘 이상만 낳아도 이러한 재앙을 탈출할 수 있다.

그러함에도 불구하고 정부도 국회도 반전을 시키지 못하고 하나도 낳지 않는 것을 방치한다면, 우즈베키스탄과 달리 한국은 국가와 민족의 소멸을 피할 수 없을 것이다. 출산율 0.8명과 2.9명은 불과 90년 만에 두 나라의 운명을 각각 하늘과 땅만큼 달라지게 만들 것이다. 한국소멸이냐 한국생존이냐, 그것은 오로지 한민족의 선택에 달려 있다.

5. 사우디아라비아: 출산율 2.2명, 30년 만에 총인구 5%씩 성장

사우디아라비아는 세계 석유 매장량의 21%를 차지하고 있다. 막대한 석유 수출 대금 덕에 휘발유와 전기가 거의 무료로 제공된다. 그러므로 유류 절약형 경차를 타고 다닐 이유가 없다. 에어컨도 아끼지 않고 24시간 가동한다. 고유가와 전기료 폭탄에 긴장하는 우리에겐 달나라 얘기 같이 들린다.

이런 꿈만 같은 나라임에도 고민이 있다. 미래 석유 자원의 고갈이 그것이다. 석유 의존도를 줄이고 경제 다각화를 적극적으로 추진하겠다는 정부 발표가 나오는 것도 그러한 이유 때문이다. 여성에 대한 인권도 점차 개선되어 이제 전체 노동력 시장에서 여성이 담당하는 비중이 33%를 점하고 있다.

마약 · 동성애 · 간음 · 매춘 · 살인을 중죄로 다스린다. 왕족도 예외를 두지 않고 처벌하니 나라가 바로 선다. 불미스러운 간음으로 처벌 위기를 느낀 왕족이 외국으로 도주한 사건이 최근에도 있었다. 사우디아라비아 등 중동 여행 시에는 술과 돼지고기(삼겹살)를 몰래 먹는 모험을 감행할 생각을 아예 포기하는 것이 자신과 나라를 위해 좋다.

사우디아라비아의 인구는 3481만 명이고 출산율은 2.2명이다. 이 출산율 2.2명은 인구 감소를 방지할 수 있는 현상 유지 출산율인 대체출산율 2.1명을 갓 넘긴 수치이다. 향후 90년간 현재 출산율이 변함없을 시 사우디아라비아와 우리나라의 인구 예측과 상호 비교는 다음 그림과 같다.

현재의 한국과 사우디아라비아의 인구 비율은 5200:3481로 1:0.67이다. 한국이 33%나 인구 규모가 더 크다. 인구변화방정식 $y=ab^n$에 대입하면, 30년 후에는 한국 2080만 명, 사우디는 3655만 명이 되어 1:1.8로서 크게 역전된다. 사우디가 80%나 더 많게 되는 것이다.

〈그림 3-5〉 현 출산율하 90년간 한 · 사 미래인구 예측 비교

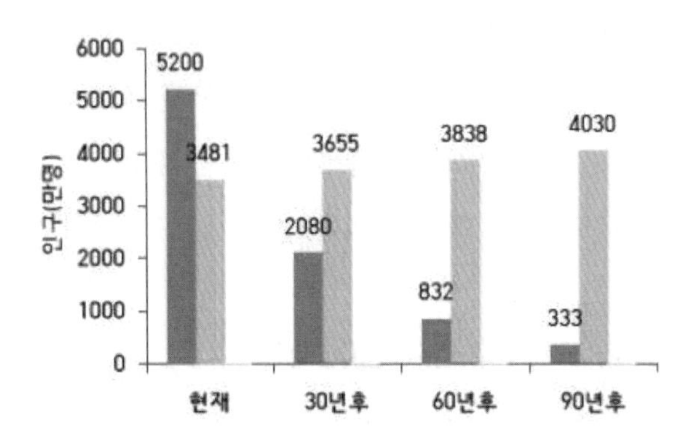

출처: 통계청, '인구' 이용

60년 후는 한국 832만, 사우디는 3838만으로서 1:4.6으로 더욱 크게 벌어진다. 90년 후는 한국 333만, 사우디는 4030만으로서 1:12가 되어 엄청난 격차로 벌어진다. 비록 사우디가 30년마다 5%씩 인구가 증가하지만, 한국이 30년마다 60%씩 인구가 격감하여 이와 같은 현상이 초래되고 마는 것이다.

이것은 불과 90년 만에 이루어지는 하늘과 땅 차이의 대역전으로 한 나라는 소멸 직전이 되는 반면, 한 나라는 활기찬 생산국으로 거듭나 있을 것이다. 한국의 경우 부부가 자녀를 둘 이상만 낳아도 이러한 재앙을

피할 수 있음에도, 정부도 국회도 반전을 시키지 못하고 하나도 낳지 않는 것을 방치한다면, 사우디아라비아와는 달리 한국은 국가와 민족의 소멸을 피할 수 없을 것이다. 한국소멸이냐 한국생존이냐, 그것은 오로지 한민족의 선택에 달려 있다.

6. 북한: 출산율 1.9명, 30년 후 한국보다 인구 19% 더 많아져, 인구 규모 역전된다

2022년 북한의 인구는 약 2600만 명이다. 출산율 1.9명이 변함없다는 가정하에 향후 90년간 남북한 인구 변화와 그 비율을 예측해 보면 아래 그림과 같다. 현재 남북한 인구 비율은 5200만:2600만=1:0.5이다. 한국이 북한의 2배이다.

인구변화방정식 $y=ab^n$에 대입하면, 30년 후는 한국 2080만 명, 북한은 2470만 명으로서 인구 역전이 되어 한국의 인구가 북한보다 19%나 더 적어진다. 60년 후는 한국 832만, 북한 2347만으로서 인구 비율은 1:2.8로 북한 인구의 한국 인구에 대한 역전 폭은 더욱 심화된다. 그 격차는 3배 가까이 벌어져, 북한 인구가 한국 인구를 압도한다.

90년 후는 한국 333만, 북한 2230만으로서 비율은 1:6.7로 더 크게 벌어진다. 북한이 남한 인구의 약 7배가 되어 크게 압도하고 만다. 이상은 현재의 저출산을 극복하지 못하고, 통일이 되지 않고 분단 상태에서 또 다시 90년이 흘러 버리는 것을 가정할 때의 일이다.

〈그림 3-6〉 현 출산율하 90년간 한·북 미래인구 예측 및 비교

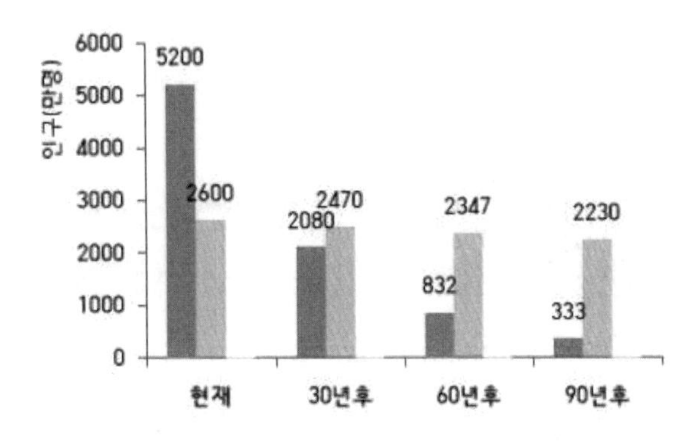

출처: 통계청, '인구' 이용

그러나 그러한 비극은 결코 없어야 한다. 우리는 출산율을 안전출산 단계인 2.2~2.9명으로 속히 높여야 한다. 그리고 자유민주주의로 통일을 하고, 북한 주민들의 건강을 회복시키며, 인간다운 삶을 사는 세계 속의 통일 강대국 자유 대한민국으로 거듭나야 한다. 그 목표를 이루기 위해 정치권은 국민을 결집해야 한다. 미래는 꿈꾸는 자의 것이다. 꿈(목표)이 있기에 인간이고 살 가치가 있는 인생이 된다.

7. 세계 평균: 출산율 2.4명, 세계는 번영하는데 한국만 소멸?

세계의 평균 출산율은 2.4명이다. 한국은 0.8명이다. 이러한 출산율이 향후 90년간 지속될 시 한국과 세계는 어떠한 상황이 될지 살펴보기로 한다. 아래의 〈그림 3-7〉은 이를 나타낸 것이다.

〈그림 3-7〉 현 출산율하 90년간 한국 · 세계 인구 비교

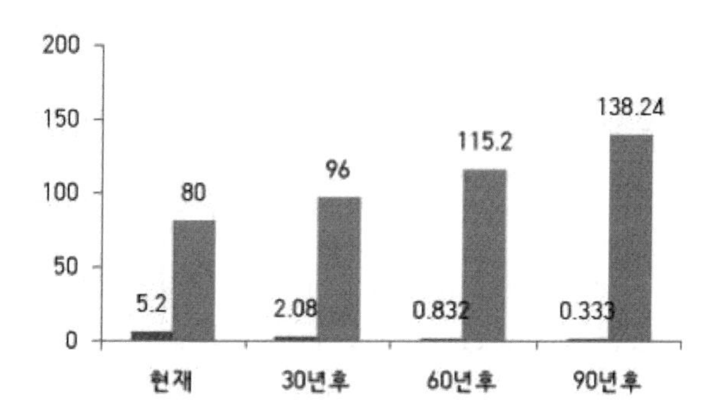

출처: 통계청. '인구' 이용(단위: 한국-천만, 세계-억)

현재 한국의 인구는 약 5200만 명이고 출산율은 0.8명이다. 세계 인구는 약 80억 명이고 출산율은 2.4명이다. 한국:세계 인구 비율은 1:154이고, 비중은 1/154 즉 0.65%이다. 그림에 나타나게 하려고 단위는 한국은 천만 명, 세계는 억 명으로 편의상 임시로 그린다.

인구변화방정식 $y=ab^n$에 대입하면, 30년 후에는 출산율 0.8명의 한국 인구는 2080만, 출산율 2.4명의 세계 인구는 96억 명이 된다. 한국:세계 인구 비율은 1:462가 된다. 즉 30년 후는 한국의 세계 인구 비중이 현재의 1/3로 크게 줄어든다는 것을 알 수 있다.

60년 후는 한국 인구는 832만이 되고, 세계 인구는 115억 2천만이 된다. 한국:세계 인구 비율은 1:1385가 된다. 즉 60년 후 한국의 세계 인구 비중은 현재의 1/9로 대폭 줄어든다는 것을 알 수 있다.

90년 후는 한국 인구는 333만이 되고, 세계 인구는 138억 2400만이 된다. 한국:세계 인구 비율은 1:4151로 초대폭 차이가 발생한다. 즉 90년 후 한국의 세계 인구 비중은 1/4151 즉 0.02%가 되어, 현재의 1/27로 초대폭 축소된다는 것을 알 수 있다.

현재 대비 1/27로 세계에서의 인구 비중이 줄어들어 살아남은 그 333만마저 거의 60대 이상의 노인들이라는 것은 민족과 국가의 소멸이 임박했다는 것을 알려 준다. 인구가 이럴진대 경제는 더 말할 것도 없다. 90년 후 세계 인구는 현재 80억에서 138억 2400만 명으로 늘어나 세계의 많은 나라는 확장적으로 건재하는데, 한국만 실질적 인구소멸이 되어 세계에서 사라지는 것을 눈앞에 두게 되는 것이다.

한국의 경우 부부가 자녀를 둘 이상만 낳아도 위와 같은 재앙을 피할 수 있음에도, 정부도 국회도 반전을 시키지 못하고 하나도 낳지 않는 것을 방치한다면, 건재하는 세계의 많은 국가와는 달리 한국은 국가와 민족의 소멸을 피할 수 없을 것이다. 한국소멸이냐 한국생존이냐, 그것은 오로지 한민족의 선택에 달려 있다.

제4장

2020년 세계 최악
출산율 0.8명은 망국 대역죄인
고종 정부 연상시키는 무능

1. 망국 대역죄인들과 망국민의 말로

고종(高宗)과 그의 정부의 무능과 부패는 망국을 불렀다. 옛날이나 현대나 무능한 자들의 특징은 수천만 온 국민이야 죽든 말든 자신들의 배와 지배 욕구만 채우기에 급급하다는 것이다. 부정부패를 척결해 달라는 국민의 요구를 매관매직의 단맛에 취한 고종 정부는 듣지 않았다.

생존을 위해 봉기한 국민을 외국군의 손을 빌려 학살했다. 그때 불러들인 것이 청국군이다. 우리나라를 노리고 있던 일본은 협정대로 자신들의 군대도 보냈다. 일본군의 기관총 사격에 우리 국민들은 거의 전멸을 면치 못했다. 그것은 대학살 그 자체였다.

고종 정부는 자신들의 왕 자리, 장관 자리, 공무원 자리를 지키기 위해서라면 무수한 국민의 죽음과 고통은 안중에도 없었다. 이 점을 간파한 일본은 고종에게 왕 자리를 유지해 준다고 설득하고, 이완용 등 장관들에게는 총리 자리는 물론 귀족 작위에다가 돈까지 준다고 설득하니 고종 정부는 나라까지도 팔아먹은 것이다.

망국 대역죄인 고종과 그 정부 관료의 무능과 부패로 인해, 망국민은 일본의 수탈 아래 노예와 같은 삶을 살아야 했고, 그들의 아들들은 일본의 총알받이로, 딸들은 일본군의 성노예로 죽어갔다.

태평양전쟁에서 사망한 한국인 군인과 군속이 약 57만 6천 명이고, 사망한 한국인 위안부가 약 14만 2천 명이며, 일본에 의해 한국에서 해외로 동원되었던 군인과 군속의 수는 약 202만 7천 명이었다고 역사는 증언하고 있다.

2. 시각장애인이 시각장애인을 인도했으니 망국

남들은 군대를 보내어 우리의 고토 북방을 정복하고 또 원정대를 보내어 시베리아 동부 끝까지 탐험하고 베링해를 건너는 판에, 우리나라는 세계에 대하여 눈을 감고 유교에 매몰되어 상복을 3년 입을 것이냐 9개월 입을 것이냐를 두고 왕과 정부가 예송논쟁(禮訟論爭)을 몇 차례나 펼쳐 죽이고 죽는 가증한 일을 자행했다.

남들은 자유민주주의를 고안하여 헌법에 장착하고 대통령과 정부가 국민들이 인간답게 살도록 힘을 다하는데, 우리나라는 왕과 정부가 세도정치로 극도로 부패하여 백골징포(白骨徵布) 등 자국민에 대해 잔인하고 외치에 대해서는 무능하였으니 호시탐탐 노리는 주변국의 먹잇감이 될 수밖에 없었다.

이처럼 통치자와 정부가 시각장애인이었으니 망국은 피할 수 없었다. 옛날이나 현대나 무능한 자들은 자리보전과 권력 다툼에 몰두하여 나라와 국민의 미래는 뒷전으로 취급해 버리는 것이 문제다. 그러나 고종과 그 정부 관료들이 무능하여 망국을 초래하였지만, 민족을 소멸시키지는 않았다.

2020년 출산율 0.8명 세계 최악의 극초저출산율, 그것은 미래인구소멸로 망국은 물론 민족의 소멸까지도 초래한다. 그러한 세계 최악의 극초저출산율 0.8을 초래한 대통령과 정부 및 국회는 망국 대역죄인 고종 정부의 무능을 연상시킨다.

3. 대통령과 공무원의 유능은 국가소멸 방지한다

한국의 출산율은 아래 그림과 같이 2018년에 0.98명을 기록하여 큰 차이로 OECD 최하위를 기록했다. OECD 평균은 1.63명이었다. 2019년의 0.92명 역시 독보적 최하위였고, 2020년에는 더욱 떨어져 0.84명으로 단연 큰 차이로 세계 최저가 되었다. 2020년의 세계 평균 출산율은 2.4명이었다.

2021년에는 출산율이 더욱 낮아져 0.81명을 기록하여 또다시 세계 최저를 경신했다. 망국 대역죄인 고종 정부가 망국의 범죄행위를 했지만 민족소멸까지는 부르지 않았다. 그런데 아래 도표처럼 2018년 1월부터 2021년 12월까지 4년 동안에 우리나라는 미래인구를 결정하는 출산율 면에서 세계에 유례가 없는 독보적 최악을 연거푸 기록하였다.

〈그림 4-1〉 한국 독보적 세계 최악 출산율 매년 경신

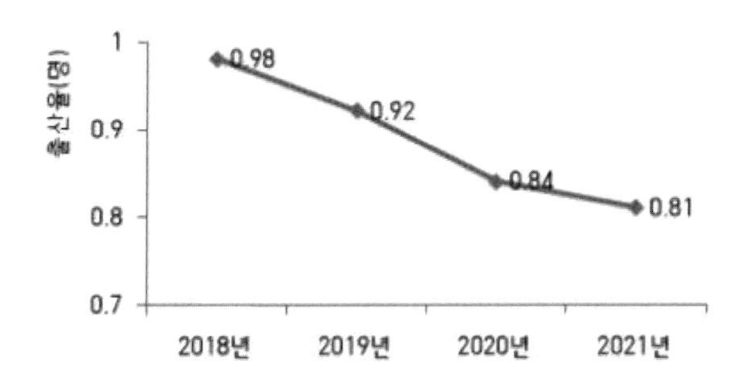

출처: 통계청. 공공누리 제1유형 '합계출산율 2011~2021' 이용

이러한 세계 최악 출산율에 대해서는 외국으로부터 한국의 국가소멸에 대한 경고까지 들어올 지경이었다. 2018.1.~2021.12.까지 4년이나 매년 연거푸 타의 추종을 불허하는 세계 최악의 출산율로 민족마저도 장차 소멸 위기에 봉착하였건만, 대통령과 정부는 그것을 반전시키지 못했다. 세계 최악의 출산율을 안전출산율로 반전시킬 그 어떠한 정책도 성공시키지 못하는 무능을 보였다.

대통령은 이 위기를 타개하기 위해 '긴급명령권'을 발동하지도 않았다. 정부는 이 국난을 타개할 '긴급 법령 제정'도 하지 않았다. 이는 직무유기였다. 그것은 사태의 심각성에 대한 인지력 부족, 판단력 부족, 해결력 부족 등 총체적 무능을 나타낸 것이었다. 외국에서조차 한국의 국가소멸에 대한 경고가 나오는데, 대통령과 그 정부가 이를 뒤집을 성공적 정책조차도 펼치지 못했음은 무능이 아닐 수 없다.

그러나 금후의 정부는 과거의 악몽을 다시 반복하여 국가와 민족을 소멸의 나락으로 떨어뜨려서는 안 된다. 대통령과 정부 및 공무원의 유능은 국가소멸을 방지하고, 나라와 민족을 멸망에서 건져 세계 속에 번영하는 리더국으로 만든다.

4. 국회의원 · 언론인 · 교수의 유능은 민족소멸 방지한다

국회의원은 2018. 1. ~2021. 12. 간의 4년이나 대통령과 정부가 세계 최악의 출산율로 국가소멸과 민족소멸의 길로 가면 경고하고 돌이키게 해야 했었다. 그런데 그런 국회의원이 없었다. '국민의 대표' 국회의원이 이 중차대한 국가와 민족의 소멸이라는 전대미문의 거대 국난조차도 인식하지 못했다면 무능이 아닐 수 없다.

국가소멸의 경고를 외국으로부터 받는 대한민국을 위해, 국회의원들은 소위 '검수완박법'을 긴급 통과시킬 것이 아니라, '인구소멸 탈피를 위한 한국생존법' 같은 법을 긴급 제정해 통과시켰어야 했다. 못해도 '인구소멸 망국방지법'이라도 긴급 제정해 통과시켰어야만 했다. 그것을 하지 않은 것은 명백한 직무유기이고 무능이다.

왜냐하면 소위 '검수완박법'은 없어도 국가소멸 · 민족소멸이 안 되지만, '인구소멸 망국방지법'은 없으면 외국에서조차도 경고했듯이 한국소멸 · 민족소멸이 될 것이기 때문이다. 옛날이나 현대나 무능한 자들의 가장 큰 죄는 수천만 온 국민이야 죽든 말든, 나라야 망하든 말든, 자신들의 배와 권력욕만 채우면 된다는 사악함이다.

언론은 국민의 눈과 귀다. 외국에서조차도 한국의 국가소멸을 경고하고, 약 90년 후 한민족의 실질적 소멸을 경고하는데, 2017. 1.~2021. 12.까지 5년의 골든타임을 날려 버린 대통령과 그 정부, 공무원과 국회의원들 및 국민을 일깨우지 않은 것은 무능이 아닐 수 없다.

교수는 민족의 선생이다. 외국에서조차도 약 90년 후 한민족의 실질적 소멸을 경고하고 한국의 국가소멸을 경고하는데, 2017. 1.~2021. 12.까지 5년의 골든타임을 날려 버린 대통령과 그 정부, 공무원과 국회의원들 및 국민을 바른길로 이끌지 않은 것은 무능이 아닐 수 없다.

그러나 금후의 국회의원과 언론인 및 교수는 과거의 악몽을 다시 반복하여 국가와 민족을 소멸의 나락으로 떨어뜨리는 공범이 되어서는 안 된다. 국회의원과 언론인 및 교수의 유능은 국가소멸을 방지하고, 나라와 민족을 멸망에서 건져 세계 속에 번영하는 리더국으로 만든다.

5. 사례 분석: 눈 감고 귀 닫은 결과

타산지석으로 삼을, 눈을 감고 귀를 닫은 결과를 살펴보기 위한 사례는 많다. 여기서는 그중 대표적인 다음의 사례를 분석하기로 한다. 이들은 한때 남미 최고 부자 나라의 최고 부자 국민이었다. 그런데 지금은 국민의 95%가 빈민이 되었다. 대학생도 굶주림을 못 이겨 쓰레기통을 뒤져 먹을 것을 찾는다. 중소기업 사장도 먹을 것을 찾으려고 쓰레기통을 뒤진다.

그것은 석유 매장량 세계 1위 국가 베네수엘라 사례이다. 이들이 왜 이 지경이 되었을까? 그것은 다음과 같이 그들이 외국의 충고에 귀를 닫고, 진실에 대해 눈을 감았기 때문이다. 자기를 대통령으로 뽑아 주면 집도 무상으로 주고, 의료혜택도 무상으로 주며, 교육도 무상으로 시켜 주겠다고 선전, 선동하는 대중인기영합주의자 차베스에게 속아 베네수엘라 국민은 끝내 그를 대통령으로 뽑는 어리석음을 범하고 말았다.

그 포퓰리즘 선전선동가는 집권하자 남의 나라 것을 빼앗았다. 미국의 원유생산시설을 베네수엘라의 것으로 접수하는 국유화(?) 조치를 하고, 반미가 살길인 양 국민을 선동했다. "남의 것을 빼앗으면 안 된다"는 진실을 베네수엘라 국민은 집단적으로 외면하고, 그 진실에 대해 눈을 감아 버렸다. 미국은 베네수엘라에 대해 경제 제재를 가했다.

세계의 석유생산량이 많아지자 원유가가 하락했다. 베네수엘라가 다른 산유국보다 먼저 타격을 받았다. 그 이유는 사우디아라비아나 이란

처럼 육지에서 원유를 생산하지 않고, 베네수엘라는 바다에서 원유를 시추해야 하기에 생산원가가 높았기 때문이다. 원유를 생산하면 할수록 적자는 눈덩이처럼 커졌다.

선전선동가는 무능하다. 대중으로부터 인기를 받아야 대통령에 계속 당선되니까 그와 추종자들이 저지른 범죄는 연이어 돈을 찍어내는 것이었다. 그리고 그 돈으로 포퓰리즘 선심정책을 이어나갔다.

베네수엘라 국민들은 대중인기영합주의자 차베스가 암으로 죽자, 차베스 시절 부통령이던 또 다른 대중인기영합주의자 겸 반미주의자인 선전선동가 마두라를 대통령으로 뽑았다. "사람이 먼저다"라는 구호를 만들어 국민을 속이던 마두라는 적반하장으로 그들의 경제가 어려워진 책임이 미국에 있다고 선동하여 국민을 기만했다.

국민들의 즐거운 시절은 오래가지 못했다. 베네수엘라 국민들은 진실에 눈을 감고, 충고에 귀 닫은 그 대가를 곧 치르게 되었다. 세상에는 공짜란 없다. 마구 돈을 찍어내어 퍼 주던 그 대중영합의 국민을 속이는 선전선동정치도 더는 할 수 없게 된 것이다. 그 이유는 초인플레이션이 발생하여 화폐가치가 폭락해 버렸기 때문이다.

대통령조차도 월급으로는 통조림 한 개도 살 수 없게 되었다. 국민들은 자국 화폐로는 거의 아무것도 살 수 없다는 것을 알게 되었다. 돈은 땔감으로나 쓰는 처지가 되었다. 베네수엘라 정부는 자국 화폐를 1,000,000:1

로 0을 6개를 떼어내 교환하도록 명령을 내렸다. 그리하여 불과 13년 만에 0을 총 14개나 떼어내도록 명령을 내렸다.

대중인기영합 선전선동가들에게 속아 그들을 대통령으로 뽑은 국민들이 치러야 하는 대가는 혹독했다. 쓰레기통에서도 음식을 구하지 못하는 국민들은 이웃 나라 범죄조직의 하수인이 되거나, 여성들의 경우 성매매를 하는 비극을 맞았다.

그런데 2017. 1.~2021. 12.의 5년 골든타임 기간 동안, 왜 우리나라 대통령도 공무원도 국회의원 등도, 외국의 세계 석학으로부터의 세계 최악의 극초저출산으로 인한 한국소멸 경고에도 눈을 감고 귀를 닫았을까? 그들 중 그 누구도 세계 최악의 극초저출산에서 안전출산율로 반전시킨 사람은 없었다.

진실을 외면하고 눈을 감으며, 충고를 외면하고 귀를 닫는 것은 자살행위에 가깝다. 겸허히 그 경고를 듣고, 겸손히 그 충고를 받아들여 국가와 민족이 생존의 길로 나아가게 했어야만 했다.

6. 미래가 없는, 역사를 잊은 민족이 될 수는 없다

천년의 세월을 한 왕조에서 동일한 국호로 국가를 유지한 사례는 세계사에서 그 유례를 찾아보기 힘들다. 동서양사에서 여기에 해당하는 나라는 몇 개밖에 되지 않을 정도로 귀하다. 서양사에서 여기에 해당하는 나라가 서양인들의 자존심인 '천년 로마'이다. 동양사에서 여기에 해당하는 나라는 중국, 인도, 바벨론 등에서는 아예 그 예가 없고, 우리나라의 '천년 신라'에서 그 예를 찾아볼 수 있을 정도이다.

그런데 놀랍게도 로마가 망한 원인이나 신라가 망한 원인을 살펴보면, 둘 다 사치와 쾌락 추구, 안보해이(安保解弛), 그리고 조상들이 고난을 딛고 나라를 유지해 온 역사를 잊은 '교만'이라는 것이다. 역사를 잊은 민족은 미래가 없다. 우리는 잘못된 과거를 잊지 말고 되풀이하지 않아야 한다. 망국으로 인해 얼마나 많은 국민이 고통받았으며, 얼마나 많은 아들딸이 억울한 죽음을 당해야 했던가?

그래서 국가생존과 민족생존은 국정의 최우선 과제가 아닐 수 없다. 인플레이션을 잡는 것도 중요하다. 그러나 인구소멸로부터의 국가생존과는 비교가 되지 않는다. 물가는 고통의 문제이나, 인구소멸은 생존의 문제이기 때문이다.

외국에서 세계 석학이 세계적 극초저출산으로 한국이 세계에서 가장 먼저 없어지는 나라가 될 것이라고 하는 경고나, 세계 최고 부호 겸 AI 투자가가 한국은 세계 최악의 출산율로 90년 후에는 실질적으로 민족이 소멸될 것이라고 경고하는데도, 그것을 듣지 않고 외면하여, 전대미문의 거대 국난을 해결할 특단의 대책인 세계 최악의 극초저출산에서 안전출산율로 반전시킬 특단의 전략을 마련하여 시행하지 않는다는 것은 '교만'이 아닐 수 없다.

이 시대를 사는 한국인은 한국생존·민족생존의 과제 앞에 겸손해야 한다. 그것이 지난 5천 년간 국가생존과 민족생존을 위해 분투한 선조들에 대한 도리이다. 그것이 을지문덕이나 이순신에서부터 국가생존을 위해 꽃다운 20대 목숨을 바친 6·25전쟁의 국군 무명용사들에 대한 예의이다.

제5장

"한국, 막다른 골목 몰렸다" 비웃는 일본

1. 인구소멸직전단계 출산율로 추락한 한국, "막다른 골목 몰렸다" 비웃는 일본

"'한국을 봐, 막다른 골목 몰렸다.' 세계 최저 출산 콕 짚은 日 언론"이라는 제목의 기사를 머니투데이는 2022. 7. 29. 자로 보도했는데, 그 보도 취지에 동의한다. 그 이유는 우리나라 0.8명의 세계 최저출산율과는 차원이 다르게 높은 1.3명의 출산율을 보이는 일본에 대해, 겸허히 그 비판을 수용하여 반전시킴이 우리에게 미래를 가져올 수 있기 때문이다.

한국은행 보고서는 우리나라의 2022년 출산율을 0.7명대로 전망했다. 출산율 0.8명으로도 그 출산율하에서는 90년 후 우리나라 인구가 약 330만 명이 되어 극심한 고령화 문제를 앓는 소멸 직전의 노인국이 될 상황인데, 거기서 더 낮아진다니 혁신이 시급하지 않을 수 없다.

막다른 골목은 궁지에 몰린 죄수가 도망가다가 민가에 들어가 인질극을 펼칠 수 있기에 막다른 골목에 있는 집은 사람들이 매수조차도 꺼린다. 그래서 집값마저도 매우 떨어진다. 하지만 제3자적 입장에서 객관적으로 보는 일본이 옳을 수도 있다. 가슴 아프지만 왜 이런 비웃음을 당해야 하는지를 냉정히 생각하고 우리를 돌아봐야 한다. 그리고 타개책을 속히 마련하고 시행하여 다시는 이런 비웃음을 당하지 말아야 한다.

2. "일본 경제 추월?", 냉철한 일본 경제학자

한국 경제가 일본을 추월할 것인가? 이에 대해서는 많은 사람이 관심을 가지고 있는 것 같다. 그도 그럴 것이 일본경제연구소가 2027년에 한국의 1인당 GDP가 일본을 추월할 것으로 전망한다는 보도가 있었는데, 일본 엔화 약세로 그것이 앞당겨질 수도 있다는 보도가 새로 나오기 때문이다.

그러나 '한국의 경제가 일본을 추월할까?'는 '1인당 GDP가 일본을 추월할까?'와는 아주 다른 문제이다. '경제 추월'과 관련해 질문받은 일본의 와세다대학 정치경제학술원 특임교수를 역임한 하라다 유타카(原田 泰) 교수는 "한국의 GDP 증가율이 일본보다 높지만, 한국은 급격한 인구 감소 때문에 일본 경제를 추월하기 어렵다"라고 단언했음을 한국경제신문은 2022.6. 13. 자로 보도했는데, 하라다 교수가 인구와 출산율 및 각종 자원이 묻힌 해양과 육지 면적까지도 복합적으로 고려한 매우 냉철한 답변을 했기 때문에 그것을 반증하기는 쉽지 않다고 생각된다.

한국의 인구 격감으로 일본과의 인구 격차가 날로 커지므로, 국민들의 전체 총합인 경제 규모도 날로 차이가 벌어질 수밖에 없는데, 무슨 무지한 질문인가 하고 내심 비웃었을 것이다. 그러함에도 불구하고 인터넷 등에서 마치 한국이 일본 경제를 추월할 것처럼 오도하는 것은 진실을 가리고 시청자를 속이는 혹세무민이 아닐 수 없다.

이런 혹세무민은 우리나라 인구의 약 3배에 달하는 일본 국민들의 혐한 감정만 더욱 부채질하여 한국 제품 불매로 이어지는 등, 국익에 전혀 도움이 안 된다. 한국과 일본을 이간질하는 것을 적화통일을 위한 외교 전략의 최우선 목표의 하나로 삼는 북한만 이롭게 할 뿐이다.

지금은 혹세무민의 달콤함에 취해 으쓱할 때가 결코 아니다. 대통령부터 국회의원과 언론인 및 교수와 회사원에 이르기까지 온 국민이 일치단결하여 국가소멸 · 기업소멸의 대국난을 초래하는 극초저출산을 탈피하고 안전출산율로 반전시켜 생존을 도모할 은인자중해야 할 때이다.

3. 왜 혹세무민인가? 근거?

인터넷 등에서 시청자를 속이는 자들의 주장이 혹세무민인 근거는 다음과 같다. 한국과 일본의 경제 규모 · 인구 · 면적 · 출산율을 비교하면 아래 그림들과 같다. 한국의 국내총생산(GDP)은 1조 6510억 달러이고, 일본의 국내총생산(GDP)은 5조 650억 달러로 격차가 3.1배이다. 참고로 2020년의 한국의 1인당 GDP는 31,954달러이고, 일본의 1인당 GDP는 39,890달러이다.

경제 규모인 국내총생산은 일본이 한국의 3.1배이니 비교한다는 것이

무리이다. 문제는 한국의 세계 최악 출산율이다. 혁신이 없는 한 해가 갈수록 인구 격차가 심화되어, 경제 규모인 GDP도 현재는 3.1배 차이이지만 앞으로는 그 차이가 더욱 커질 것으로 보이기 때문이다.

〈그림 5-1〉 한 · 일 경제 규모 비교(단위: 10억 달러)

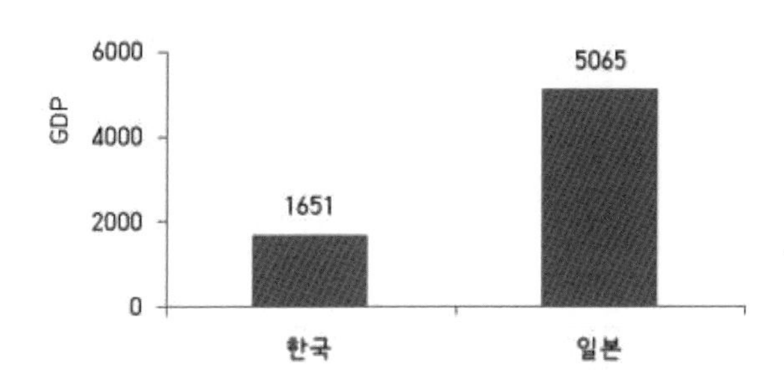

출처: 통계청. 'OECD국가의 주요지표'(2019) 이용

〈그림 5-2〉 한 · 일 인구 비교

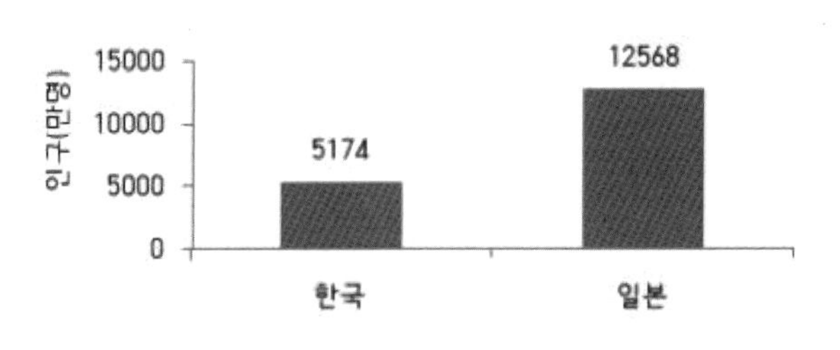

출처: 통계청. '인구'(2021년) 이용

한국의 인구는 2021년 5174만 명임에 반하여, 일본은 1억 2568만 명이다. 그 비율은 일본이 한국의 2.4배이다. 한국의 출산율은 0.8명. 일본은 1.3명이다. 인구 격차는 더욱 벌어질 것이다. 이는 그대로 경제 규모에

도 영향을 미쳐, 양국의 국내총생산인 GDP는 혁신이 없는 한 점점 격차가 커질 수 있다.

〈그림 5-3〉 한 · 일 육지면적 비교(단위: ㎢)

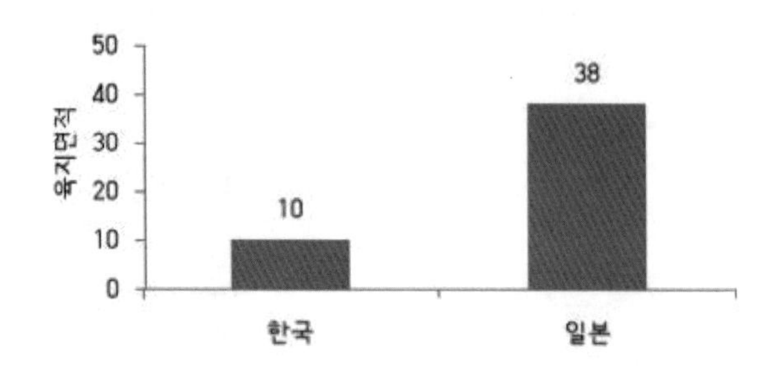

출처: 통계청, '국토면적' 이용

다음은 각종 자원이 묻혀 있는 한국과 일본의 면적을 비교해 보기로 한다. 육지는 한국은 남한 기준으로 약 10만㎢이고, 일본은 약 38만㎢이다. 일본이 한국보다 약 3.8배 더 크다. 이를 그림으로 나타내면 위와 같다. 부존자원은 경제에 대한 영향력이 엄청나게 크다.

육지 면적만을 놓고 보면 3.8배라는 것이고, 해양 영토까지 고려한다면 또 다른 차원이다. 일본은 육지 영토는 세계 200개국 중 60위에 불과하지만, 해양 영토는 세계 6위이다. 해양 영토는 어류의 공급처일 뿐만 아니라, 석유와 천연가스의 공급처이다.

또한 해양영토는 희토류 등 반도체와 의약품 등의 원료 공급처로서 국가의 전략 자산이기도 하다. 아래 그림에서 볼 수 있듯이 한국의 해양 영토는 약 44만㎢이나, 일본은 447만㎢로서 한국의 10.2배이다. 비교가 쉽지 않은 큰 차이이다.

〈그림 5-4〉 한 · 일 해양영토 비교(단위: ㎢)

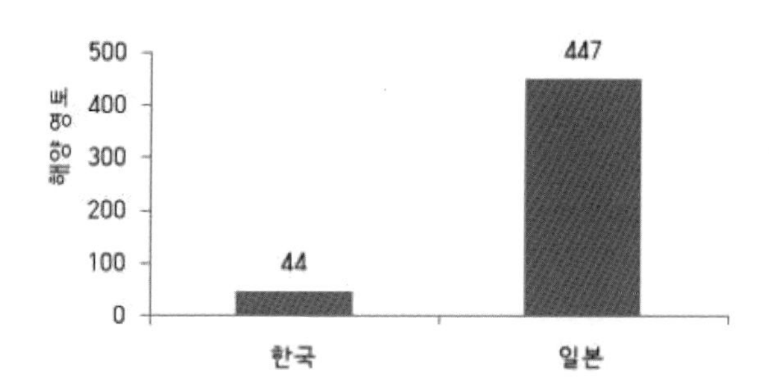

출처: 해양수산부 '해양영토' 이용

다음은 가장 큰 변수인 출산율을 살펴본다. 한국의 출산율은 0.8명이고, 일본은 1.3명이다. 인구변화방정식 $y=ab^n$에 이를 대입하면, 아래 그림과 같이 현 출산율하에서는 한국 인구 5174만 명은 90년 후 331만 명이 되고, 일본은 1억 2568만 명이 3451만 명이 된다.

〈그림 5-5〉 현 출산율하 한 · 일 90년간 인구 변화 추이

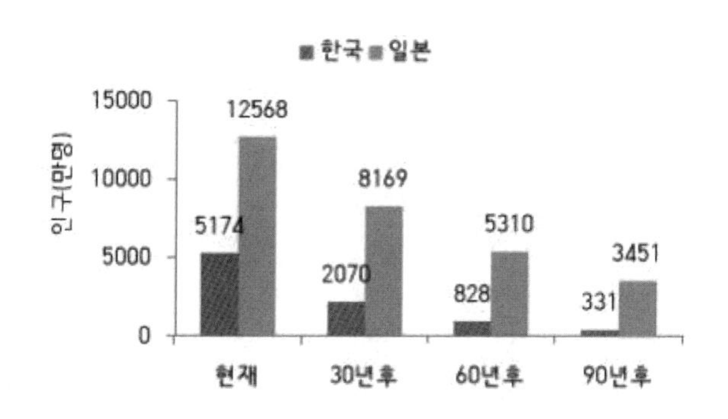

출처: 통계청 'OECD국가의 주요지표'(2021) 이용

현재는 한·일 인구 비율이 1:2.4이지만, 90년 후는 1:10.4로 그 차이가 크게 확대된다. 해마다 한·일 간 인구 격차는 커지는데, 이것이 양국 간 경제 규모인 국내총생산(GDP)에도 반영되는 것이 문제이다.

그러므로 한국의 생산성이 일본의 10.4배 이상으로 높아지지 않는 한, 해가 갈수록 한·일 간의 경제 격차는 더 크게 벌어질 수 있다. 그러함에도 불구하고 인터넷 등에서 이 사실을 거꾸로 말하여 시청자를 속인다면 이는 혹세무민이 아닐 수 없다.

4. 출산율 0.8명 한국 1.3명 일본, 결정된 미래인구

한국과 일본의 출생아 수는 아래 그림과 같이 통계청 이용 가능 최신 자료인 2019년 기준 한국이 30만 명이고 일본은 87만 명이다. 이 2019년 양국의 출생아 수는 변화시킬 수 없다. 이미 확정된 수치이다. 30년 후에도 2019년생들의 숫자를 변경시킬 수는 없다. 즉 30년 후의 미래인구가 이미 결정되어 있다는 의미이다.

GDP의 가장 커다란 결정요인 중 하나는 인구이다. 그런데 미래인구는 출생아 30만과 87만으로 이미 결정되어 있다. 이들이 성장하여 30년 후쯤에는 2세들을 낳을 것이다. 그런데 출산율이 한국과 일본은 차원이 다를 정도로 현저한 차이를 보이고 있는 것이 결정적 큰 문제이다.

〈그림 5-6〉 한 · 일 2019년 출생아 수

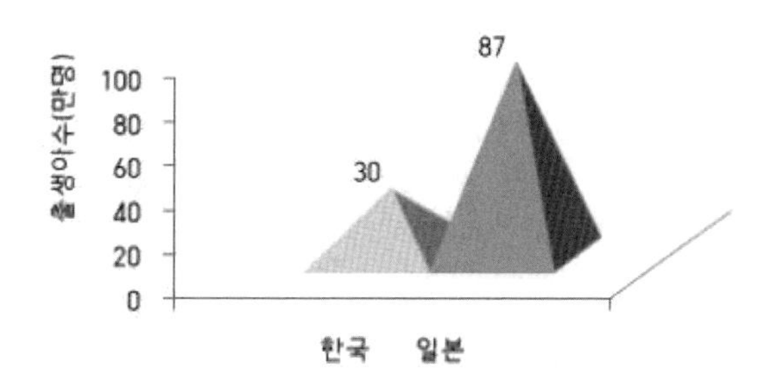

출처: 통계청. '출생아 수 및 출생 성비' 이용

한·일 두 나라의 차원이 다른 출산율 차이로 인해 인구 격차가 해가 갈수록 좁혀지기는커녕 오히려 크게 확대되는 것은 한국이 일본 경제를 추월하기가 더욱 어려워진다는 것을 의미한다. 90년 후의 인구 격차 1:10.4를 깨기 위해서는 한국의 1인당 노동생산성이 일본의 10.4배를 넘어야만 한다.

그러나 노동생산성을 일본의 10.4배로 추월시키는 것은 현실적으로 매우 어려운 일이다. 일본 경제를 추월하기 위한 현실성 있는 방안은 따로 있다. 그것은 출산율을 일본 1.3명의 2배인 2.6명 수준으로 높여 그 격차를 60년 정도 유지하는 것이다. 이는 상대적으로 쉬운 방법이다. 또한 그것은 한국생존과 기업생존을 위해 시급한 일이기도 하다.

5. 국민 300만(대부분 노인)이 시장.
국가 경제 포기 수준

현재 우리나라 출산율 0.8명은 세계 최악의 극초저출산율이다. 부부가 아이를 1명도 낳지 않으려 하는데 해마다 인구가 감소하는 것은 당연하다. 경제인들은 국내시장이 약 1억 명 정도만이라도 되어 어느 정도 뒷받침해 주기를 바란다. 그래야 고정비를 건질 수 있는 안정적인 최소 판로를 확보하고, 제품 반응도 확인 후 수출 전선에 임할 수 있기 때문이다.

사실 우리나라 시장 약 5200만 명은 작다. 그런데 문제가 생겼다. 그 작은 국내시장이 해마다 더 작아지는 것이다. 우리나라 고등학생들은 "아이를 아예 낳지 않겠다"고 하는 학생들이 많고, 20대 젊은이들도 아이를 낳지 않겠다는 풍조이지만, 현 출산율 0.8명이 지속된다는 가정하에 향후 90년간의 우리나라 미래인구를 예측하면 아래 그림과 같다.

통계청에서 발표한 우리나라 인구의 정점은 2020년의 5184만 명이다. 그 이후는 해마다 인구가 감소하고 있다. 현 출산율 0.8명하에서는, 인구변화방정식 $y=ab^n$에 이를 대입하면, 30년 후 우리나라 인구가 2074만 명으로 감소할 것으로 예측된다. 그나마 아이를 낳지 않겠다는 20대와 고등학생들을 설득하여 0.8명이라도 낳게 설득에 성공했을 때 얘기다.

〈그림 5-7〉 한국 미래 시장규모 파악을 위한 현 출산율하 미래인구 예측

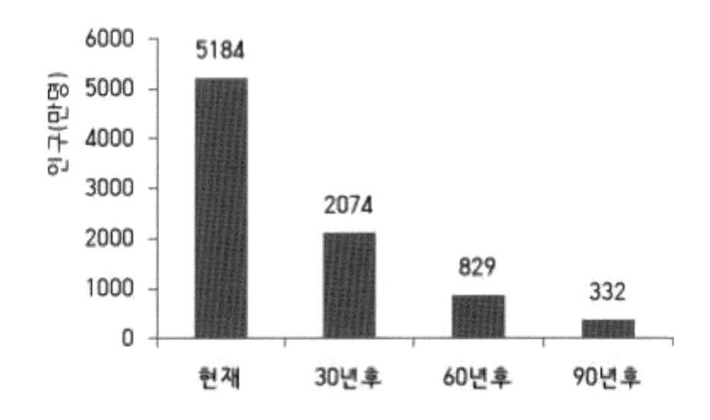

출처: 통계청. '인구'(2020년) 이용

현 출산율 0.8명하에서 60년 후에 우리나라 인구는 829만 명으로 줄어들 것으로 예측된다. 90년 후는 우리나라 인구가 332만 명이 될 것으로 예측된다. 그런데 그 인구마저도 극심한 고령화 문제를 안고 있는 대부분이 60대 이상의 노인들로 구성된다.

과연 위와 같이 시장규모가 해마다 격감하여 90년 후에는 현재의 1/16로 줄어드는 시장에 얼마나 많은 기업이 생존할 수 있을까? 그 시점에는 대부분 기업이 망하여 이미 문을 닫았을 것이다. 이 상황은 국가 경제의 포기 수준이 아닐 수 없다.

6. 매출 격감은 경제인들의 악몽

기업인들에게 있어 시장 상실은 악몽이다. 인구 격감으로 15/16의 시장을 상실했다면 그 기업인들의 심정이 어떠하겠는가? 상상하기도 싫을 것이다. 그런데 그 상상하기도 싫은 악몽이 모르고 있는 사이에 이미 진행되고 있었다. 미래의 일이 아니다. 벌써 과거의 일이 되었다.

출산율이 1.0명이 되었을 때 이미 시장의 절반을 잃어버린 것이다. 그게 2018년의 일이다. 출산율이 0점대로 떨어져 OECD 최하위가 되었다. 당시 OECD 평균 출산율은 1.63명이었다. 인구 격감으로 시장을 상실한 무수한 기업들은 도산하여 직장 폐쇄를 할 것이다.

대공황 때처럼 도산한 기업인 중에는 자살하는 사람들도 있을 것이고, 직장을 잃은 사람들은 굶주림으로 죽는 사람들도 발생할 것이다. 세계 최악의 출산율 0.8명. 그것은 '핵폭탄'보다도 무섭다. 핵무기가 수백만 명을 죽일 수 있지만, 5200만 인구를 300만 명으로 만들지는 못한다.

그것도 잔존 300만 명을 대부분 노인으로 만들어 버리는 비극을 가져오지는 못한다. 세계 최저의 극초저출산율 0.8명. 그것은 '전쟁'보다도 무섭다. 그 어떤 전쟁도 5200만 인구를 300만 명으로 만든 전쟁은 한국사, 동양사, 세계사 그 어디에도 없다.

7. 경제만 폭망? 세수, 정부예산, 교육, 국방, 복지도 다 폭망

특단의 정책 없이, 현재의 세계 최악 출산율 0.8명이 방치되어 젊은이들은 아이를 잘 낳지 않으려 하고 고등학생들은 "아이를 아예 안 낳겠다"는 이런 풍토가 고착된다면, 출산율은 더 떨어질 것이다. 그러나 지금까지의 선심 정책 등 출산장려정책으로 출산율 0.8명을 가까스로 방어한다고 가정하고 분석하기로 한다.

5184만 명을 90년 만에 332만 명으로 현재의 1/16 토막으로 만드는 인구 격감은 더 빠른 속도로 생산자와 상품 수요자를 격감시켜 경제는 폭망할 것이다. 문제는 인구 격감으로 인한 경제의 폭망은 그 하나만 홀로 오는 것이 아니라는 것이다.

많은 기업의 무수한 도산으로 촉발된 경제 폭망은 세수(稅收) 격감을 초래할 것이다. 세수의 격감은 정부예산의 대폭적인 축소를 가져오고, 이로 말미암아 교육이나 국방비 지출도 전대미문의 대대적인 감축을 가져와 폭망 수준이 될 것이다.

복지비만은 줄이고 싶지 않겠지만 이미 생산연령인구 비중이 상대적으로 급감한 노인국이라 세수 부족, 예산 부족으로 복지도 폭망 수준으로 급락하고 말 것이다. 대부분이 60대 이상의 노인국이라 노인들을 돌봐줄 젊은이조차 구하기가 하늘의 별 따기일 것이다.

8. 3세대 후이니 난 몰라?

아이를 아예 안 낳겠다는 고등학생이나, 아이를 갖고 싶지 않다는 20대들, 그리고 즐기기는 하지만 결혼은 하지 않겠다는 비혼족(非婚族)들은 "나라와 민족이 대수냐. 나만 편하면 됐지"라고 생각하는 것 같다. 그 모습에서 극도의 이기주의와 무책임을 본다.

가정교육도 학교 교육도 실패한 처참하고 삭막한 인간상이 느껴진다. 그들의 그 모습에서 형제자매에 대한 사랑도 부모에 대한 감사와 그리움도 느낄 수 없다. 이것은 "하나만 낳아 잘 기르자"는 국가 정책이 초래한 대표적 실패작이다.

그 실패 정책으로 급기야 하나만 태어난 자식은 형제자매도 모르고, 황태자나 공주처럼 떠받들려 성장했으니 어찌 부모에 대한 감사를 제대로 배울 수 있었겠는가? 부모에 대한 감사도 제대로 느끼지 못하는 그들이 어찌 나라를 고맙게 생각하겠는가?

그런 그들이 어찌 민족을 제대로 사랑하겠는가? 그러한 저들에게 3세대 후의 일을 걱정해 달라는 것은 무리다. 저들을 어떻게 제대로 이끌 것인가? 그것은 모든 40세 이상의 기성세대가 안아야 하고 풀어야 할 숙제가 아닐 수 없다.

제6장

'60만 대군'은 옛말, 2021년 출생 남아 약 13만뿐

1. 2021년 출생 남아 약 13만뿐

우리가 어릴 때 '60만 대군'이 우리나라를 지키고 있다는 말에 얼마나 든든하고 뿌듯했던지 모른다. 그런데 이제는 그런 말을 하면 "타임머신을 타고 과거에서 왔나?"라는 말을 듣게 되었다. 그 이유는 인구 감소에 의한 병역 자원의 급감 때문이다. 병역을 담당해야 할 남자아이의 출생 상황은 아래 그림과 같이 해마다 감소하고 있다.

〈그림 6-1〉 한국 출생 남아 격감 추이

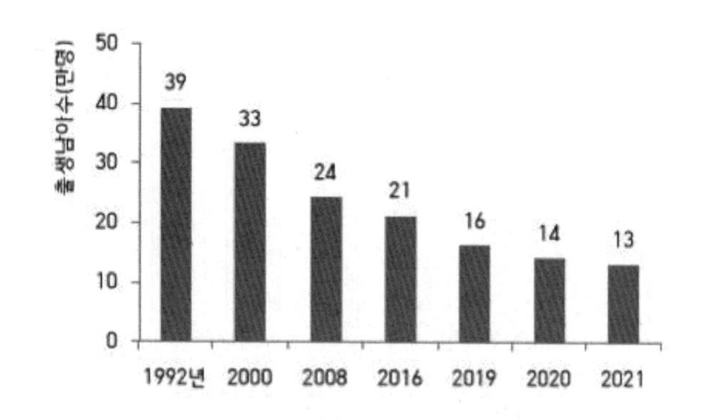

출처: 통계청. '출생아 수 및 출생 성비' 이용

출생 남아는 1992년에 약 39만 명이던 것이 2000년에는 약 33만 명으로 감소하였고, 2008년에는 다시 약 24만 명으로, 2016년에는 약 21만 명으로 감소하였다. 그리고 2019년에는 약 16만 명으로, 2020년에는 약 14만 명으로 감소하더니, 급기야 2021년에는 다시 약 13만 명으로 감소하였다. 불과 29년 만에 1/3토막으로 급감한 것이다.

2021년 출생 남아 수가 약 13만 명이라는 것의 의미는 매우 심각하다. 60만 대군은커녕 그 1/4토막인 15만 병력 자원도 조달하기가 만만치 않다는 의미이다. 왜냐하면 2021년 출생 남아 13만 명 중 지체부자유자, 병역거부자, 성전환자 등이 발생하여 그중에서 복무하기 힘든 인원을 약 3만 명이라고 보면, 결국 가용 인원은 10만 명밖에 되지 않는다.

우리나라의 군 복무기간이 1년 6개월이니, 다른 연도에 출생한 사람의 절반을 징집하여 15만 명을 채워야 할 판이다. 그러므로 이들이 병역을 담당하게 될 20년 후에는 군 병력이 15만 명으로 자동 감축될 수밖에 없다. 이 병력 자원은 태어나 이미 확정된 것이니 변경하지도 못한다.

2. 대부분 노인인 국민 300만이 나라 지켜? 국방 포기 수준

현 출산율 0.8명하에서는 90년 후 잔존할 사람들이 약 300만 명밖에 되지 않는다. 그 사람들은 대부분이 60세 이상의 노인들로서 극심한 고령화 문제를 안고 있게 된다. 그런데 노인들이란 참 안타까운 분들이다. 노인병을 앓고 있다. 보통은 몇 종류의 병을 동시에 앓고 있다. 약을 달고 산다. 어떤 분들은 각종 질병으로 매일 약을 애들 주먹으로 거의 한 주먹씩 먹고 겨우 하루하루를 살아간다.

아래 그림은 우리나라 사람들의 사망 원인 순위를 분석한 것이다. 1위 암, 2위 심장질환, 3위 폐렴, 4위 뇌혈관질환, 5위 자살, 6위 당뇨병, 7위 치매, 8위 간질환, 9위 고혈압, 10위 패혈증 등이다.

〈그림 6-2〉 한국인 사망 원인 분석

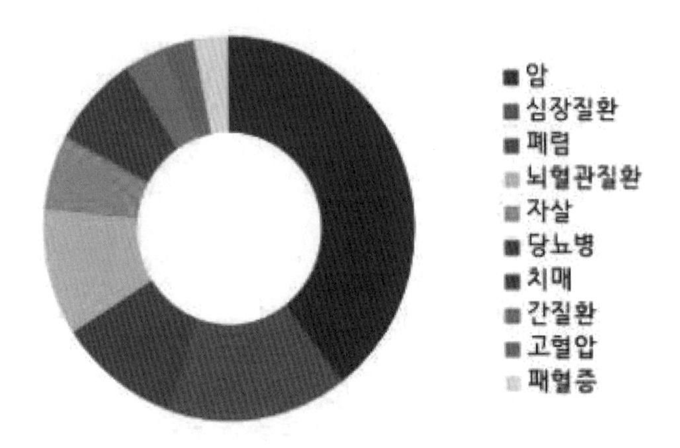

출처: 통계청. '사망 원인'(2020년) 이용

노인들은 위의 질병 중에도 몇 개를 동시에 앓고 있는 경우가 많다. 당뇨를 앓고 있기에 합병증이 와서 시력이 안 좋은 사람도 있을 수 있다. 뇌졸중으로 거동이 불편한데 동시에 치매를 앓고 있을 수도 있다. 도무지 위와 같은 사람들이 국방을 할 수가 없다. 국방 포기 수준이라고 봐야 할 것이다.

3. 침략군 1개 사단으로 노인국 정복할 수도, 일 · 중 · 러가 국토 접수 시도할지도

북한은 핵무기를 보유하고 있고 출산율이 1.9명이기에 〈그림 3-6〉에서 보았듯이 90년 후에 인구가 2210만 명이나 되어 건재하다. 반면에 한국은 현 출산율 0.8명하에서는 약 300만의 노인국이 되어 인구소멸 직전 상태가 된다. 그러므로 일본과 중국 및 러시아 등이 북한을 집어삼키려고 넘보지는 못할 것이다.

그러나 한국은 북한과 다르다. 치명적 2대 약점이 있다. 가장 큰 문제는 한국은 북한과 달리 핵무기가 없다는 점이다. 두 번째 문제는 경고를 듣지 않고 위기를 자초하여 세계 최악의 극초저출산으로 인구소멸 직전 상황을 초래한 나라를 구출하기 위하여 자국의 젊은이들을 보내어 피 흘려 줄 나라는 없다는 점이다.

이러한 사실을 간파한 일본과 중국 및 러시아는 역사적으로 한반도를 차지하려고 호시탐탐 노려왔기에 1개 사단이라도 먼저 보내어 우리나라를 접수하려 경쟁할 것이다. 그러나 이들 3국은 서로 간에는 피를 흘리지 않고 한국을 접수하기로 야합할지도 모른다.

일 · 중 · 러 3국의 야합대로 일본은 전라도와 경상남도를 접수하고, 중국은 충청도와 경상북도를 접수하며, 러시아는 경기도와 강원도를 접수할지도 모른다. 일 · 중 · 러 3국은 미사일 공격과 공중 엄호 및 해군의 함포 사격을 일제히 가하면서, 야합 시 한도로 합의했던 1개 연대씩 도합 1개 사단이면 충분하다고 결론 내리고 동시에 침략할지도 모른다.

노인국 한국에서는 침략 3국 연합군의 미사일 공격으로 많은 사람들이 이미 죽었지만, 일부 살아남은 가장 젊은 할아버지 60대가 퇴행성 관절염 등을 무릅쓰고 절뚝거리면서도 방어에 나설 것이다. 그들은 외국의 경고조차도 듣지 않고 출산율 0.8명의 극초저출산율을 탈피하지 않은 것을 뒤늦게 후회할 것이다. 아이를 낳지 않거나 하나만 낳는 것을 마치 유행의 최첨단을 걷는 멋쟁이로 생각했던 것이 착각이었다는 것을 깨달으면서 죽어갈 것이다.

인구소멸 후에는 한국도 없고, 국민도 없고, 우리의 후손도 없다. 우리 땅과 집도, 내가 아끼던 건물도 한반도를 접수한 일본인이나, 중국인, 러시아인이 차지할 것이다. 우리의 무덤도, 우리 조상들의 선산도 그들이 개발 시에 연고가 없기에 다 갈아엎어 버릴 것이다.

중국인들과 러시아인들은 자국민과 외국 관광객들의 교훈으로 삼고자 점령지에 개발 시에 무덤을 갈아엎을 때 수거된 해골들을 모아 '한국인 인구 멸종 해골 탑'을 만들지도 모른다. 관광객들은 캄보디아 앙코르와트 해골 탑까지 가지 않아도 해골 탑을 볼 수 있다며 카메라 셔터를 눌러댈지도 모른다.

일본인 점령지에서도 불량자들이 관광객 유치를 위해 '한국인 인구 멸종 해골 탑' 건립을 시도하려는 것을 뜻있는 자유민주 인사들이 그것은 인권을 무시하는 사회주의 국가들에서나 할 일이지 자유민주 국가에서는 해서는 안 될 일이라며 반대하여 가까스로 무산시킬지도 모른다.

위와 같은 최악의 악몽은 절대로 현실이 되지 않게 해야 한다. 그러자면 아이를 둘 이상 낳아 국가소멸·민족소멸의 재앙에서 탈출해야 한다. 생육하고 번성하라시는 하나님의 말씀이 왜 축복인지 알아야 한다. 아이 안 낳는 것을 세계 최첨단 유행을 걷는 멋쟁이로 착각하는 방자함과 교만을 회개해야 한다.

4. 90년 후이니 난 몰라?

러시아 화가 일리야 레핀의 〈폭군 이반과 아들〉이라는 그림은 러시아사의 너무나도 슬픈 다음의 한 사건을 배경으로 한 것이다. 러시아 최초의 황제 이반 4세. 그는 이 책의 〈표 2-2〉에 언급된 이반 3세의 손자이기도 하다. 1581년에 그는 임신한 며느리가 세 겹 치마가 아닌 한 겹 치마를 입은 것을 보고 황족의 품위에 먹칠했다며 분노하여 쇠 지팡이로 구타했다.

후계자인 황태자가 아내를 보호하기 위해 폭행을 만류하다가 아버지가 내리친 쇠 지팡이에 머리를 맞아 쓰러진다. 그림은 그 장면을 그린 것이다. 다음 날 며느리는 유산했다. 아들은 열흘 뒤에 27세의 나이로 요절했다. 이반 4세는 아들도 잃고 손자도 잃었다. 대가 끊겼다. 그의 왕조는 멸망했다.

"나만 즐기면 됐지, 90년 후 망국을 하든 말든, 민족이야 소멸하든 말든 나와 무슨 상관이야?" 이런 생각을 가지고, 아이를 아예 낳지 않겠다는 Z세대의 고등학생들이나, 아이를 안 낳거나 하나만 낳겠다는 M세대 젊은이들은, 후대와 민족소멸 · 국가소멸을 생각하지 않는다는 점에서는 폭군 이반 4세와 같다 할 수 있다.

"나만 즐기면 됐지"라는 극도의 이기적인 그 모습 어디에도, 부모에 대한 감사를 찾아볼 수 없다. 나라에 대한 감사도 찾아볼 수 없다. 파워 랭킹 2위의 대한민국 여권을 가지고 유럽 여행을 나갈 때도 나라에 대한 감사도 없을 것이다. 있다면 왜 국가소멸 · 민족소멸을 방치하고 그것을 초래하겠는가?

아이를 둘 이상만 낳으면 될 일을 왜 하나도 안 낳거나 하나만 낳으려 하는가? 그것이 유행의 최첨단을 걷는 멋쟁이로 보여서인가? 아니면 아이 안 낳고 둘이서만 즐기기로 합의하고 결혼했기 때문인가? 아니면 비혼족 친구에게 미안하여 의리를 지키기 위해서인가? 어떤 핑계로도 그 이기심과 부모에 대한 불효와 국가에 대한 배은망덕을 감출 수는 없다.

제7장

지방소멸·수도권 집중,
특단 정책 없이 국가생존 없다

1. 380조 투입하고도 정책들 실패

아쉽게도 2006~2020년 사이 15년간 저출산 대책으로 380조 2천억 원을 투입했지만 출산율은 OECD 최저를 기록하고 말았다고 조선비즈는 2022.2.23. 자로 보도했는데, 우리나라 대표급 언론의 보도이니 그 사실성은 의심의 여지가 없으므로 기사 내용은 동의한다. 그러나 우리가 슬픈 것은 그 금액의 크기가 놀라워서가 아니라, 기사회생할 수 있는 15년이라는 황금시간을 날려 버린 안타까움 때문이다.

감사원은 저출산 대책으로 거금이 투입되었음에도 출산율은 오히려 2006년의 1.13명에서 해마다 감소하여 2020년에는 세계 최악의 꼴찌인 0.84명으로 떨어진 문제점에 대해, 보건복지부와 국토교통부 등 정부 9개 기관을 대상으로 2020년에 감사를 벌이게 되었다.

저출산 대책으로 15년간 투입한 예산 380조 원은 2006년 우리나라 총예산 145조 원의 2.6배이고, 2013년의 우리나라 총예산 338조 원의 1.12배에 해당하는 금액이다. 저출산을 타개하겠다는 시급한 일에 정부 기관이 예산을 집행했음에도 감사원이 이례적으로 정부 9개 기관을 대상으로 2020년에 감사를 벌인 두 가지 이유는 다음과 같이 분석된다.

첫째는 아이 하나 낳기 위해 6073만 원을 지원했음에도 출산율이 세계 꼴찌라는, 국가생존을 치명적으로 어렵게 하는 치욕적인 일이 어떻게 발생했느냐는 것이다. 출생아 1명당 6073만 원이 투입된 근거는 다음

표와 같다.

〈표 7-1〉 출생아 1명당 6073만 원 투입 근거

380조 2천억 원÷15년간(2006~2020년) 총 출생아 수 약 626만 명=6073만 원

둘째는 돈을 쏟아부었는데도 다음과 같은 정책들의 실패로 효과가 제대로 안 나타났다는 것이다.

1) 출산장려금정책의 실패이다. 출산 후 타 지역으로 가 버려 인구 증가 효과에 큰 도움이 안 되었다.

2) 무상 교육·보육의 실패이다. 방과 후 과정의 비용 증가로 학부모의 부담이 늘었다.

3) 신혼부부 주택공급사업의 실패이다. 임대주택이 36㎡밖에 안 되어 규모가 작고, 신혼부부 생활지역을 제대로 고려하지 못했다.

2006~2020년 사이에 380조를 투입한 모든 실패한 정책들은 출산율이 세계 최악의 꼴찌가 되어 국가생존을 어렵게 했고, 기사회생할 시간이었던 15년의 황금 같은 세월을 날려 버리게 했다. 국가와 민족을 위험으로 빠뜨린 이 책임은 누가 질 것인가? 5200만 민족이 소멸하고 국가도 소멸한다면, 망국 대역죄인 고종과 그 정부보다 더 큰 죄를 지은 것인데,

과연 그들이 그 책임을 질 수 있겠는가?

2. 5천만 원 출산장려금정책도 실패

정부의 저출산 탈출을 위한 정책 실패는 지방자치단체들의 소멸까지 불러온다. 인구 감소로 소멸 위기에 내몰린 지자체들의 탈출을 위한 필사의 몸부림은 눈물겹다.

어떤 지방자치단체는 아이 3명을 낳으면 대출 1억 원을 전액 탕감해 주겠다는 곳도 있고, 어떤 곳은 아이 5명을 낳으면 출산장려금으로만 8000만 원을 주는 곳도 있다. 그리고 아이 3명을 낳으면 은행 빚 5150만 원을 대신 갚아 주는 지자체도 있다.

그러나 안타깝게도 지방자치단체들의 눈물겨운 이러한 몸부림에도 불구하고 그 효과는 별로다. 감사원은 출산장려금 지원도 출산 후 다른 지역으로의 인구 유출로 해당 지자체의 지속적인 인구 증가에는 한계가 있다며, 출산장려금정책마저 실패했음을 감사 결과로 내놓았다.

3. 특단 정책 없이 국가생존 없다

아래 〈표 7-2〉 '정부 저출산 대책 7대 정책 실패 사유 분석'에서 볼 수 있듯이, 저출산 탈출을 위해 정부가 15년간 380조 2000억 원을 투입한 정책들은 출산율이 1.13명에서 0.84명으로 세계 최저의 극초저출산으로 오히려 악화하여 결과적으로 실패하였다.

〈표 7-2〉 정부 저출산 대책 7대 정책 실패 사유 분석

순위	정책	정책 세분	실패 사유
1	주거정책	신혼부부 임대주택	작은 주거면적, 생활지역 고려 부족
2	출산장려금	출산장려금 육아지원금	타 지역으로의 인구 유출
3	사교육비	무상 보육 · 교육 유아학비 지원	방과 후 과정비 학부모 부담 증가
4	비혼 대책	비혼 방지	Z세대를 과도경쟁과 미래불안감에서 불구출
5	만혼 대책	만혼 방지	M세대 과도경쟁과 미래불안감에서 불구출
6	청년 수도권 집중 방지	탈지방 방지 수도권 집중 방지	청년 취업 정책 실패 지방 거주 동기부여 부족
7	육아정책 출산정책	육아휴직 출산전후 휴가	임금 대체율 제고 부족

이는 아이 하나 낳는데 6073만 원을 투입하고도 저출산 문제 하나 바로잡지 못하고 황금 같은 15년의 기사회생 시간만 날려 버렸다는 정부 정책에 대한 국민적 불신과 피로감을 불러왔다. 젊은 층의 수도권 집중

은 경쟁과 미래에 대한 불안으로 비혼(非婚)과 만혼(晩婚)을 야기했다.

이는 수도권 집중 분산정책의 실패에서 기인했고, 청년층의 지방 거주 유인 정책의 실패에서 비롯되었다. 정부 9개 부처가 달려들어도 실패한 것이다. 이미 지방자치단체에서 할 수 있는 수준을 넘어섰다. 이것이 국가원수 겸 최고 리더인 대통령이 국가소멸, 민족소멸 방지를 위한 '전쟁'을 선포하고 진두지휘해야 할 이유이다.

대통령 휘하의 일개 위원회에서 부위원장이 할 수 있는 일도 아니다. Z세대, 우리의 차세대인 1996~2010년생인 그들은 비혼족이다. 동시에 그들은 아예 "아이를 낳지 않겠다"라고 한다. 그들에게 1억 원을 줄 터이니 결혼하고 아이를 낳겠느냐고 물으면, 과연 그들이 그러겠다고 대답할까?

"저출산 문제는 자신들과는 상관없다"라고 잘라 버리는 이들 Z세대를 어떻게 설득할 것인가? 그러기에 특단의 정책이 필요하다. M세대, 1981~1995년생인 그들은 "아이 하나 낳아 기르기도 힘들다"라고 주장한다. 이들에게 아이를 두셋 낳을 여건을 만들어 줘야 한다.

이러한 일들은 이미 부모나 민간의 손을 떠났다. 몇 개 부처 장관들이 할 수 있는 일도 아니다. 지금은 외국에서조차도 우리나라에게 한국소멸, 민족소멸을 경고하는 세계 최악의 극초저출산 상황이다. 절체절명의 비상 상황으로서 '국난'이다. 특단의 정책 없이는 국가생존이 힘든 상황이다.

이 국난은 공무원이나 가정만으로 극복할 수 있는 일도 아니다. 이는 국가생존의 문제이다. 이것은 민족생존이 걸린 '인구소멸 방지 전쟁'이다. 이것이 국가원수 겸 최고 리더인 대통령이 진두지휘해야 할 이유이다. 국회를 적극 협력자로 만들어야 하고, 정부 공무원을 복지 부동자가 아니라 능동적 공헌자로 만들어야 한다.

전쟁의 전황판을 보고 전쟁을 지휘하듯, 대통령은 전국 출산율 전광판을 전국 방방곡곡에 설치하여 국민의 참여를 유도하고, 대통령실에 설치된 출산율 전광판을 보며 '저출산 극복 전쟁'을 지휘해야 한다. 우리 역사상 그렇게 한 대통령들이 있다.

자유민주 토대를 구축한 이승만 건국 대통령은 '한국전쟁' 전황판을 보고 전쟁을 지휘하여 적화 위기에서 나라를 구했다. 아프리카보다도 못살던 나라를 박정희 부국강병 대통령은 수출 전황판을 보고 '수출 전쟁'을 지휘하여 오늘날 세계 7대 강국의 토대를 구축했다.

이 '저출산 극복 전쟁'에서 이겨야만 국가소멸을 방지하고 한국생존과 기업생존이 가능하다. 발목 잡는 불순세력이 있다면 국가생존을 방해하는 자들로 엄단해야 한다. 만약 다수당이 수의 우세를 믿고 대통령의 이 '전쟁' 지휘를 방해한다면 그런 국회는 존재 이유가 없다. 국민의 이름으로 해산시켜야 한다.

4. 지방소멸·수도권 집중, "도시는 소멸 안 해" 착각

귀한 60대가 젊은이이고 70~80대가 대부분인 지방에서 그 귀한 60대는 이제 대접을 받고 있다. 중형 목장을 운영하는 60대인 그가 수도권에서 목장을 할 수는 없었을 것이다. 겸손한 그는 마을 연장자들에게 깍듯하다. 고사하였지만 만장일치 추대로 이장을 결국 맡게 되었다.

사람들은 지금도 잘 뽑았다고 생각한다. 일을 맡은 이상 그가 궂은일까지 도맡아 잘하고 있기 때문이다. 아이들의 울음소리를 들어본 지가 언제인지 기억조차 희미하다. 너무나 아득한 옛날같이 느껴진다. 가임기 여성이 없어서다.

그런데 초등학생 둘을 가진 가정이 이사 왔다. 폐교 위기를 느낀 초등학교는 과학 교육 등 여러 특전을 내세워 몇몇 외지 학생들을 모셔오는데 성공했다. 사람들은 그 꼬마들의 등하교를 흐뭇하게 보면서 학교 교장이 얼마나 고마운지 모른다.

인구소멸을 이기는 천하장사는 없다. 식당도 손님이 드무니 결국 문을 닫았다. 슈퍼도 헤어숍도 손님이 드물어 힘겹게 버티고 있으나 앞으로 얼마나 더 견딜지 알 수 없다. 젊은이들의 지방 이탈은 일자리가 수도권에 편중되어 있기 때문이다. 한국고용정보원이 수도권 유입인구의 75% 이상이 20대라고 밝힌 것이 이 사실을 뒷받침하고 있다.

정부와 국회는 국력을 모아 지방소멸·수도권 집중 문제를 해결해야 한다. 지방생존 없이는 국가생존이 없기 때문이다. 젊은이들은 수도권에 가도 천정부지의 집값 때문에 아이 낳을 엄두를 못 내고 있다. 이 비극을 종식해야 한다.

지방생존과 수도권 집중 타파 건은 젊은이들에게 희망을 주고 아이를 낳게 하여 우리나라가 저출산을 극복함에 너무나 중요한 사안이다. 그러므로 추후 별도의 한 개의 장을 투입하여 구체적으로 다루기로 한다.

우리나라 시군구는 246개이다. 행정안전부에 의하면 이들 시군구 중 지방소멸 위기를 느끼는 곳은 다음 그림처럼 151개로서 약 61%이다. 위기를 느끼지 않는 시군구는 95개로서 38.6%에 불과하다. 단기간에 인구가 격감하면 지자체는 세수 격감으로 고통을 당한다.

〈그림 7-1〉 지방소멸 위기 느끼는 시군구

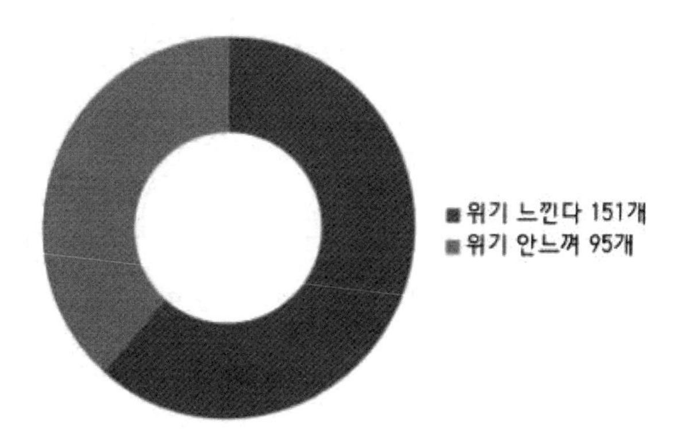

출처: 행정안전부

인구가 준다고 상하수도나 도로 및 공공시설 등을 당장 없앨 수는 없다. 그 유지비용은 지자체에게 힘겹다. 경제 자립도가 낮은 지자체일수록 큰 국고 보조를 받지 않을 수 없다. 그 부담은 '지방소멸, 나와는 상관없다'고 주장하는 도시민에게도 결국 돌아가지 않을 수 없다.

'도시에 평생 살 나는 소멸과는 상관없다'라고 착각하는 사람이 있을 수 있다. 그러나 도시가 그나마 현재 버티고 있는 것은 출산율이 높아서가 아니라 외부로부터의 인구 유입 때문이라는 것을 생각해야 한다.

더구나 대도시의 출산율은 전국에서 최저로서 장차 유입인구마저 없게 될 때는 더 빨리 소멸될 것이라는 것을 고려하면, 도시는 소멸하지 않으리라는 것은 착각이라는 것을 인정하지 않을 수 없을 것이다.

5. 서울 출산율 0.64명, 도시소멸도 피할 수 없다

전국 12개 시도의 출산율을 비교하면 다음 그림과 같다. 2020년 전국 출산율 평균이 0.84명일 때, 최저출산율을 기록한 곳은 0.64명의 서울이었다. 12개 시도 중 가장 출산율이 높은 곳은 전남으로 1.15명이었다. 서울과 비교하면 전남은 1.8배에 해당한다.

서울 다음으로 낮은 출산율을 기록한 대도시는 0.75명을 기록한 부산이었다. 제2 도시가 두 번째 최저를 기록한 것이다. 우리나라 최대 도시와 두 번째 대도시가 각각 출산율 최저와 두 번째 최저를 기록한 것은 슬픈 일이다.

대도시의 젊은 세대가 생존경쟁이 얼마나 치열하면 출산을 고려할 여유조차 없을까를 생각하면 안타깝다. 이것의 개선이 국가생존과 직결된다. 세 번째 최저출산율을 기록한 대도시는 대전으로 출산율 0.805명이다. 네 번째는 대구로 0.807명, 다섯 번째는 광주로 0.811명, 여섯 번째는 인천으로 0.83명을 기록하고 있다.

〈그림 7-2〉 6대 도시, 출산율 전국 꼴찌 독점

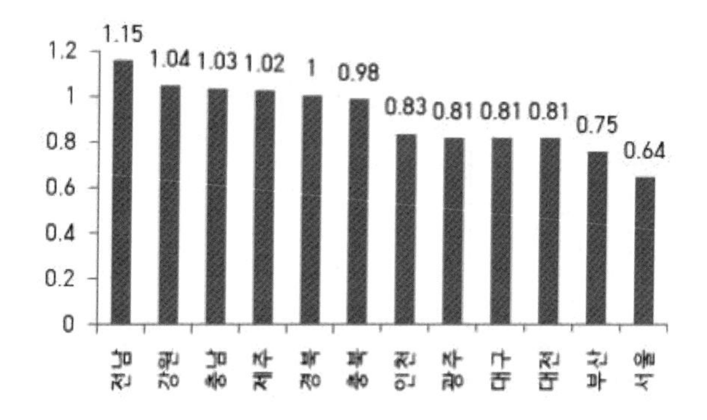

출처: 통계청. '출산율'(2020) 이용(단위: 명)

출산율이 가장 높은 시도는 전남으로 1.15명이다. 두 번째로 높은 곳은 강원으로 1.04명을 기록하였다. 세 번째는 충남으로 1.03명을, 네 번째는 제주로 1.02명을, 다섯 번째는 경북으로 1.00명을, 여섯 번째는 충북으로 0.98명을 기록하고 있다.

이상 살펴본 바와 같이 전국 12개 시도 중 출산율이 낮은 6개 시도는 모두 우리나라 6대 도시가 독점하고 있다. 반대로 12개 시도 중 출산율이 높은 시도는 모두 전남, 강원, 충남, 제주, 경북, 충북 등 지방이 차지하고 있다.

대도시의 출산율을 높이는 것은 우리나라 인구정책의 우선순위에 두어야 할 사안이다. 어떻게 하면, 경쟁을 완화하고 출산의 동기부여를 할 것인가? 정부와 국회는 머리를 싸매고 우선적으로 정책을 강구하여야 할 것이다.

그렇지 않으면, 도시로의 인구 유입 요인이 사라지면 가장 먼저 이들 대도시부터 소멸할 것이다. 그러므로 민족소멸과 국가소멸의 국면에서 도시소멸은 없을 것이라는 것은 도시 거주자의 일방적 희망 사항일 뿐이다. 도시소멸도 결코 피할 수 없다.

6. 국가소멸 후엔 반도체 1등, 조선 1등, BTS 1등도 일장춘몽

영국 런던대학교 아놀드 토인비 교수는 인류의 역사는 도전과 응전의 역사라고 말했다. 그는 문명은 흥하고 망하는데, 도전에 대해 성공적인 응전을 하면 흥하나, 도전에 대해 실패의 응전을 하면 망한다고 갈파했다.

지금으로부터 두 세대 전인 약 60여 년 전에 대한민국은 생존의 위기라는 큰 도전을 받았다. 공업력의 우위에 있는 북한으로부터 공개적인 적화의 위협을 수시로 받고 있었고, 1인당 GDP는 아래 그림에서 보듯이 아프리카의 여러 나라보다 못한 세계 꼴찌권이었다.

〈그림 7-3〉 세계 꼴찌권 한국 1인당 GDP(1961년)

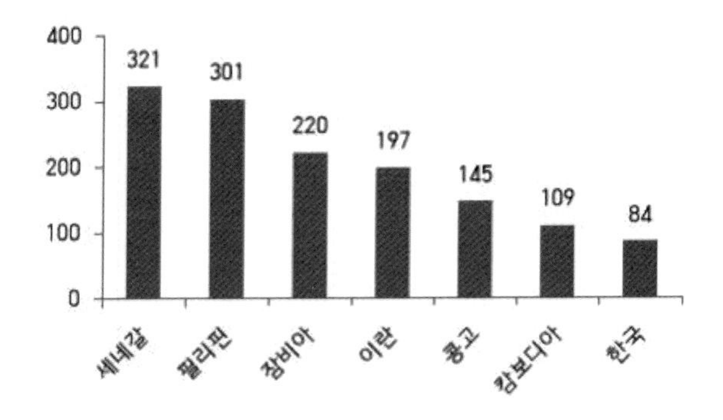

출처: 통계청, '1인당 국내총생산' 이용(단위: 달러)

통계청이 발표한 1961년 1인당 GDP가 아프리카 세네갈은 321달러로 84달러였던 한국의 약 4배였고, 필리핀도 301달러로 우리의 약 4배였다. 아프리카 잠비아도 220달러로 우리의 약 3배, 이란도 197달러로 우리보다 2.3배 더 높았다. 아프리카 콩고와 아시아 캄보디아도 145달러와 109달러로 우리의 1.7배와 1.3배였다.

이런 비참한 상황이었지만, 우리에게는 국민을 결집하여 우리도 잘살 수 있다는 비전을 심어 주고, 선진국의 기술을 도입하면서 수출 전쟁을 지도하여 경제력을 키우는 박정희 부국강병 대통령의 리더십이 있었다. 그리고 그에 호응하는 국민의 단결이 있었다. 토인비에 의하면 이는 성공적인 응전이었고, 기독교인들은 이를 이 민족을 살리시려는 하나님의 은혜라고 부른다.

〈그림 7-4〉 대역전 한국 1인당 GDP(2021년)

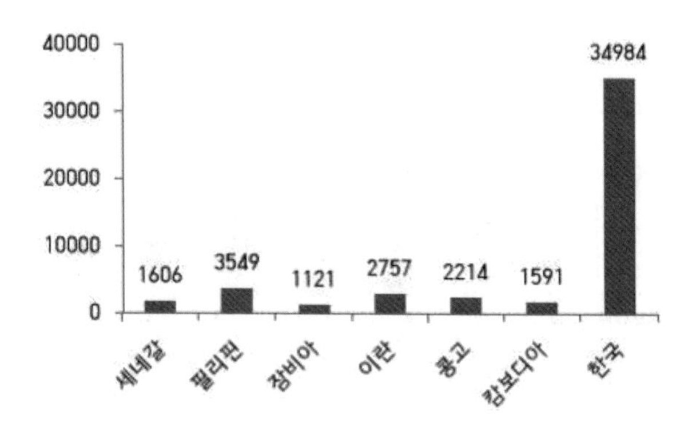

출처: 통계청. '1인당 국내총생산' 이용(단위: 달러)

피땀 흘린 그 60년, 두 세대에 걸친 분투의 결과 우리 민족은 성적표를 받아 들었다. 성적표는 두 종류인데 그 첫째가 위의 그림이다. 통계청이 발표한 2021년 1인당 GDP에서 한국은 34,984달러로 세네갈의 1,606달러와 극명한 대조를 보인다. 1961년 한국이 세네갈의 약 1/4이었던 것을 고려하면 실제로는 한국은 60년 만에 약 87배가 커진 것이다. 잠비아 1,121달러와 비교하면 약 94배가 실질적으로 커졌다.

둘째 성적표는 다음 그림과 같이 실로 경천동지이자 상전벽해와 같은 것이다. 통계청이 2021년 수치로 발표한 세계 각국 1인당 GDP에 의하면 미국은 69,288달러, 독일은 50,802달러, 영국 47,334달러, 프랑스 43,519달러, 일본 39,285달러, 이탈리아 35,551달러, 한국 34,984달러이다. 이는 5030클럽 회원국 기준이다.

〈그림 7-5〉 세계 7대 강국 한국 1인당 GDP(2021년)

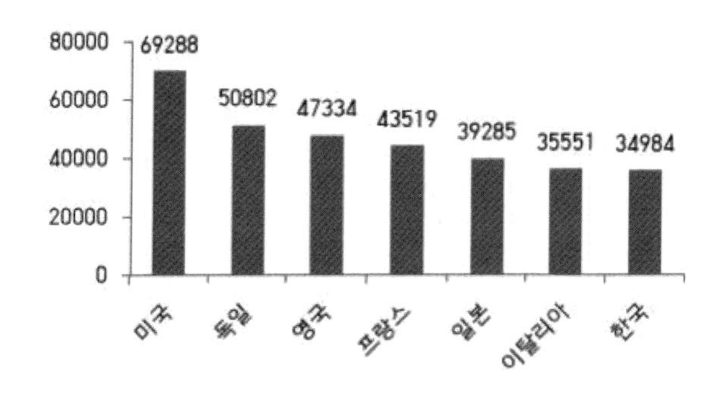

출처: 통계청, '1인당 국내총생산'(2021) 이용(단위: 달러)

각종 도전으로 그렇게 비참했던 현실을 극복하고 한국은 대통령의 리더십과 국민의 단결 등으로 성공적으로 웅전하여 오늘날 위의 그림처럼 세계 7대 강국으로 홍하게 되었다. 1인당 GDP가 한국이 34,984달러로 6위인 이탈리아 35,551달러에 근접하게 되었다.

이런 국력이 뒷받침되었기에 BTS가 세계 1등을 할 수 있었다. 만약 아프리카 청년이 그렇게 뛰면서 춤추었다면 누가 세계 1등 상을 주었겠는가? 어림없는 일이다. 대한민국 여권의 위력은 세계 2위이다. 프랑스, 이탈리아를 앞선다. 세계 192개국을 무비자로 간다.

그런데 한국은 위의 세계 7대 강국에서 탈락하고, 5030클럽에서 쫓겨날 처지가 되었다. 인구가 5천만 명 이하로 감소할 것이 예견되기 때문이다. 서울대 조영태 교수는 우리나라 인구가 2030년에 약 4950만 명이 될 것으로 예측된다고 국민일보는 2021.4.22. 자로 보도했는데, 이미 2022년 2/4분기 출산율이 0.75명으로 급감한 것과 이대로라면 출산율이 0.5명까지도 추락할 것이라는 한양대 전영수 교수의 우려를 고려하면 그 가능성이 있다고 동의하지 않을 수 없다.

그런데도 용산에서부터 여의도를 거쳐 제주도까지 실질적으로 잠자고 있지 않나 의문이 든다. 정부도 국회도 국민도 국난을 국난으로 제대로 인식하지 못하고 있지 않나 하는 의문이 든다. 물가 잡는 것이 최우선 과제이고 당 대표가 되어 국회의원 후보 공천권을 확보하는 것이 최우선 과제인 것처럼 보이기 때문이다.

외국에서조차도 90년 이내 한국소멸·민족소멸을 경고하고 있는데도 실질적으로 눈을 감고 귀를 닫고 있지 않나 의문이 든다. 부부가 아이를 둘 이상만 낳아도 될 것을 하나도 아닌 0.8명만 낳겠다고 한다. 차세대 국민인 Z세대는 한술 더 떠 아예 아이를 낳지 않겠다고 한다. 결혼은 않고 즐기기만 하겠다고 한다.

이는 국민의 자격 상실이요 성적 타락이 아닐 수 없다. 회개해야 한다. 그래야 이 국가소멸, 민족소멸이라는 절체절명의 새로운 위기를, 토인비식으로는 도전을 벗어 버리고 생존과 번영을 지속하여 세계인을 향해

2대 원조국이 되는 등의 의로운 소임을 다할 수 있다.

이런 위기 상황에서 이재용 삼성전자 회장의 고백은 결의를 느끼게 했다. 치열한 세계 경쟁 속에서 반도체 초강대국을 실현하기 위해 450조 원을 투자하여 2030년까지 경쟁사 TSMC를 제칠 것이란 의지를 표명한 것이다. 그는 이것을 "목숨을 걸고 하겠다"는 기백을 보였다. 할아버지 이병철 회장이 '사업보국(事業報國)'의 신조로 혜안을 가지고 반도체에 사운을 걸고 투자할 때도 그런 기백이 있었을 것이다.

국민은 이런 기백과 의지를 정치가들에게서도 보기를 원한다. 먼저 인구소멸의 국난을 극복하고, 노예 상태의 북한 2600만 주민을 더는 방치하지 말고 구출하며, 만주의 고토를 수복하는 그런 기백과 전략과 의지를 가진 진정한 정치가를 보길 국민은 소원한다.

만일 정부와 국회 및 국민이 이 인구소멸에 의한 국가소멸·민족소멸의 국난을 극복하지 못한다면, 국가소멸 후에는 수천 년간의 피땀 흘려 지켜온 이 강토도, 반도체 세계 1등도, 조선 세계 1등도, BTS 세계 1등도 다 날아가 버려 일장춘몽이 되고 말 것이다.

제 8 장

잃어버린 40년,
날려 버린 골든타임 5년

1. 저출산 부채질, 국가성장동력 자해 - 국가 최대 자원 버리다

우리나라는 1983년에 이미 출산율이 2.06명이 되어 저출산인 2.1명 미만으로 떨어졌다. 해마다 출산율은 아래 그림처럼 더욱 떨어져 저출산이 심화되었다. 그러나 정부도 국회도 그 누구도 제동을 걸어 안전출산으로 돌아서게 하는 사람은 없었다.

오히려 저출산이 더욱 심화되도록 부채질만 하였다. 1995년까지 "하나만 낳아도 삼천리는 초만원"이라며 국민을 속여 하나만 낳기를 종용하는 가족계획을 강행했다. 정부의 무능에 대해 국회도 수수방관하여 저출산 심화에 의한 국가 미래성장동력 약화의 공범이 되었다.

이는 인적자원이 석유도 천연가스도 거의 나지 않는 우리나라의 최대 자원이라는 사실조차 인식하지 못한 무능의 소치였다. 국가 미래성장동력을 떨어뜨리는, 국가에 대한 자해라는 것을, 그들은 심각하게 생각조차 하지 않았다.

출산율은 1984년에 1.74명이 되어 대체출산율 2.1명에서 더욱 멀어졌다. 그리고 1987년에는 1.53명으로까지 낮아졌고, 1998년에는 1.5명 선도 무너져 1.46명을 기록하였다. 급기야 2001년에는 초저출산에 근접한 1.31명으로까지 떨어지고야 말았다.

〈그림 8-1〉 저출산 심화 추이(1983~2001년)

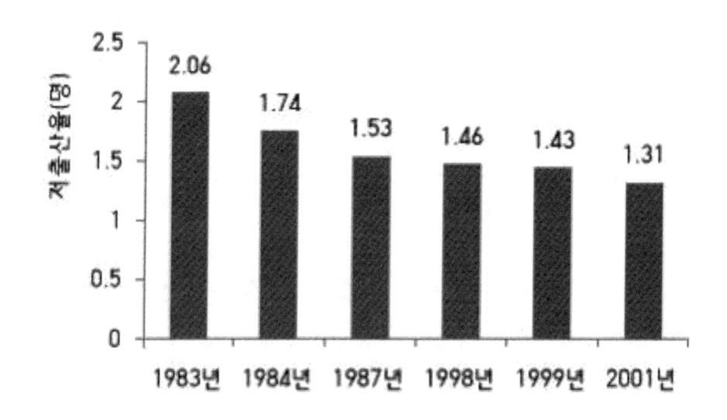

출처: 통계청. '장래 합계출산율/전국'(1983~2021) 이용

1983년에서 2001년까지 우리나라가 출산율 2.1~1.3명 구간인 '저출산'에 머문 기간은 불과 19년이다. 그 이후는 출산율 1.3~1.0명 구간인 '초저출산'에 진입했기 때문이다. 국가 최대 자원인 인적자원에 대해 어떻게 이런 관리를 할 수 있었는지 통탄을 금치 못하지만, 그것이 국가의 실력이고 정책 당국의 무능의 소치이니 어찌하겠는가. 국가의 비극이 아닐 수 없다.

2. 초저출산 방임, 국가미래 자해 - 국가 비교우위자원 버리다

극심한 미래인구 감소를 초래하는 초저출산율은 출산율이 1.3명 미만으로 떨어지는 것을 말한다. 그런데 우리나라는 2002년에 갑자기 초저출산율인 1.18명으로 출산율이 급격히 크게 떨어졌다. 전년 대비 0.13명이나 떨어진 것이다. 2002년부터 2017년까지의 초저출산율 변화 추이를 살펴보면 아래 그림과 같다.

〈그림 8-2〉 초저출산 심화 추이(2002~2017년)

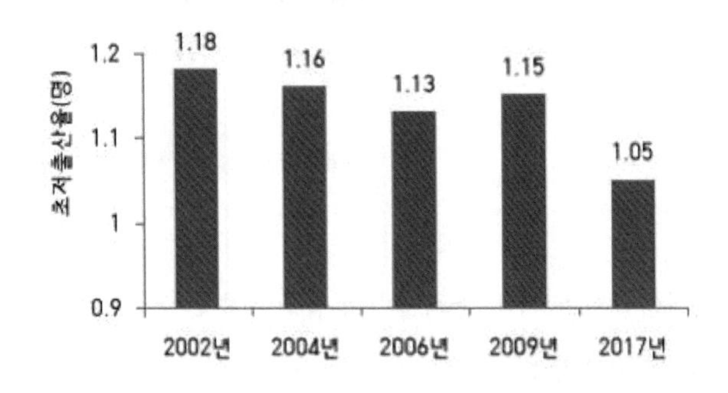

출처: 통계청. '장래 합계출산율/전국'(1983~2021) 이용

2002년 초저출산율 1.18명, 2004년 1.16명, 2009년 1.15명, 2017년 1.05명을 기록하였다. 이 16년 동안 그나마 초저출산율이 1점대를 기록하였고, 그 이후는 출산율이 0점대로 더욱 떨어져 세계 최악을 기록하고 있다. 상기 16년 동안, 정부도 정책 당국도 그 누구도 초저출산율을 탈피하도록 하지 못했다.

기사회생할 수 있는 황금 같은 소중한 시간만 날려 버렸다. 초저출산율을 벗어 버리기는커녕 더욱 심화시켰다. 이는 세계 경쟁국 대비 그나마 우리나라가 비교우위에 있는 인적자원을 버린 것으로서 국가의 미래에 대한 자해 행위가 아닐 수 없다.

인적자원이라는 국가 최대의 자원을 결과적으로 격감시킨 행위에 대해 슬픔을 금치 못하지만, 국가의 실력이 그렇게밖에 되지 못하고 정책당국의 무능의 소치이니 어찌하겠는가. 국가의 비극이 아닐 수 없다.

3. 극초저출산 · 인구소멸직전단계 추락 방관, 날려 버린 골든타임 5년 - 자살행위

우리나라는 2017년의 출산율 1.05명에서 2018년에 출산율이 0점대로 떨어져 OECD 최저가 되었다. 그 0점대로 떨어진 극초저출산율 0.98명, 이는 충격이 아닐 수 없다. 0점대로 떨어졌다는 것은 부부가 단 1명의 자녀조차도 낳지 않는다는 것이다. 비극이 아닐 수 없다.

2018년에 이런 국가적 비극을 맞았음에도, 대통령은 긴급담화조차 발표하지 않았다. 국회도 이 비극에 대응할 입법조차 하지 않았다. 그리고 정부도, 그 누구도 이 끝없이 추락하는 극초저출산율을 저지할 조치를 취하지 않았다. 그 후 극초저출산율은 더욱 심화되어 2019년에는 0.92명으로 떨어지고 말았다. 아래는 이를 그림으로 나타낸 것이다.

〈그림 8-3〉 세계 최악 극초저출산율로 추락(2018~2019)

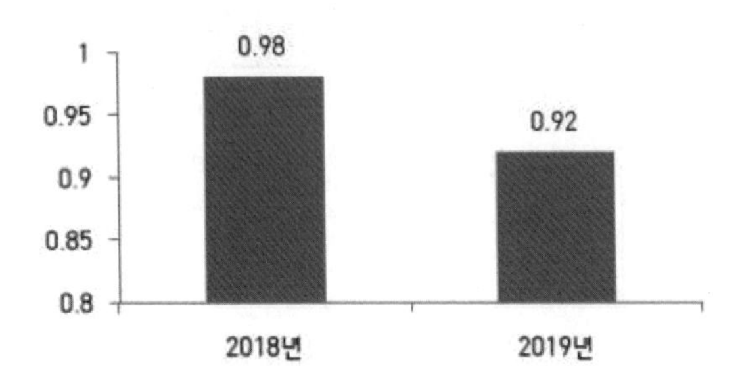

출처: 통계청. '장래 합계출산율/전국' 이용(단위: 명)

정부와 국회의 그러한 무능은 더 큰 비극을 불러왔다. 급기야 우리나라의 출산율은 세계 최악의 극초저출산율을 또다시 경신하여 2020년에는 0.84명으로 더욱 추락함으로써 인구소멸직전단계로 떨어지고 말았다. 그리고 2021년에는 다음 그림처럼 0.81명으로 더욱 떨어짐으로써 인구소멸직전단계를 탈출하기는커녕 극초저출산이 더욱 심화되었다.

2017.1.~2021.12.의 5년은 국가적 위기를 탈출할 '골든타임'이었다. 극초저출산율을 기록한 2년과 인구소멸직전단계를 기록한 2년을 포함한 그 5년은 기사회생할 수 있는, 극초저출산을 탈출할 황금같이 소중한 시간이었다. 정부와 국회는 무능으로 국가적 위기를 탈출하기는커녕 더 깊은 수렁인 인구소멸직전단계의 극초저출산으로 추락시키고 말았다.

〈그림 8-4〉 세계 최악 인구소멸직전단계로 추락(2020~2021년)

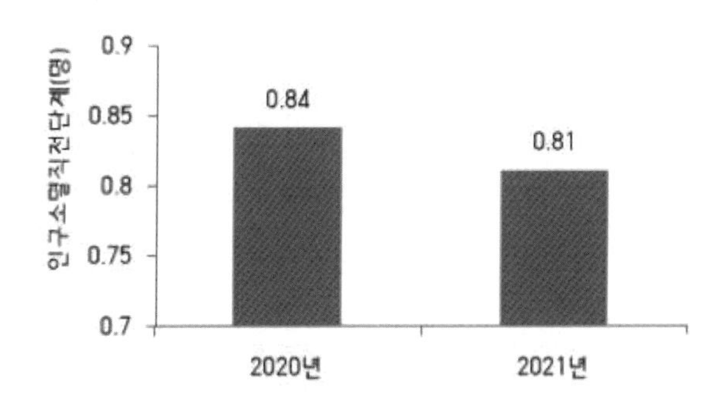

출처: 통계청. '장래 합계출산율/전국' 이용.

대한민국을 기사회생시킬 황금같이 귀중한 시간이었건만, 골든타임 5년을 날려 버린 것은 거의 '자살행위'에 가깝다. 정부와 국회의 무능은 국가의 크나큰 손실이고, 민족의 비극이 아닐 수 없다. 외국에서조차 한국이 이대로면 한국소멸과 민족소멸을 피할 수 없다고 경고하였음에도, 정부도 국회도 그 누구도 멈춰 세우지 않았다.

국가생존과 민족생존보다 더 우선하는 것이 있는가? 이는 물가 억제보다도 당권 획득보다도 우선한다. 그러함에도 불구하고 2017~2021년간에 '대통령의 긴급명령'조차도 나오지 않았으며, 정부의 인구소멸로 인한 '국가소멸방지 긴급조치'도 나오지 않았고, 국회도 '인구소멸 재앙탈출 망국방지법'도 제정하지 않았다. 이는 국가와 민족에 대한 배신행위로서, 명백한 직무유기이자 무능이 아닐 수 없다.

4. 잃어버린 40년, 어떻게 만회할 것인가?

우리나라는 1983년에 미래인구가 감소하는 '저출산'으로 떨어졌다. 안전출산율로 반전을 못 시키고 세월만 날려 버린 그 19년 후인 2002년에는 급기야 미래인구가 격감하는 '초저출산'으로 떨어졌다. 혁신적 조치로 안전출산율로 반전을 못 시킨 그 16년 후인 2018년에는 슬프게도 '극초저출산'으로 떨어졌다.

상황이 그러함에도 혁명적 조치로 안전출산율로 반전시켜 국가소멸・민족소멸을 막아야 할 귀중한 시간을 또다시 날려 버리고, 그 2년 후인 2020년에는 출산율이 급기야 '인구소멸직전단계'로 추락하고 말았다. 골든타임 5년을 포함한 40년 가까운 소중한 세월을 우리나라가 상실하고 있는 동안, 급기야 외국에서조차 한국이 이대로의 출산율이라면 90년 후엔 거의 한국소멸・민족소멸 상태가 되는 것은 불가피하다는 경고를 하였다.

잃어버린 40년, 날려 버린 골든타임 5년을 어떻게 만회할 것인가? 일반적인 정책은 지금까지 380조 원을 투입하여 다 써 보았지만 실패했다. 정부 몇 개 부처가 달려들어서 해결할 수 있는 때는 이미 지났다. 그만큼 우리나라가 처한 상황은 이미 엄중하다. 특단의 정책이 요구된다. 이것이 국가원수 겸 최고 리더인 대통령이 나서야 할 이유이다.

한국생존과 민족생존을 위해, 금후 우리나라의 대통령들은 국가소멸·민족소멸을 가져오는 '극초저출산과의 전쟁'을 진두지휘해야만 한다. 정부를 동원하고, 공무원을 능동적 협력자로 움직이게 하며, 국회의 협력을 받아내고, 국민을 결집시켜야 한다. MZ세대에게 수도권에서의 과도한 경쟁을 완화시키고 희망을 주어 2명 이상의 자녀를 낳도록 정책과 동기부여를 통한 자발적 동참을 유도해야 한다.

제 9 장

MZ세대 · 알파세대
국가 존망 가른다

1. M세대

M세대는 '밀레니얼(Millennials)세대'의 약칭이다. Y세대 혹은 에코붐세대라고도 한다. M세대는 X세대와 Z세대 사이의 세대로서, 일반적으로 1981~1995년생이다. 이들은 베이비붐세대와 초기 X세대의 자녀들이다. M세대는 정보통신기술(IT) 활용력이 우수하다.

M세대는 결혼할 생각을 잘 하지 않아 부모의 마음을 아프게 하기도 한다. 부모가 부자이고 본인들도 직장을 가지고 있건만 아무리 타일러도 결혼하지 않고 있어 이제는 부모가 분노 수준에 이른 사례도 있다. 특히 그 어머니는 기가 세고 목소리가 큰 거의 여장부 수준인데도 그렇다. 그 막강한 큰 손에 따귀라도 맞으면 기절 직전 상황일 텐데도, 그 여장부조차 두 아들을 이기지 못하고 있다.

M세대는 결혼을 마치 '자유연애의 무덤' 정도로 생각하는 듯하다. "결혼하여 1인의 배우자에 신실하며 아름답고 행복하게 사는 것보다 결혼하지 않고 많은 상대와 자유롭게 즐기겠다"는 이런 사조는 사회풍토와 국가 기강을 흐리게 하는 방탕으로서 성적 타락이 아닐 수 없다.

이는 출산율을 0으로 수렴시켜 국가의 존립을 결정적으로 위협하는 더럽고 이기적인 사조가 아닐 수 없다. 부모야 걱정하든 말든, 나라야 망하든 말든, 민족이야 소멸하든 말든, 국민으로서 국가생존을 위해 자녀를 낳는 기본 책무도 저버리고, 국가와 사회가 제공하는 편익에만 무임승차하여 “나만 즐기면 된다”는 이 더러운 타락에서 속히 돌아서게 해야 한다.

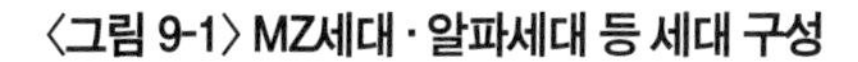
〈그림 9-1〉 MZ세대 · 알파세대 등 세대 구성

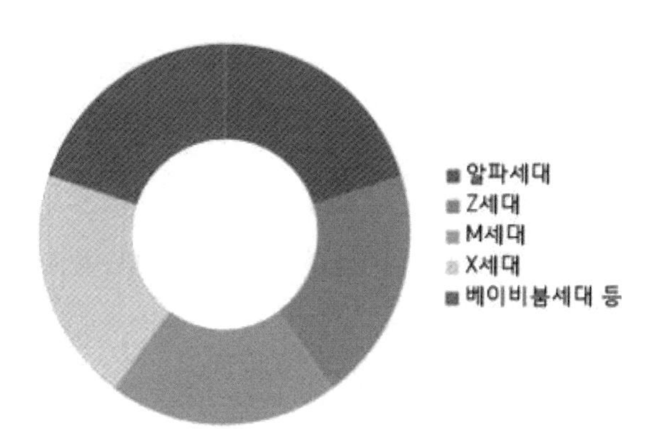

위의 그림은 M세대, Z세대, 알파세대, X세대, 베이비붐세대 등의 조합을 나타낸 것으로, 우리나라의 세대 구성도이다. 위에서 살펴본 대로 이들 M세대는 결혼과 출산에 관한 한 부모의 말도 잘 듣지 않는다. 부모의 손을 이미 떠났다.

이 문제를 어떻게 해결할 수 있을까? 어떻게 이 물줄기를 바꿔 놓을 수 있을까? 여기에 대통령과 정부와 국회가 주도해야 할 이유가 있다. 대통령의 리더십이 발휘되어야 할 사안이다. 이 중요한 세대의 출산율 제고는 우리나라의 존망과 결부된, 미래를 좌우하는 국정의 최우선 과제가 아닐 수 없다.

2. Z세대

Z세대는 1996~2010년에 출생한 이들로서 IT기술과 인터넷에 친숙하여 SNS 활용을 능숙하게 한다. 자신의 개성 표출과 관심사 등을 남들과 SNS 등을 통해 나누길 즐긴다. 유튜브나 인스타그램 등을 통하여 여러 사람과 어울리길 좋아한다. 이러한 세계인들과의 접촉으로 오늘의 케이팝의 성공도 가능했다. '구독'과 '좋아요'로 칭찬받음을 긍지로 여긴다.

Z세대는 결혼하지 않겠다는 비혼족(非婚族)이 많다. 물론 이들은 "자녀는 낳지 않겠다"라는 생각을 많이들 한다. "저출산 문제는 자신들과는 상관없는 문제다"라고 잘라 버린다. 이러한 Z세대를 어떻게 변화시킬 것인가? 과연 개인이나 학교만으로서 잘 해낼 수 있을까?

Z세대는 위 그림과 같이 알파세대, M세대와 함께 90년 안에 우리나라의 존망을 가를 세대이다. 이들에게 동기를 부여하여 청년의 꿈을 심어주고, 출산율을 인구소멸직전단계에서 안전출산율로 제고시키는 것은 한국생존과 기업생존을 위해 결정적으로 중요하다. 어떻게 동기부여를 할 수 있을까? 사회의 분위기를 바꾸고, 국민의 지혜를 모으고 국민을 결집할 일이다. 이 중차대한 일을 누가 할 수 있을까?

3. 알파세대 탄생

알파세대는 영유아기 때부터 스마트폰에 익숙하며 인공지능·모바일 등에 연결된 세대로서 2011~2025년 출생자들이다. 이들은 영유아 때부터 아기 동영상 등을 보며 자란다. 이들은 TV마저 시대에 뒤떨어진 물건쯤으로 여기며, 스마트폰·인터넷 등과 유튜브, 가상현실, 인공지능(AI) 등 컴퓨터과학에 친숙하다.

알파세대는 초저출산·극초저출산·인구소멸직전단계에 출생했기 때문에 그전 세대들에 비해 인구가 크게 줄었다. 문제는 이들은 결혼과 출산을 '선택'으로 여기는 사회풍토 속에서 태어나고, 교육받고, 자라 왔다는 점이다. 그냥 내버려 두면, '성적 타락' 성향을 보일 가능성이 크다.

또한 이 알파세대는 부모가 아이를 하나도 낳지 않거나 하나만 낳는 가정에서 태어나 황태자나 공주처럼 애지중지 대우받으며 자라고 있기 때문에, '자기만 아는' 이기심과 불효 문제 등을 야기할 가능성도 크다.

이러한 특징과 문제점을 가진 알파세대를 극초저출산 타파를 위해 협조하는 사람으로 어떻게 키워내느냐는 것은 대한민국의 국가 존망이 걸린 중차대한 문제이다. 가정과 학교에만 맡겨둘 일이 아니다. 정부와 국회까지 참여해야 할 국가적 최우선 중대사이다.

4. X세대 동참

X세대는 1965년~1980년생으로서 남들과 차별화되길 원하는 개성 중시 세대이다. X세대도 출산에 관한 한 말을 잘 안 듣기는 마찬가지다. 그래도 이들에게 늦둥이가 얼마나 사랑스러운지, 그 늦둥이를 갖는 것이 인생에 있어서 얼마나 행복한 일인지 일깨워 줘야 한다.

우리나라의 출산율을 제고하여 인구소멸직전단계에서 안전권으로 연착륙시킴에는 이들의 동참 또한 중요하다. 그런데 누가 이 일을 할 수 있을까? 이들이 70~80대 노부모의 설득을 들을까? 이것이 국가의 리더십과 정책이 필요한 이유이다. 여기가 대통령과 정부 및 국회가 나서야 할 자리이다.

5. 청년에게 꿈을, 한국에게 생존을 - 동기부여 전략이 요구된다

MZ세대와 알파세대, X세대를 극초저출산 타파를 위해 동기부여 하여 얼마나 협조하는 사람으로 변화시키느냐 혹은 키워내느냐는 것은 대한민국의 존망이 걸린 중차대한 일이다. 출산율 0.8명이 그대로이거나 더 떨어진다면 90년 안에 한국소멸 · 민족소멸은 불가피하기 때문이다.

이러한 비극을 막기 위해, 국가의 지혜를 모으고 국민을 결집하여 청년들의 좌절을 일소하고 청년들의 꿈을 실현할 전략을 내놔야 한다. 경쟁을 완화하여 청년들에게 희망을 주는 동기부여 전략을 창출해 내야 한다. 한국생존이 걸린 이 중차대한 일은 국가원수 겸 최고 리더인 대통령이 주도하여 정부와 국회의 협조로 국정 1순위 비중으로 치러내야 할 '저출산 극복 전쟁'이다.

마치 60년 전 '수출 전쟁'에서 박정희 부국강병 대통령의 주도하에 국민을 결집하여 승리함으로써 오늘의 세계 7대 강국 대한민국이 존재하듯이 이 전쟁을 승리로 이끌어야 한다. 이는 위원회나 국무총리에게 미룰 일도 아니며, 민간이 해낼 수 있는 일도 아니다. 국가와 기업의 사활이 걸린 가장 중차대한 국정 최우선 사안이며, 시간이 얼마 남지 않은 시급한 일이기 때문이다.

이는 헌법상 국가와 민족을 보위할 1차적 책무가 대통령에게 주어져 있기 때문이기도 하다. 이것을 게을리하거나 시기를 놓치거나 하면 국가소멸과 민족소멸을 불러온다. 망국 대역죄인 고종과 그의 정부는 무능하여 망국을 초래했다. 우리 역사에서 다시는 그런 무능한 리더와 정부가 나와서는 안 된다.

국민도 다시는 무지하여서는 안 된다. 세계 최악의 극초저출산으로 외국조차도 보다 못해 한국소멸과 한민족소멸을 경고하는 그 소리를 겸손히 경청해야 한다. 국가야 망하든 말든, 민족이야 소멸하든 말든, '그

건 내 알 바 아니다'라는 이기심을 버리고, 이 전대미문의 거대 '국난'을 극복하도록 적극적으로 동참해야 한다.

대통령부터 기업과 학생에 이르기까지 우리 온 국민은 망국 대역죄인 고종과 망국민이 나라를 망하게 하여 아들을 남의 총알받이로, 딸을 남의 성노예로 만들었던 불과 한 세기 전의 과오를 결코 잊지 말아야 한다. 그보다 더 중차대한 과오인 세계 최악의 저출산으로 인한 국가소멸·민족소멸을 막아내고, 한국생존·기업생존의 길로 들어설 안전출산율로 속히 반전시켜야만 한다.

제10장

"생육하고 번성하라"
하나님의 말씀,
순종과 불순종의 차이

1. 사례연구 첫 번째,
영국 세계석권시대, 존 웨슬리 부모 출산 사례

영국이 세계를 석권할 시대의 통치 지역은 세계 육지 면적의 1/4로 세계 역사상 가장 큰 영토였다. 그 통치 지역의 인구 또한 세계 인구의 1/4이었다. 사람들은 영국을 해가 지지 않는 나라라고 불렀다. 존 웨슬리(John Wesley, 1703~1791)는 영국의 감리교 운동을 이끈 사람이며 신학자 겸 사회운동가이다.

웨슬리는 영국의 세계석권시대에 영국 동부 중앙의 한 시골 마을에서 19명의 형제자매 중 15번째로 태어났다. 19명의 형제자매라면 충격을 받을 만한 숫자이다. 으레 몇 번째 부인에게서 태어났을까 조사해 봐야 한다고 생각할 수 있다. 그러나 그 19명의 형제자매는 놀랍게도 한 부모에게서 태어났다.

웨슬리의 어머니 수재너 웨슬리(Susanna Wesley) 또한 한 부모 사이에서 태어난 25명의 형제자매 중 25번째였다. 귀족인 자작의 손녀이기도 한 그녀는 자존심이 무척 센 여인이었다. 영국에도 당시는 초등학교가 없었으므로 자녀들을 집에서 초등교육을 시켜 10세경에 중학교에 입학시켜야 했다.

그녀는 프랑스어, 라틴어, 희랍어까지 능통했으므로, 자녀들에게 직접 매일 6시간씩 초등과정 전 과목을 가르쳤다. 훌륭한 사회인으로 키워내기 위해, 하나님을 사랑하고 이웃을 사랑하도록 교육하는 것을 가장 중시했다. 그녀는 300년이 지난 오늘날까지도 자녀들을 훌륭하게 키워낸 현모양처로 추앙을 받아 그녀의 '자녀교육 비법 28가지'는 인구에 회자되고 있다.

웨슬리의 부모는 청교도였다. 청교도들은 정조 관념이 투철하다. 우리나라 등 동양권 가부장들과는 달리, 청교도들은 여자들만이 아니라 남자들까지도 배우자에 대한 신의와 정조 관념이 투철했다. 그들은 결혼을 귀하게 여기고 부부간의 신의와 정조를 더럽힐 수 없다는 신조를 굳게 믿고 실천하는 사람들이었다.

웨슬리의 19명의 형제자매 중 9명은 어려서 죽었다. 웨슬리도 5세 때 죽음에 봉착했다. 목조 가옥인 집이 순식간에 큰 불길에 휩싸였다. 웨슬리가 높은 창가에서 도움을 호소했지만 높아서 사람들이 구출하지를 못했다. 웨슬리의 아버지는 순간적으로 아들이 그렇게 죽는구나 생각하며 그 영혼을 부탁드리는 기도를 짧게 드렸다.

그때 급히 사다리를 가지고 달려온 이웃에 의해 웨슬리가 구출을 받자마자 집은 불길을 이기지 못하고 무너져 내렸다. 웨슬리는 그 기적의 구출 이후, 사람들의 영혼 구원과 빈민들의 구제를 일생의 대사명으로 생각하며 살아왔다고 고백했다.

형제자매가 많으면 좋은 일도 많다. 가난 속에서도 웨슬리와 동생은

옥스퍼드대학교에 진학했다. 이들은 홀리클럽(Holy Club)을 결성하여 영적대각성운동을 펼쳐 영국 사회를 정화하며 일깨웠다. 오늘날 인권을 가장 중시하는 나라인 영국과 미국의 근간도 여기에 기초한 바가 크다 할 것이다.

굳건한 형제애로 둘은 평생의 협력자가 되었다. 동생 찰스 웨슬리 또한 따뜻한 성품과 탁월한 시적 능력으로 〈천부여 의지 없어서〉 등 찬송 8989곡을 작사했다. 워낙 유명한 형을 둬 "잊힌 웨슬리"로 불리기도 했지만, 동생 찰스 웨슬리는 형 존 웨슬리와 함께 영국 국민의 사랑을 오늘날까지도 받고 있다.

맬서스는 인구론에서 식량 생산이 인구 증가를 따라잡지 못하기에 인류는 영원히 빈곤의 굴레를 벗어날 수 없다는 주장을 펼쳤다. 역사는 그의 주장이 엉터리라는 것을 증명하고 있다. 사회주의인 인민민주주의와 재앙적 인간숭배 독재에 의한 인재(人災)로 일부 나라에서 굶주리고 있지만, 자유민주주의 국가에서는 지구 도처에서 영양이 넘쳐서 다이어트에 힘쓰는 시대를 인류는 살고 있다.

영국의 웨슬리 사례를 분석할 때 우리는 다음의 사실을 명백히 알 수 있다. 맬서스의 엉터리 주장과는 달리, 한 부부가 자녀를 19명 혹은 25명씩 낳아도 영국은 빈곤으로 망하지 않았다. 빈곤은커녕 세계에서 가장 오랫동안 가장 잘사는 나라가 되었다. 인권도 가장 보호되는 나라가 되었다.

형제자매가 서로 사랑하니 사람 사는 맛이 나는 나라가 되었다. 신사의 나라, 생활에 여유가 있어 유머가 있고, 아이와 여성에게 배려가 있는 나라, 수백 년간 세계를 리드하는 그 슈퍼파워 국가는 위와 같이 저절로 만들어지지는 않았다.

귀여운 동생도 없고, 든든한 형도 누나도 없고, 그리운 사촌도 없고, 자애로운 고모도 삼촌도 없는 그런 사회가 무슨 사람 사는 맛이 나겠는가? 나 홀로 즐기는 사회, 국가소멸과 기업소멸을 부르는 그런 사회를 만들어 내는 출산율 0.8명을 깊이 생각해 봐야 한다.

2. 사례연구 두 번째, 성경 최고 왕 다윗 시대 이스라엘 출산 상황

다윗은 이스라엘의 제2대 왕이다. 그는 목동 출신이다. 장군인 동시에 시인이었으며, 나라와 국민을 진정으로 사랑하는 '진정한 정치가'였다. 음악에도 정통하여 현악기인 수금을 타면 병자까지도 상쾌하여 병이 나을 정도였다. 그때 병을 고침받은 왕이 그를 눈여겨보다가 그가 전쟁에서 대활약하여 대승을 거두자 총사령관인 대장으로 발탁하였다. 공주까지도 그를 흠모했기에 그는 부마가 되었다.

다윗은 우리나라의 세종과 을지문덕을 합쳐 놓은 정도의 왕이기에 이스라엘 사람들은 그를 역대 왕 중에서 가장 존경하고 사랑한다. 그러나 다윗이 성경에 등장하는 역대 이스라엘 왕에서부터 이집트 왕, 바벨론 왕, 마케도니아 왕, 로마 황제, 페르시아 왕에 이르기까지 무수한 왕들 중에서 성경상 최고의 왕으로 평가되는 이유는 다른 것에 있다.

그것은 그가 인류를 대표한 고백을 하나님께 했기 때문이다. 그 진심 어린 고백은 다음과 같다.

"나의 힘이 되신 하나님, 제가 하나님을 사랑하나이다."
(성경전서. 개역한글판. 시편 18편 1절)

인류를 대표한 그의 이 고백은 하나님의 마음까지도 감동시켰다. 하나님은 그의 하는 일들 위에, 그리고 그의 나라와 민족 위에 복을 내리셨다.

이스라엘의 경우 최초의 국가적 인구조사는 출애굽 직후에 실시되었다. 출애굽 2년 후인 BC 1444년에 실시된 조사에서는 전쟁에 나갈 만한 20세 이상의 남자를 계수하였다. 그 수는 불과 603,550명밖에 되지 않았다.[4] 여자와 20세 미만의 남자 및 전쟁에 나가지 못할 남자들까지 하면 총인구는 약 200만 명이었을 것으로 보는 것이 다수설이다. 총인구 200만은 전쟁에 나갈 만한 남자 603,550명의 3.31배이다.

---

4) 성경전서. 개역한글판. 민수기 1장 46절

그 후 이스라엘 민족은 하나님을 버리고 우상숭배를 했다. 우상숭배는 성적 타락 등 각종 범죄를 수반하는데, 범죄는 그들에게 위기를 가져왔다. 그로 인해 여러 타민족으로부터 침략을 빈번히 받았다. 패전과 이어진 타민족들로부터의 심한 학대와 오랜 압제는 그들의 생존에 큰 위협이 되었고, 이는 인구에도 영향을 미쳤다.

우리나라도 주변의 적들로부터 침략을 많이 받아 고통당했고 오늘날도 주변 적들의 위협으로부터 생존해야 하는 과제를 안고 있기에, 아래와 같이 우리보다 더 많은 침략을 받았음에도 그것을 극복하고 생존하고 있는 이스라엘의 침략극복사에서 소중한 교훈을 발견할 수 있다.

그 첫 번째 침략은 오늘날의 이라크인 메소포타미아로부터였다. 패전하여 그들의 압제를 8년간 받았다. 옷니엘의 주도로 승전하여 해방되었다. 두 번째 침략은 오늘날 요르단 중서부인 모압으로부터 받았다. 패전하여 18년 동안 압제로 고통받았다. 에훗의 주도로 승전하여 해방되었다.

세 번째 침략은 갈릴리호수 북쪽 하솔의 가나안 민족으로부터 받았다. 패전하여 20년 동안 심한 학대를 받았다. 드보라와 바락의 주도로 승전하여 해방되었다. 네 번째 침략은 오늘날 사우디아라비아의 서남부인 미디안으로부터 받았다. 패전하여 아사(餓死) 상황으로 몰렸다. 기드온의 주도로 승전하여 해방되었다.

다섯 번째 침략은 오늘날 요르단 중서북부인 암몬으로부터 받았다. 패전 후 18년 동안 억압으로 고통받았다. 입다의 주도로 승전하여 해방되었다. 여섯 번째 침략은 오늘날 팔레스타인 가자지구인 블레셋으로부터 받았다. 패전하여 40년 동안 압제에 시달렸다. 삼손에 의해 구출받았다.

우리나라보다 더 다양한 외부 민족들에 의해 이스라엘은 생존을 위협받는 전쟁으로 고통받았다. 패전에 뒤이은 타민족들에 의한 심한 압제와 아사의 위협으로 인구는 증가하기가 어려웠다. 이러한 시대적 배경하에 다윗이 등장한 것이다. 그는 국민을 결집했다. 우상숭배를 버리고 하나님을 사랑하도록 국민을 돌이키게 했다. 가장 큰 위협국이던 블레셋과의 전쟁에서도 승리했다.

다윗의 치세하에 이스라엘은 주변 여러 민족과의 대외전쟁에서 전승(全勝)하고 경제적으로도 번영함으로써 인구가 크게 증가했다. 다윗의 치세인 BC 980년경에 실시된 것으로 추정되는 총인구조사에서는 전쟁에 나갈 만한 남자의 수가 130만 명으로 불어나 있었다.[5] 여기에 남녀, 유아, 노인까지 포함하는 총인구 환산을 위한 배수 3.31을 곱하면 430만 명이 된다. 인구가 출애굽 직후 대비 2.15배로 크게 증가했다.

다윗의 사례를 분석할 때, 외침을 물리치고 튼튼한 안보 위에, 성적 타락과 우상숭배를 일소하고, 하나님을 사랑하는 건전한 국민기강을 확립

5) 성경전서. 개역한글판. 사무엘하 24장 9절

하면, 튼튼한 국방력을 바탕으로 적대국들을 모두 제압할 수 있다. 그와 함께 건전한 근로문화 형성으로 근로 의욕이 고취되어 경제가 발전하고, 결국 인구가 크게 증가함을 알 수 있다.

3. 출산율 한국 0.8명, 왜 이스라엘은 2.9명일까?

한국과 이스라엘을 연구해 보면 의외로 닮은 점이 많아 놀랍다. 그것을 요약 정리하면 아래의 표와 같다. 우선 우리나라와 이스라엘은 둘 다 주변 강대국으로부터 수천 년간 침략을 받아 생존의 위협을 받아 왔다. 한국이 일본과 중국(조한전쟁[6], 고수전쟁, 고당전쟁, 청일전쟁 쟁탈 대상, 6·25전쟁), 러시아(러일전쟁 쟁탈 대상, 6·25전쟁)로부터 침략을 받아 고통당한 반면에, 이스라엘은 이집트, 아시리아, 바벨론, 페르시아, 마케도니아, 로마 등으로부터 침략을 받아 고통당했다.

두 나라는 OECD 회원국이라는 면에서도 닮았다(비록 1인당 GDP는 이스라엘이 우리나라보다 1.6배 더 높지만). 두 민족 다 우수한 두뇌를 소유하고 있는 것으로 알려져 있다. 1948년의 독립 동창생이다. 남북 분단의 쓰라린 역사를 가지고 있는 것도 닮았다.

---

6) 조한전쟁(朝漢戰爭): 한나라가 고조선을 침략한 BC 109년의 전쟁이다.

〈표 10-1〉 한국과 이스라엘의 닮은 점

항	닮은 점	한국	이스라엘
1	주변국 침략	일본, 중국, 몽골, 러시아의 침략	이집트, 아시리아, 바벨론, 로마의 침략
2	OECD	회원국(1인당 GDP 2022년 34,994달러)	회원국(1인당 GDP 2022년 54,688달러)
3	IQ	세계 3위	세계 인구 0.2% 대비 약 150배 많은 노벨상 수상
4	독립	1948년	1948년
5	분단	남한(하나님 경외), 북한(우상에 절함)	남유다(하나님 경외), 북 이스라엘(우상숭배)
6	아버지 호칭	아빠, 아비(낮춤말)	아빠, 아비(낮춤말)
7	흰옷 착용	백의민족 (평상복, 예복)	최대 명절에 남자 모두 흰옷 착용
8	족보 중시	세계 1위급	세계 1위급
9	장례법	베옷 입고 곡함	베옷 입고 곡함
10	건국 대통령	이승만 (박사, 독립운동, 1875년생)	하임 바이츠만 (박사, 독립운동, 1874년생)

남한이 하나님을 경외하는 기독교인 등이 존재하고 북한이 김일성·김정일 우상에 절하는 것처럼, 이스라엘도 남부의 유다는 하나님을 경외하였으나 북부의 이스라엘은 우상숭배를 한 것까지도 닮았다. 아버지에 대한 호칭도 '아빠', 혹은 낮춤말로는 '아비'라는 것도 닮았다. 우리가 흰옷을 사랑하는 백의민족인 것처럼, 이스라엘도 흰옷을 최고로 여겨 최대 명절에는 모든 남자가 흰옷을 입는다.

족보를 우리나라와 이스라엘 민족보다 더 중시하는 이들도 없을 것이다. 우리나라의 족보는 하버드대학교에서도 도서관에 두고 연구할 정도이다. 이스라엘인들의 족보는 세계인들의 조상들의 족보와 함께 중요한 것은 요약하여 아예 성경의 창세기와 역대상에도 기록되어 있을 정도이다. 장례 시에 베옷을 입고 곡을 하는 것도 두 나라가 닮았다. 건국 대통령이 외국 대학에서 박사학위를 받고 독립운동을 한 것과 나이까지도 거의 같다.

이렇듯 닮은 두 나라지만 크게 다른 점도 있어서 놀라지 않을 수 없다. 그 대표적인 것을 요약하면 다음의 표와 같다. 출산율은 우리나라가 0.8명이고 이스라엘이 2.9명이다. 이 출산율이 유지된다면 90년 후에는 우리나라의 인구는 333만 명이 되어 국가소멸·민족소멸의 위기를 맞을 것이 예측되는 반면에, 이스라엘은 90년 후 인구가 2811만 명이 되어 밝은 미래가 예측된다.

세계 100대 부호가 우리나라에는 없고 이재용 삼성전자 회장이 등외로 세계 200위권 밖을 기록하고 있는 반면에, 이스라엘은 실질적으로 세계 부호인 미국 100대 부호 중 약 30명을 기록하고 있다. 노벨상 수상자(평화상은 제외)는 우리나라는 없는 반면에, 이스라엘은 총수상자 천여 명 중 약 30%를 차지하고 있다.

국민의 기백은 우리나라는 겁이 많아 방어용 무기 사드도 5년간 정식적인 배치를 못 했지만, 이스라엘은 담대하여 국토가 수십 배 더 큰 나라인 이라크의 원자로를 선제 폭격해 후환을 제거했다.

〈표 10-2〉 한국과 이스라엘의 다른 점

항	다른 점	한국	이스라엘
1	출산율	0.8명(국가·민족 소멸위기, 90년 후 인구 333만 명 예측)	2.9명(미래 밝음, 90년 후 인구 2811만 명 예측)
2	세계 부호	세계 부호 없음 (이재용 회장 세계 200위권 밖)	미국 100대 부호 중 약 30명
3	노벨상	없음(평화상 제외)	천여 명 중 약 30%
4	기백	겁이 많아 방어용 무기 사드도 5년간 정식적인 배치 못 함	담대해 국토 수십 배 더 큰 이라크 원자로 선제 폭격해 후환 제거
5	핵무기	0기(적국들은 한국 향한 실전배치 완료)	세계 3대 핵보유국 (적국 겨냥 실전배치 완료)
6	외교 자세	비굴함(중·러 6·25 불법 침략 사과도 못 받음)	당당함(세계 2대 군사강국 러시아로부터도 사과 받아냄)
7	동족 보호	북한 주민 2600만 노예 상태 79년째 방치	동족 병사 1명 살리려고 1:1000 포로 교환 제의
8	세계 언론 지배력	없음	미국 4대 일간지와 5대 방송 경영진 필진 앵커 거의 절반 차지
9	미국 8대 명문대 총장·교수	미미	전체의 거의 절반 육박
10	미국 정부 각료급	없음	약 10명

핵무기를 적국들은 우리나라를 향해 실전배치를 완료하고 있지만 우리나라는 자체 개발한 핵무기를 단 1기도 가지고 있지 못한 반면에, 이스라엘은 세계 3대 핵보유국으로서 핵무기를 적국들을 겨냥하여 실전배치를 완료한 것으로 알려졌다.

외교 자세는 우리나라가 중국과 러시아의 6·25 불법 침략에 대해 사과도 못 받은 반면에, 이스라엘은 당당히 세계 2대 군사 강국 러시아로부터도 사과를 받아냈다. 세계를 리드하는 미국의 정부 각료급을 보면 우리나라는 없는 반면에, 이스라엘은 국무장관 토니 블링컨 등 약 10명을 차지하고 있는 것으로 알려졌다.

동족 보호도 우리나라는 북한 주민 2600만의 노예 상태를 79년째 방치하고 있는 반면에, 이스라엘은 동족 단 1명을 구출하기 위하여 1:1000의 비율로 포로 교환을 제의했다. 세계 언론 지배력은 우리나라가 없는 반면에, 이스라엘은 미국 4대 일간지와 5대 방송의 경영진과 필진 및 앵커의 거의 절반을 차지하고 있어 큰 지배력을 가지고 있다.

이상의 다른 점 중에서 가장 심각하고 중차대한 것은 출산율이다. 현 출산율하에서는 90년 후 우리나라의 인구는 333만 명이 되어 국가소멸·민족소멸의 위기를 맞을 것이 예측되는 반면에, 이스라엘은 90년 후 2811만 명이 되어 밝은 미래가 예측되는 것이다.

같은 OECD 국가이고, IQ 자체만을 보면 큰 차이가 나는 것 같지도 않은데, 왜 한국은 출산율이 세계 최악인 0.8명으로서 국가소멸·민족소멸의 경고를 외국으로부터도 받는 반면, 이스라엘은 OECD 최고인 안전출산율 2.9명을 기록하여 국가 장래가 밝은 것일까?

그 이유는 한국은 "생육하고 번성하라"[7]시는 하나님의 말씀을 경청하지 않고 하나님의 축복을 외면하여 생육하고 번성하기를 거절하였기 때문이고, 이스라엘은 하나님을 사랑하고 두려워하기에 그 말씀을 순종하여 축복을 받기 때문이다. 이스라엘은 하나님의 말씀에 순종하는 것이 지혜이고 그것이 축복으로 돌아온다는 것을 알고 있기 때문이다.

4. "생육하고 번성하라"고 하나님은 왜 말씀하셨을까?

우리나라의 출산율 0.8명. 그 출산율 0.8명이면 부부가 자녀를 1명도 낳지 않고 전국 평균적으로 0.8명을 낳기에, 5가정 중 1가정은 아예 자녀를 낳지 않는 것이고 나머지 4가정은 1명씩 자녀를 낳는 것이다. 출산율 0.8명이 개선되지 않고 1세대가 지나고 2세대가 지나게 되면, 동생도 없고 누나나 형도 없고, 친사촌도 고종사촌도 이종사촌도 외사촌도 없고, 삼촌이나 숙모나 이모나 고모나 외삼촌도 없는 세상이 된다.

수평적으로 보아도 나만 있고, 수직적으로 보아도 아버지와 어머니 외에는 그 좌우로 아무도 보이지 않는다. 오직 나만 있는 세상. 그런 세상이 살맛이 날까? 인간이 인간인 이유는 형제자매 간에 부대끼기도 하고 아껴 주기도 하면서 형제애를 나누고, 또 고모나 삼촌의 자애로움을 느

---

7) 성경전서. 개역한글판. 창세기 1장 27~28절

끼고 사촌들도 보고 싶어 그리워하기도 하고, 그런 연장선상에서 사람들과도 부대끼고, 위아래도 알고, 협동도 알고, 사랑도 하기 때문이다.

인간이 홀로만 있다면, 자기 자신만 알고 위할 것이다. 형제에 대한 배려도 모르고, 형제 우애도 모를 것이다. 이기적인 사람이 될 가능성이 크다. 오직 부모의 사랑만을 받고 황태자나 공주처럼 자랐으니, 부모는 돈 벌어다 주는 사람 정도로 인식하여 불효자가 될 가능성마저 크다.

행복은 나눌 때 더 커진다. 형제자매나 사촌들에게 나눠 줄 때 우리는 행복감을 느낀다. 더구나 저들이 어려운 문제에 봉착했을 때 그것을 원만히 잘 풀도록 도와주었을 경우 얼마나 보람을 느꼈던가를 생각해 보면, 확실히 행복은 나눌 때 더욱 커지는 것이 맞다.

이런 것을 너무나도 잘 아시는 하나님은 우리 인간에게 홀로 살면 불행해지기에 형제자매와 같이 살기를 원하신다. 그래야 나만이 아니라 내 후손까지도 행복하기 때문이다. 하나님은 우리의 행복을 위해서 "생육하고 번성하라"고 다음과 같이 말씀하셨다.

> "하나님이 자기 형상 곧 하나님의 형상대로 사람을 창조하시되 남자와 여자를 창조하시고 하나님이 그들에게 복을 주시며 그들에게 이르시되 '생육하고 번성하여' 땅에 충만하라, 땅을 정복하라…."(성경전서. 개역한글판. 창세기 1장 27~28절)

기업인들은 매출 감소라면 자다가도 정신이 번쩍 들어 다시 잠을 이루지 못하고 전전반측한다. 당장 공장 규모를 줄여야 하나? 근로자를 줄여야 하나? 가족 같은 사람들인데 어떻게 줄인단 말인가? 줄이는 것이 결코 쉬운 일이 아니라는 것은 사장도 근로자도 다 잘 안다.

그래서 기업은 조금이라도 매년 성장하기를 원한다. 그것이 안 되면 지난해 정도라도 되기를 원한다. 마이너스 성장, 그것은 기업가에게도 근로자에게도 고통이다. 보너스만이 아니라 본봉마저도 줄여야 할 처지가 안 되려면 플러스 성장을 해야 한다.

그런데 인구가 감소하면 수요는 줄게 마련이다. 살 사람이 없는데 생산을 증대시킬 수는 없는 일이다. 그러므로 인구 감소 그것은 군 병력 감소로 국방을 위태롭게만 하는 것이 아니라, 이처럼 기업에게도 치명적이다. 이것이 국가적으로 확산되기에 국가 경제 또한 감소가 불가피하다. 이는 국민의 민생에도 영향을 미쳐 국가행복지수를 떨어뜨린다.

이 모든 것을 잘 아시는 하나님은 우리의 행복을 위하여, 그리고 기업들과 국가의 행복을 위하여, 인구 감소를 막으시려고 “생육하고 번성하라”고 말씀하셨다. 그 말씀은 우리에게 복을 주시기 위한 축복의 말씀이다.

5. 순종과 불순종, 그 결과는 국가·민족의 존망(存亡)을 가른다

2022년 6월 기준으로 우리나라의 인구는 약 5157만 명이다. 이스라엘은 2020년 기준으로 922만 명이다. 2020년 출산율은 우리나라가 0.8명이고, 이스라엘이 2.9명이다. 이 출산율대로라면 90년 후 양국의 인구는 얼마가 될까? 그 결과는 다음 그림과 같다.

현재 인구는 한국이 5157만 명이고 이스라엘이 922만 명으로서 한국:이스라엘=5.6:1이다. 인구변화방정식 $y=ab^n$에 대입하면, 30년 후에는 한국이 2063만 명, 이스라엘은 1337만 명이 되어 그 격차는 1.5:1로 좁혀진다. 60년 후에는 한국이 825만 명, 이스라엘은 1939만 명이 되어 인구는 역전되어 1:2.4로 이스라엘이 오히려 커진다.

〈그림 10-1〉 현 출산율하 90년 후 한·이 인구 예측

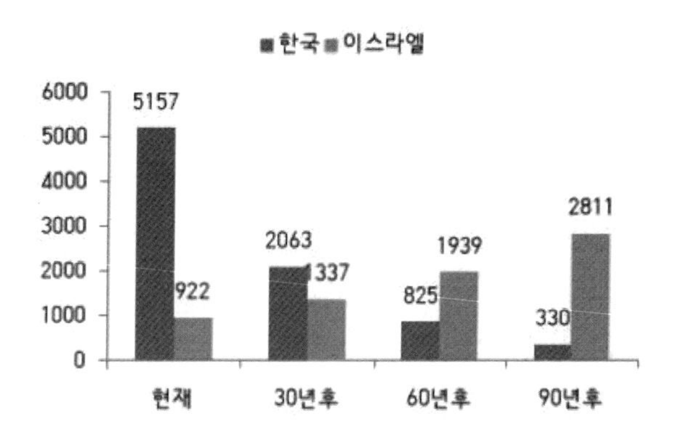

출처: 통계청. '인구' 이용(단위: 만 명)

90년 후는 한국 330만 명, 이스라엘은 2811만 명이 되어 그 격차는 1:8.5로 벌어져 이스라엘이 더욱 커진다. 현 출산율대로라면 90년 후 우리나라는 인구 330만 명의 노인국이 되어 국가소멸·민족소멸을 목전에 두고 있는 반면에, 이스라엘은 생산연령인구가 많은 2811만 명의 젊고 밝은 미래의 나라가 되어 있을 것이다.

왜 위와 같은 결과가 나오게 될까? 한국은 "생육하고 번성하라"시는 하나님의 말씀을 경청하지 않고 하나님의 축복을 외면하여 생육하고 번성하기를 거절하여 자녀를 하나도 낳기를 싫어하여 0.8명만을 낳고자 한 결과이고, 이스라엘은 하나님을 사랑하고 두려워하여 말씀에 순종하여 자녀를 셋을 낳은 결과이다. 유대인들은 하나님의 말씀에 순종하는 것이 지혜이고 그것이 축복으로 돌아온다는 것을 알고 있기 때문이다.

위의 분석을 살펴볼 때 "생육하고 번성하라"시는 하나님의 말씀에 순종하는 것과 불순종하는 것은 존망(存亡)을 가르는 결과를 가져온다는 것을 알 수 있다. 위와 같은 국가소멸의 비극은 막아야 한다. 출산율 0.8명은 저주를 불러오며 그 결과는 국가와 기업의 소멸이라는 '재앙'이다. 우리나라는 속히 이 재앙을 탈출해야 한다.

제11장

출산율 목표 2.2~2.9명, 축복과 생존·번영의 지름길

1. 사람에게 가장 중요한 것? 국가에게 가장 중요한 것? 민족에게 가장 중요한 것?

두 편의 영화 장면이 연상된다. 하나는 우리나라 영화인데 고 박노식 씨가 악역을 맡았다. 왕이 되기 위해 악행을 저지르던 주인공이 추격자들을 뿌리치고 왕좌에 앉지만 결국 죽음을 맞는 장면이다. 다른 하나는 서부극인데 고액의 돈을 훔친 남자가 황야에서 추격자들을 뿌리친 후, 흐뭇한 마음으로 고액지폐 더미를 보려고 자루를 열었을 때, 돈더미 위에 실수로 들어가 있던 독사에 물려 어처구니없게 죽음을 맞는 장면이다.

설혹 왕 자리를 차지한다 한들 목숨을 잃어버리면 그 왕좌도 아무 쓸모가 없다. 비록 억만금을 벌었다 한들 갑작스럽게 죽음을 맞이한다면 그 억만금도 그 사람에게는 아무 쓸데가 없다. 그래서 하나님의 말씀을 기록한 성경은 우리에게 다음과 같이 경고하고 있다.

> "사람이 만일 온 천하를 얻고도 제 목숨을 잃으면 무엇이 유익하리요?…."(성경전서. 개역한글판. 마태복음 16장 26절).

사람에게 가장 중요한 것은 무엇일까? 성경은 우리에게 다음과 같이 알려 주고 있다.

> "한번 죽는 것은 사람에게 정하신 것이요 그 후에는 심판이 있으리니…."(성경전서. 개역한글판. 히브리서 9장 27절)

하나님께서 우리에게 생명인 호흡을 주신 동안만 우리는 이 땅에서 삶을 영위한다. 주신 그 생명을 거두시면 우리의 호흡은 끝난다. 그 후에는 심판이 있다고 하나님의 말씀을 기록한 성경은 밝히고 있다. 하나님은 그 심판 결과 우리가 지옥에서 멸망당하지 않고 천국에서 영원히 행복하게 살기를 원하신다. 그것을 천명한 것이 성경에서 가장 중요한 그 유명한 다음 구절이다.

> "하나님이 세상을 이처럼 사랑하사 독생자를 주셨으니 이는 저를 믿는 자마다 멸망치 않고 영생을 얻게 하려 하심이니라"(성경전서. 개역한글판. 요한복음 3장 16절)

그러므로 사람에게 가장 중요한 것은 예수님의 말씀대로 '회개하고 복음(福音)을 믿어 지옥을 피하고 천국에 가는 구원(救援, Salvation)을 받는 것'이다. 그것은 하나님이 우리에게 구원의 길이 되도록 보내 주신 '독생자, 그리스도, 창조주이신 예수님을 믿어 영혼의 구원'을 받는 것이다.

무엇이 영원히 불타는 지옥을 피하고 천국에서 영원히 행복하게 사는 것보다 중요할까? 없다. 그래서 하나님은 나의 영혼이 구원받아 천국에 가는 것은 천하를 얻는 것보다 소중하다고 말씀하신 것이다. 나로 하여금 그 무서운 지옥을 피하게 하시려고 창조주 예수님은 오셨고 나의 죄를 담당하시려고 피 흘려 나의 죄의 값을 대신 치러 주셨다.

누구나 회개하고 이것을 믿으면 즉시 영혼이 구원받아 하나님의 자녀가 된다. 이것이 하나님이 우리 각자에게 주시는 복된 소식 즉 복음이고, 세계 인구의 ⅓인 약 26억[8] 세계 최대 종교 기독교인들이 믿고 있는 복음이다.

국가에게 가장 중요한 것은 무엇일까? 국가는 무엇을 최우선 순위에 두는가? 최후의 고당전쟁(高唐戰爭) 후 패전한 고구려는 총인구 약 400만 명 중 5%인 지배층 3만 호, 약 20만 명이 중국으로 끌려갔다. 고구려인들의 용감한 기백을 중국인들은 두려워했다. 고구려가 재건되는 것이 두려웠다. 그래서 고구려인들 중 리더십이 있는 약 5%인 지배층을 우선적으로 고구려 땅에서 뽑아내었던 것이다.

그리고 중국 전역으로 그들을 흩뿌렸다. 어떤 이들은 감숙성(甘肅省)으로도 끌려갔다. 사서는 사막 서쪽으로도 배치됐다고 증언하고 있다. 그들이 중국 감숙성 등 머나먼 길 특히 서쪽 사막으로 끌려갈 때 그 심경이 얼마나 비통했겠는가? 아마 피눈물이 났을 것이다.

유대인들도 마찬가지이다. 그들이 패전하여 바벨론으로 포로로 끌려갈 때 그 심경도 고구려인들의 심경과 비슷했을 것이다. 거의 벌거벗겨 울면서 끌려간 그들은 바벨론인들이 노래를 청할 때 차라리 자신들의 혀가 입천장에 붙어 버리기를 원했다는 기록을 봐도 그 심경의 비통함

---

8) 세계 인구 80억 명 종교 구성: 1위 기독교 26억, 2위 이슬람교 20억, 3위 힌두교 11억. 4위 무종교 9억, 5위 불교 5억, 6위 중국민속종교 5억. 현 출산율하에서는 고출산 무슬림의 인구가 저출산 기독교인의 인구를 곧 추월할 것이다. 기독교인들은 '생육하고 번성하라'시는 하나님께 순종하여 저출산을 회개하고 안전출산율로 돌이켜야 한다.

을 짐작할 수 있다.

국가에게 가장 중요한 것은 생존이다. 패전으로 국가가 소멸하면 망국민은 살아도 사는 것이 아니기 때문이다. 우리는 외국으로부터 인구소멸에 의한 한국소멸의 경고를 받고 있다. 한국의 출산율이 이대로라면 90년 안에 국가는 소멸할 것이라는 경고이다.

극초저출산과의 이 싸움은 전쟁이다. 국난급 큰 전쟁이다. 그런데도 외국으로부터의 경고조차 귀담아듣지 않는다는 의문이 든다. 정부는 물가 억제가 최우선 과제라고 한다. 물가 억제가 중대사가 아니란 말이 아니다. 다만 국가생존보다 더 우선할 수는 없다는 것이다.

국회도 당권 경쟁이 치열하다. 여야를 막론하고 그것에 올인하는 듯하다. 그러나 당권 획득이 국가생존보다 더 우선할 수는 없다. 전쟁을 전쟁으로 인식하지 못하는 것이 문제다. 이미 소중한 40년을 잃어버렸다. 특히 2017.1.~2021.12.의 극초저출산을 탈출할 황금 같은 5년의 골든타임을 날려 버렸다. 깨어나야 산다.

민족에게 가장 중요한 것은 무엇일까? 민족은 무엇을 최우선 순위에 두는가? 민족이 소멸하면 그리운 부모님도 형제자매도 볼 수 없다. 그리운 고향도 가 봐야 모국어로 대화할 사람이 없다. 친척도 없고, 외가 사람들도 없다. 더 이상 설날도 없다. 밥상을 마주해도 세종도 이순신도 함께 그리워할 사람이 없다. 오직 이방인으로서 말이 다르고 풍속도 다른 곳에서 객이 되어 있을 뿐이다. 서러울 것이다. 외로울 것이다.

민족에게 가장 중요한 것은 생존이다. 민족이 소멸하면 '최후의 한국인'이 되었다가 그도 죽으면 민족사는 마감될 것이기 때문이다. 문제는 다른 민족들은 다들 생존하여 잘살고 있다는 것이다. 그들은 한국인의 멸종을 한동안 비웃다가 타산지석의 사례로 삼을 것이다.

인구소멸과의 전쟁은 국난급 대전쟁이건만 그것을 제대로 인식하지 못하니 '적을 제대로 알지 못하는' 위태로운 상황이다. 정부도 국회도 국민도 이 위기를 제대로 알아야 한다. 이미 40년을 잃어버렸다. 특히 극초저출산을 탈출할 황금 같은 최근 5년을 날려 버렸다. 속히 깨어나야 산다. 그래야 국가도 국민도 살릴 수 있다.

2. 출산율 0.8명의 저주: 인구소멸직전단계, 경제 폭망, 국방 곤란, 국가·민족 소멸 경고

출산율 0.8명과 핵전쟁이나 세계적 전염병 중 어느 것이 가장 무서울까? 미국의 폭스 뉴스(Fox News)는 한반도 핵전쟁 발발 가상 시나리오 분석에 참여했던 전문가의 말을 인용하여, 최악의 경우 한·미·일에서만 사망자가 800여만 명 이상 나올 수 있다고 예상했음을 미주경제는 2017.8.18. 자로 보도했는데, 그러한 사망자 숫자를 믿고 싶지 않지만 전문가들의 예상이니 부인하기는 어렵다고 생각된다. 그러나 핵전쟁 자체가 결코 발생하지 않도록 우리도 핵을 보유하여 핵전쟁 억지력을 속히 갖추기를 바랄 뿐이다.

위의 분석에서 한·미·일 사망자 800여만 명 중 미국과 일본을 각 20%씩 도합 40%로 보고, 한국을 60%라고 보면 한국의 사망자 수는 약 480만 명이 된다. 이는 5200만 명의 약 9%에 해당한다. 90% 이상이 생존하는 셈이다.

흑사병이 유럽을 휩쓸고 갔을 때 유럽 인구의 ⅓이 사망한 것으로 알려져 있다. 전 세계를 전염병의 공포로 몰아갔던 코로나는 흑사병과는 비교가 되지 않을 정도로 사망률이 경미하다. 역사상 최악의 전염병인 흑사병으로 인한 사망률은 33%이다.

그러나 출산율 0.8명은 우리나라 5200만 인구를 90년 후 333만 명만 생존케 하니 치사율은 94%이다. 그러므로 출산율 0.8명은 '핵전쟁'보다도 무섭고, 세계적 '전염병'보다도 무섭다. 그리고 출산율 0.8명으로 한 세대, 두 세대, 세 세대가 경과하면 남동생도 여동생도 없고, 형도 누나도 없게 된다. 사촌도 육촌도 없고, 삼촌도 외삼촌도 없고, 고모나 이모도 없게 된다. 오직 혼자만 존재한다. 사람 사는 맛이 나지 않는다.

출산율 0.8명은 인구 격감을 유도하므로 수요부족과 그로 인한 공급부족을 불러온다. 수요부족이 수십 년 계속 지속되므로 그 결과 경제는 규모 축소가 매년 심화되어 경제 폭망을 가져온다. 병역자원 부족으로 국방을 위한 군대를 운용할 수 없다. 급기야 90년 후에는 극심한 고령화 문제를 앓고 있는 노인국이 되고 말 것이다.

위의 노인들도 하나둘 죽음을 기다리다가 사망하므로 국가소멸·민족소멸이 이뤄지는 비극을 초래하니, 출산율 0.8명은 저주 그 자체라고 아니할 수 없다. 이러한 저주는 생육하고 번성하라시는 하나님의 말씀을 듣지 않고 번성의 축복을 스스로 거절한 결과이다. 자업자득이 아닐 수 없다.

정부도 물가 억제가 최우선 과제라며 이 생존의 문제를 뒷전으로 취급하는 완급 착각에서 벗어나야 한다. 국회도 여야가 최우선의 힘을 국회의원 공천권 확보를 위한 당권 경쟁에 쏟아붓는 우선순위 착각에서 벗어나야 한다. 인구소멸이라는 이 국난의 극복을 최우선 과제로 임할 때 한국생존·기업생존을 도모할 수 있다.

3. 대체출산율 왜 2.0명 아닌 2.1명인가?

대체출산율이란 그 나라의 인구가 감소하지 않고 현상을 유지하는 데 필요한 수준의 출산율이다. 선진국은 대체로 2.1명이지만, 영아사망률이 높은 나라는 그 수치가 더 높아진다. 영아사망률이 높지 않더라도 출생아 성비가 남아가 훨씬 많아지면 대체출산율도 높아진다.

그런데 부부가 2명의 자녀를 낳으면 현 수준의 인구를 유지할 것 같은데, 왜 대체출산율이 2.0명이 아니고 2.1명일까? 그것은 성비(性比) 문제와 아이가 다음 세대를 낳기 전에 죽어 버리는 문제 때문이다. 성비는 남성과 여성의 개체 수 비율이다. 자연적인 성비는 남성:여성=105:100이다.

그런데 우리 주변에는 왜 홀로 된 여성의 숫자가 남성보다 오히려 더 많을까? 그것은 여성들이 유전학적으로 우성인자를 가지고 있어 평균수명이 길고, 또 남성들은 국방을 위해 전쟁을 수행해야 하므로 전사자가 많고, 여성보다 상대적으로 무겁고 힘든 험한 노동환경에서 일해야 하기 때문으로 분석된다.

성비는 출생 시점에는 남자가 약 5% 더 많지만, 신묘막측하게도 아이를 낳을 연령대가 되면 남녀 비율이 1:1에 수렴하여 거의 비슷해진다. 다행한 일이다. 만약 이 시점에도 여전히 남녀 성비가 105:100이라면 여성 쟁탈 전쟁으로 약 5%의 남자들이 얼마나 피 터지게 싸워야 할까? 이 어찌 우연이라 할 것인가?

그 후 노년에 가서는 역전되어 여성이 오히려 많게 되는 것이다. 손자들 입장으로는 자애로우신 할머니가 그나마 오래 살아 주시는 것이 얼마나 다행인지 모른다. 인류의 생존과 번성을 위해서는 감사한 일이다.

이러한 놀라운 모든 일은 결코 우연이 아니라 창조주 하나님의 사랑과 섭리이다.

4. 국가출산율 목표 2.2~2.9명 바람직. 왜? 축복과 생존 · 번영의 지름길

중국은 인구급증을 막기 위해 1978년에 '1가구 1자녀 정책'을 도입했다. 제대로 시행하면 한 세대인 약 30년 후면 인구가 '반토막' 나게 되어 있다. 그러나 중국은 세계의 제조업 기지가 된 후에는 생산연령인구 격감에 위기를 느껴 민첩하게 정책을 바꾸었다. 출산율 저하가 가팔라지자 중국은 2016년에 1자녀 정책을 폐지하고 '1가구 2자녀 정책'을 전면 시행했다.

그러나 계속된 생산연령인구 격감과 2023년에는 인도가 중국을 제치고 세계 1위의 인구 대국이 될 것이라는 전망이 나오자, 5년이 지난 2021년에는 또다시 정책을 변경하여 '1가구 3자녀 정책' 도입을 발표했다고 연합뉴스는 2022.9.23. 자로 보도했다. 이는 중국 공산당의 기민성과 패권주의를 고려하면 충분히 있을 수 있는 조치라고 생각된다.

'당이 결심하면 인민은 복종해야 한다'는 저들 공산주의(=사회주의) 체제의 중화인민공화국이다. 잘못된 것을 알고는 즉시 돌이키는 중국의 그 기민한 결정과 국민의 복종이 우리로 하여금 괄목상대하게 한다. 그런 결의와 단합이 있기에 중국은 국가적 불행인 1860년 북경조약의 아픔을 딛고, 불과 150년 만인 2010년에 세계 2대 경제 강국으로 발돋움할 수 있었던 것이다.

국가 출산율 목표를 얼마로 설정할 것인가는 인구정책상 가장 중요한 정책 중 하나이다. 우리나라처럼 저출산 · 초저출산 · 극초저출산 · 인구소멸직전단계를 탈출할 소중한 40년을 잃어버리고 세계로부터 국가소멸 · 민족소멸 경고를 받는 경우는 더욱 그렇다.

우선 대체출산율 2.1명 미만의 '저출산율 안'에 대해 검토해 보기로 한다. 이 '저출산율 안'은 다음과 같은 중차대한 4대 문제점을 노출하고 있다. 첫 번째 문제점은 저출산은 인구 감소를 초래한다는 점이다. 인구 감소는 생산연령인구의 해외 수입 혹은 이민 수용만 초래하는 것이 아니라, 수요 감소 문제마저 초래해 경제의 마이너스 성장이라는 악몽을 불러온다.

경제의 마이너스 성장은 세수 감소, 국방예산 축소, 교육지원 감소, 복지 감소 등을 가져오기에 국민에게 인기가 없다. 자칫하면 선거에 이기려는 거짓 · 선동세력에 의해 퍼주기 포퓰리즘으로 베네수엘라처럼 국민의 95%가 쓰레기통을 뒤져 먹을 것을 찾게 하는 5류 국가로 전락시킬 위험마저 있다.

두 번째 문제점은 생육하고 번성할 때 우리가 받는 추가 축복도 받지 못한다는 점이다. 저출산으로 인한 인구 감소는 이미 살펴본 대로 귀여운 여동생도 남동생도 누나도 형도 없는, 자애로운 고모도 이모도 없고, 삼촌도 외삼촌도 없는, 사촌도 육촌도 없는 오직 나만 홀로 존재하는 세상이라 사람 사는 맛이 없다.

외롭고 쓸쓸하여 사람 사는 꼴이 말이 아니다. 행복하지 못하다. 동생도 형도 누나도 없이 자라 자기만 아는 이기심이 많은 사람이 될 가능성이 크다. 황태자와 공주처럼 자라난 세대는 부모 은혜도 잘 몰라 불효자가 될 가능성도 크다.

세 번째 문제점은 인구회복력의 극심한 저하이다. 잃어버린 40년 동안 저출산의 출산율은 초저출산으로, 다시 극초저출산으로, 다시 인구소멸직전단계로 추락했다. 그리하여 1971년의 출생아 수 103만 명은 2021년 26만 명으로, 1/4토막으로 줄어들었다. 추락한 출산율 기간 출생한 그들 MZ세대가 이제 성인이 되어 아이를 낳으려 하지만 정작 당사자들의 수가 너무나 적다 보니 인구회복은 요원하다.

향후 인구 감소로 4900만 명 이하가 되었을 때, 5030클럽 회원국이 될 수 있는 인구 5000만 명을 회복하는 데는 안전출산율인 2.2~2.9명의 출산율로도 잃어버린 40년과 같은 40년이 걸릴 가능성이 있다. 그러므로 대체출산율 2.1명 미만의 저출산율로는 인구 감소 때문에 과거 인구 5200만조차도 결코 회복할 수 없다.

네 번째 문제점은 체제 문제이다. 북한의 출산율은 1.9명이다. 남한의 0.8명보다는 하늘과 땅 차이로 높다. 〈그림 3-6〉에서 논증하였듯이 현 출산율하에서는 30여 년 후에는 북한의 인구가 남한을 추월하여 오히려 19%나 더 많아지는 인구 역전 현상이 발생한다. 그 경우 통일이 되어도 인민민주주의를 부르짖는 자들에 의해 자유민주주의가 위협을 받는 체제 문제가 야기될 것이다.

인구에서 소집단이 되면 선거에서 질 것이고 선거에서 지면 자유민주주의 또한 상실할 것은 자명하다. 이는 인권이 보장된 5030클럽의 세계 7대 강국의 길을 포기하고, 세계 최악 인권국 및 세계 200위권의 삶의 질 후진국으로 추락하는, 삶의 본질에 관한 문제를 발생시킨다.

이상 4대 문제점만으로도 대체출산율 미만의 저출산인 2.1명 미만의 출산율은 우리가 설정해야 할 정책 대상이 결코 되지 못한다는 것을 알 수 있다. 국가 출산율 목표 설정을 위한 다음 검토 대상은 '출산율 3.0~6.0명 이상'이다. 3.0명 이상~4.0명 미만의 고출산단계와 4.0명 이상~5.0명 미만의 초고출산단계, 5.0명 이상~6.0명 미만의 극초고출산단계 및 6.0명 이상의 인구폭발단계는 우리가 이미 경험한 대로 가난과 극심한 경쟁을 유발할 수 있다.

OECD 선진국 중 위와 같은 고출산율 범위에 속한 나라는 하나도 없다. 이스라엘조차도 3.0 미만인 2.9명일 뿐이다. 북한이 3.0명이라면 우리도 체제 수호를 위해 3.0명을 검토해야 하지만, 다행히 북한도 이 범위에 속하지 않는다. 그러므로 3.0~6.0명 이상의 고출산율은 우리나라가 취해야 할 국가 출산율 목표 설정의 대상에서 제외된다.

국가 출산율 목표 설정의 남은 대상은 '출산율 2.2~2.9명의 안전출산율'이다. 이 출산율의 경우는 다음과 같은 빛나는 5대 이점들을 가지고 있다. 첫 번째 이점은 인구 증가로 수요공급증대를 가져와 기업을 살리고 세수 증대로 나라를 살리며 활성화한다는 점이다.

인구의 안정적 증가는 적정 수의 생산연령인구 확보를 가능케 하므로 해외인력 수입 혹은 이민 수용에 목을 맬 필요가 전혀 없다. 이민자에 의한 마약, 테러, 사이비종교 등으로 인해 골머리를 앓을 필요도 없다. 이민청의 설치는 국가소멸 방지를 위한 근본 해결책이 결코 아니다.

또한 인구의 안정적 증가는 수요증가를 가져오니 경제의 플러스 성장을 가능케 한다. 수요증가는 공급증가를 유도하므로 기업을 살리는 길이기도 하다. 경제의 플러스 성장은 세수 증가, 국방 증대, 교육지원 증대, 복지 증대 등을 가져오기에 국민에게 활력을 불어넣어 주어 나라를 살리고 활성화한다.

그리고 인구의 안정적 증가에 의한 경제의 플러스 성장으로 해외여행도 늘어나고 해외원조도 증대하며 인구 증가로 5030클럽 회원국 자격을 유지하며 경제성장을 통한 국가의 대외인지도마저 고양할 수 있다. 거짓과 선동으로 선거에 이기려는 거짓·선동세력에 의해 퍼주기 포퓰리즘 등이 발붙일 수 없게 된다.

두 번째 이점은 생육하고 번성할 때 우리가 받을 수 있는 추가 축복마저도 받을 수 있다는 점이다. 안전출산율에 의한 인구의 안정적 증가는 귀여운 여동생도 남동생도 누나도 형도 있는, 자애로운 고모도 이모도 있고, 삼촌도 외삼촌도 있는 세상을 만들어 준다.

안전출산율하에서는 사촌도 육촌도 있고, 친척 · 인척 · 외척이 정답게 나와 공존하는 세상이라 사람 사는 맛이 있다. 행복하다. 동생도 형도 누나도 함께 자라 상대방을 이해하고 배려심이 있는 사람이 될 가능성이 크며, 자신들을 위한 부모의 고생을 봐 왔기에 효자가 될 가능성마저 크다.

세 번째 이점은 인구회복력이 훌륭하다는 점이다. 잃어버린 40년 동안 저출산과 초저출산, 극초저출산 및 인구소멸직전단계를 거치면서 출생아 수는 1/4토막으로 급감했다. 안전출산율이 되면 급감한 출생아 수로 인한 인구 감소를 회복할 힘이 생긴다. 인구회복으로 한동안 상실할 5030클럽 회원국 자격도 회복할 수 있다.

네 번째 이점은 체제전쟁의 승리로, 인권이 보장된 5030클럽의 세계 7대 강국의 길로 북한 2600만 주민을 흡수 통일하여 함께 인간답게 살 수 있다는 점이다. 그리하여 세계 최악의 인권국 및 세계 200위권의 삶의 질 후진국이 될 위험을 제거할 수 있다.

이는 오로지 우리의 출산율이 북한의 출산율보다 더 높아 선거에서 압도적으로 승리하여, 인민민주주의와 김일성주의가 초래한 세계 최악의 인권국 및 세계 200위권의 삶의 질 후진국을 탈피하는, '자유와 인권 및 번영'이 보장된 자유민주주의로 체제를 수호할 때만이 가능한 일이다.

자유민주주의로 체제전쟁에서 승리하지 못하면 인권이 보장된 세계 선진강국이 되어 인간답게 사는 것이 불가능하다. 북한의 인구에 역전당하는 현재의 출산율 0.8명으로는 통일이 되어도 선거에서 승리하여 인류의 보배로 검증된 자유민주주의 체제를 수호하는 것은 불가능하기 때문이다.

다섯 번째 이점은 인구 증가로 우리나라의 소멸 시 한반도 무혈 접수를 노리는 일본·중국·러시아의 야망을 무산시킬 수 있다는 점이다. 영국과 미국의 세계 석학 및 세계 최고 부호 겸 AI 투자가의 경고대로 90년 내 우리나라가 국가소멸·민족소멸이 되면, 수천 년간 우리나라를 넘보던 일본과 중국 및 러시아는 우리나라를 무혈 접수할 수 있다. 그러나 우리나라가 안전출산율로 돌아서서 인구 증가가 되어 국가가 튼튼해진다면 저들의 그 야망은 무산될 것이다.

그러므로 위와 같은 5대 이점 등을 고려할 때 우리나라의 국가 출산율 목표는 '2.2~2.9명의 안전출산율'로 설정되는 것이 국가와 민족의 행복과 번영 및 통일을 위해 필수 불가결하다. 향후 인구정책은 다음과 같이 출산율을 '2단계'로 나눠 단계적으로 펼치는 것이 바람직하다.

출산율 2단계 전략

1) 1단계 전략: 출산율 2.9명

1단계 전략은 처음 40년간은 잃어버린 40년의 인구 감소를 만회하고 북한과 통일 시 자유민주주의 체제를 공고히 하기 위하여 목표 출산율을 2.9명으로 하는 인구정책을 펼쳐서 자유민주주의하의 남북한 통일인구가 1억 1천만을 넘어서게 하는 것이다.

이는 수요증가와 공급증가를 유도하므로 기업을 살리는 길이기도 하다. 세수 증대로 국가 경제를 살리고 활성화한다. 남한은 현재의 5200만 명이 장차 7000만 명으로 되게 하고, 북한 지역은 현재의 2600만 명이 장차 4000만 명이 되게 하여, 합 1억 1천만 명으로 증가시키는 것이다.

2) 2단계 전략: 출산율 2.2명

2단계 전략은 만주 고토를 수복하여 우리 동족인 약 1억 명의 고조선과 고구려 후손들을 흡수 통일하여 총 2억 1천만 명의 자유민주주의하의 통일 대한민국이 된 시점에는 출산율을 2.2명으로 조정하는 인구정책을 펼치는 것이다. 이 출산율하에서는 인구가 한 세대인 약 30년에 5%씩 증가하므로, 그 안정적인 인구 증가로 수요증가와 공급증가가 이루어지는데 이는 기업을 살리는 길이기도 하다.

이렇게 되면 세수의 꾸준한 증대가 가능하므로 국가도 안정적 경제성장과 복지, 교육, 국방 등에 있어서도 안정적 확대 운용이 가능하다. 고토를 수복한 그 시점의 통일한국은 국토 면적 약 120만㎢와 인구 약 2억 1천만의 세계 2대 강국 겸 세계 2대 원조국이 되도록 지혜를 모으고 국제 환경을 조성해 나가는 것이 바람직하다. 이것이 정치이고, 한민족으로 태어난 우리가 지혜를 모아 완수해야 할 과제이자 비전이다.

이상 검토한 바와 같이 '출산율 2.2~2.9명의 안전출산율'은 국가소멸·민족소멸의 재앙을 완전히 탈출하여, 인구 증가 및 회복을 통한 적정한 생산연령인구 확보와 경제성장을 가져오는 기업생존, 한국생존과 민족생존의 지름길이다. 이 안전출산율하에서는 생육하고 번성함으로 사람 사는 맛이 나는, 행복한 삶을 가능케 하는 추가 축복도 받을 수 있다.

제12장

풍요 속의 적막강산

1. 내치 총책 작은할머니의 유덕(有德)

할머니 얼굴은 기억이 나지 않는다. 세 살 때 돌아가셨기 때문이다. 다정다감하고 미인이셨다 한다. 소식(小食) 때문에 내가 태어날 무렵에는 허약하셨다. 62세에 학수고대하던 손자가 태어났다. 그 손자가 조금 자라 말을 하기 시작하고 제법 대화가 될 무렵에는 그렇게 좋으셨던 모양이다.

병약한 몸으로 미소를 지으며 이젠 죽어도 여한이 없다 하셨다 한다. 그러나 손자는 그 할머니를 생각하면 가슴이 미어진다. 가슴속의 하고픈 말을 드리지 못해서이고, 좋아하셨다는 생선회조차 살아생전에 직접 드리지 못해서이다.

어릴 적 뛰놀던 그곳은 우리나라 어디를 가도 정겹게 맞이하는, 때때로 센 바람이 불면 윙윙 노래 부르는, 소나무가 우거진 산자락 아래였다. 사랑채와 안채로 이뤄진 초가집 일곱 가구를 가운데로 하고, 추가로 앞뒤 다섯 가구가 산자락을 끼고 줄 선, 총 열두 가구의 작은 마을이었다.

마을 앞으로는 장마철에나 물이 흐르는 천정천이 '마을 앞 오른편 산'에서 시작하여 마을 앞을 서너 마장 지나 왼편으로 휘돌아 나갔다. 재잘대는 꼬마들의 놀이터인 그 천정천의 하얀 모래 위를 여름철 비 온 후 물이 얕게 흐를 때면 은빛 붕어들의 물 가름이 날랬다.

꼬마들과 모래를 파고 두꺼비집을 만들며 놀 땐 저녁 땅거미는 왜 그리 산을 타고 빨리 내리는지 아쉬웠다. 어머니는 뒷동네 아이가 밭일하던 부모 근처에서 놀았건만 순식간에 늑대에 물려 가는 것을 동네 사람들이 가세해 추격하며 소리쳐 구해냈다고 절대로 낯선 개(?)가 접근하면 가만히 있지 말고 소리쳐 어른들을 부르라고 주의를 주셨다.

꼬마들이 손꼽아 기다리던 것은 역시 설이었다. 단것이 귀했던 그 시절엔 유과와 단술을 맛볼 기회는 드물었다. 그 무렵에는 돌아가신 할머니를 대신하여 작은할머니가 내치를 총괄하셨는데, 우리와 사촌 및 친손자인 육촌들 총 26명을 구별하지 않고 공평히 대하셨다.

죽 둘러앉은 우리가 받은 귀하디귀한 소고깃국에 소고기 조각 두 개가 모두 잘 들어 있는지 묻곤 하셨다. 그러면 아이들은 일제히 "예!"라며 대답했다. 때로는 한 개밖에 발견하지 못한 꼬마가 "한 개밖에 없어요"라며 울먹일라치면 그것은 중대 사건이었다. 작은할머니는 달래면서 당신의 국그릇에 있는 한 개를 얼른 건져 넣어 주셨다. 젊은 어머니들은 그것이 송구스러워 안절부절못했다.

어른들이 수저를 들면 아이들은 그제야 숟가락을 들고 일제히 먹기 시작했다. 소고기 두 조각, 그것은 설엔 적어도 소고기를 먹였다는 내치 총책 작은할머니의 커다란 자부심이었다. 먹는 우리의 모습을 얼마나 인자하고 흐뭇하게 보시던지 지금도 눈에 선하다.

무학이셨지만 작은할머니의 훈육은 얼마나 실용적인지 지금도 기억에 생생하다. 독사는 피해야 하지만 부득이 죽이게 되어 그것을 땅에 파묻었으면 다음 날에 궁금하더라도 나뭇가지로 땅을 파서 확인하려 하지 말라는 등이었다.

독사가 죽어 가며 흙 속에라도 독을 품어 놓기에 나뭇가지로 흙을 파다가 흙이 눈에라도 들어가면 시각장애인이 된다는 요지였다. '덕을 베풀고 살아라, 원한을 사지 말고 할 수 있거든 모든 사람과 화목하라'라는 가르침이었다.

2. 합동 세배, 함포고복은 못 했지만 화기애애했다

설엔 합동 세배가 있었다. 방에 대식구가 다 들어갈 수는 없었다. 그래서 앞마당에 임시로 멍석을 깔았다. 엄숙하고 경건한 합동 세배는 그리 긴 시간이 걸리지는 않았다. 식사는 안방, 건넌방, 대청, 사랑방 등에서 2차에 걸쳐 실시되었다. 떡국을 전과 함께 먹었다. 식후에는 어른들은 약주를, 아이들은 감주를 마시며 덕담을 나눴다. 그 후 최고 어른의 훈시가 있었는데 핵심은 충효와 형제 우애, 그리고 벗과의 신의를 강조한 것이었다.

때로는 작은할머니가 시할머니(손자들에겐 고조모)의 근면하신 일화를 말씀하셨는데 흥미롭게 들었던 기억이 난다. 먼 마을에서까지 원료를 구해 와 밤늦게까지 명주와 무명을 만들어 가난을 물리치고 집안을 일으키셨다는 요지였다. 작은할머니가 주시는 유과를 먹고 나면 아이들은 놀이를 위해 일어서는데, 이날은 때때로 느끼던 배고픔은 없었다.

놀이는 남녀가 엄격히 구별되었다. 남자아이들은 여자아이들이 하는 널뛰기를 하지 않았다. 한 번이라도 하면 자칫 마을 아이들로부터 놀림을 받기에 조심스러웠다. 설에는 사촌과 육촌들과 딱지치기를 통해 별이 많이 그려진 딱지를 모으는 것이 팽이치기나 연날리기보다 좋았다.

돌이켜 보면 비록 함포고복은 못 했지만 화기애애했다. 합동 세배를 통해 나라 사랑과 부모 공경을 배우고 사촌과 육촌들을 만나 유대감을 가질 수 있어 좋았다. 그때 그 사랑방에서 배운 훈육은 일생을 지배했다.

오늘같이 비가 오는 날이면, 어린 시절 밖에 나가 놀지 못하고, 방에서 솨 내리는 빗속에 잠기는 산과 들을 바라보던 생각이 난다. 휘휘 부는 바람결에 이리저리 움직이는 소나무와 논의 모와 밭의 콩잎이 생기를 되찾듯 비를 반기던 모습이 아련히 떠오른다. 잔잔히 훈육하시던 작은할머니의 그 인자하신 모습이 사무치게 그립고, 산과 들을 함께 달리던 사촌과 육촌들의 활기찬 모습이 눈에 아른거려 그립다.

3. 일생일대의 실수, 팔을 깨물다

그것은 나의 일생토록 잊지 못하는 실수(?)이다. 우리 나이로 여섯 살 때였다. 마을 뒤편 집의 한 살 위인 육촌이 놀러 왔다. "한 살이 많아도 형은 형이다"라는 어른들 말씀에 내가 반발했다. 그것은 우리 집 동편의 나무 울타리인 사철나무 아래에서 일어난 일이었다.

아무도 안 볼 때 내가 그의 팔을 물었다. 그가 울기를 바랐다. 그러면 뭐 그런 울보에게 그까짓 형이라 부르라는 말은 다시 없을 것이라는 전략 목표를 세웠기 때문이었다. 그런데 놀라운 일이 벌어졌다. 울 때가 되었는데 왜 안 우나 싶어 팔을 물고 있으면서 그를 슬쩍 쳐다보았다.

그는 아픔을 참느라 빨갛게 달아오른 얼굴을 하고 있었다. 그러나 문제는 눈물을 흘리기는커녕 울지도 않는 것이었다. 놀란 눈망울로 나를 내려다보고 있었다. 더구나 그는 나를 때리지도 않았다. 무는 것을 중단했다. 거친 숨소리를 내면서 그는 돌아가고 말았다.

명백한 전략 실패였다. 나는 걱정했다. 이 '전략 실패' 사건은 이제 어른들을 거쳐 내치 총책 작은할머니에게까지 보고될 것이 분명했다. 작은할머니에게 면목이 없었다. 그토록 내가 좋아하는 분인데 실망을 안겨드렸다고 생각하니 그놈의 '전략 실패'가 그렇게 미울 수가 없었다.

'위계질서를 파괴'하고 그렇게 많이 교육받은 '형제 우애'를 어겼으니 이제 엄중한 처벌을 받을 것은 분명했다. 큰일 났다. 이 일을 어떻게 하면 좋단 말인가. 잠이 오질 않았다. 그리고 밥맛도 없어졌다. 하루가 지났다. 아직 소환되지 않았다. 이틀이 지나가고 사흘이 지나갔다.

나는 근신했다. 닷새가 지났다. 아마 처리해야 할 다른 급한 집안일이 있는 것 같았다. 어쩌면 내가 다른 잘못을 저지르면 모아놨다가 한꺼번에 중한 벌을 받을지도 모른다고 추측했다. 나는 더욱 근신했다. 어른들은 내가 철이 들었다고 수군거리는 것 같았다.

시간은 흘렀다. 열흘이 가고 한 달이 갔다. 그래도 소환령은 없었다. 다음 설을 맞았건만 어느 어른도, 심지어 작은할머니조차도 그 '위계질서 파괴' '형제 우애 파괴' 사건으로 나를 문책하는 사람은 없었다. 나는 그가 고발하지 않았다는 것을 그제야 알았다. 내심 눈물이 났다. 그날 이후 나는 그를 특별히 대우하고 사랑하기로 했다.

4. 소 먹이러 산에 가던 아이들

출발 집결지는 마을 서편의 작은 호수 가였다. 그 작은 호수는 산에 연접하고 있었다. 초등학교 여름방학을 맞은 마을 아이들이 아침밥을 먹고 소를 몰고 오는 대로 기다렸다가 예닐곱 이상이 되면 성원이 되었다. 행여나 늑대나 스라소니 등이 나온다 해도 그 정도면 소나 아이들도 방어력이 있다고 본 것이다.

점심은 알루미늄 도시락이 오가는 산행에 거추장스러워 지참하지 않았다. 다만 날감자 대여섯 알씩을 아이들은 지참했다. 선두는 가장 크고 리더십이 있는 황소가 맡았다. 그 소를 주인인 아이가 고삐를 잡고 뒤따랐다. 황소는 산길을 오르고 그 뒤를 큰 소와 중간 소들이 아이들과 함께 따랐다.

30분쯤 가쁜 숨을 몰아쉬며 산을 오르면 5부 능선에 다다른다. 그곳은 일시 평지가 되는데 분지가 나타난다. 그 분지에는 중간 크기의 호수가 있었다. 물에는 주변 나무와 하늘이 비쳐 더욱 푸른색을 띠었다. 간혹 사슴이 나타나기도 했다.

산의 7부 능선에 도달하면 일시 완만한 오르막에 제법 숲이 우거지고 소들이 먹을 꼴들도 많이 자라 있다. 분홍색 싸리나무꽃이랑, 연자주색 익모초꽃과 여기저기 흰색, 보라색 꽃들을 피우는 도라지꽃들이 우리를 반갑게 맞는다.

운무가 얼굴을 스칠 때면 산 아래보다 제법 서늘하다. 여기서부터 방목이 시작된다. 고삐가 소의 발에 밟혀 꼴을 뜯어 먹는 데 방해되지 않도록 아이들은 각자 소의 고삐를 왼쪽 뿔에서 오른쪽 뿔로 여러 번 잘 감아 흘러내리지 않게 꼭 매어 준다.

그리고 등을 다독이면서 배부르게 먹고 오라고 당부한다. 그러면 소들은 그곳 꼴 숲에서부터 꼴을 먹어 나가기 시작한다. 다만 단독 행동은 못 하게 황소 주변으로 모아 주는 일을 한다. 그것은 늑대 등이 나타나 공격한다 해도 가장 어린 소를 가운데 두어 보호하려고 바깥에 황소를 좌우로 두고 원형진을 짜 뿔을 맹수를 향하여 대항하도록 하기 위함이었다.

아이들끼리 모여 산 정상까지 다시 우거진 나무숲을 가르고 약 20분가파른 산행을 계속한다. 산 정상에는 우리들의 바위인 거대한 높은 바위가 있기 때문이다. 아래에서 보면 푸른 하늘과 흰 구름을 이고 있는 그 높고 장엄한 바위가 고상하면서도 당당하게 느껴져 친근감을 주었다.

그 바위는 수직으로 된 전면과 양 측면으로는 오를 수가 없고 60도 정도 경사진 뒷면으로만 오를 수 있었다. 아이들은 바위 표면의 작은 파인 곳들을 이용해 손발에 신경을 모아 붙잡고 디디며 조심스럽게 천천히 한 걸음씩 오른다.

마침내 바위 정상에 도달하면 우리 일곱 명은 넉넉히 앉을 수 있는 평평한 자리가 나타난다. 바위 위 얕게 파인 곳엔 빗물도 조금 고여 있다. 아래를 보면 아찔하다. 하얀 운무도 앉은 자리 저 아래로 지나간다. 이때쯤이면 소리치던 아이들도 눈앞에 펼쳐지는 장엄한 광경에 숙연해진다.

기압 차로 귀가 먹먹해진다. 스치는 서늘한 바람은 얼마나 상쾌한지

폐까지 시원하다. 턱에 차던 숨이 가라앉고 이마의 땀도 식어 간다. 사방 수십 리가 일망무제로 한눈에 들어온다. 저 멀리에는 다니는 초등학교도 보이고, 먼 곳의 마을들도 개미만 하게 보인다. 사람들은 하나의 작은 점처럼 보인다. 강아지풀의 줄기만큼 작은 기차는 천천히 움직인다.

파란 하늘의 흰 구름과 그 아래의 녹색 산천초목, 이 아름답고 장엄한 대자연은 저절로 된 것은 분명히 아닌 것 같은데, 그럼 누구에 의해 만들어졌을까? 우리 인간의 삶의 목적은 무엇일까? 앞으로 무엇을 어떻게 할 것인가? 아이들은 심호흡하며 다짐한다. 무슨 일을 하든지 나라를 위하고 사람들에게 유익을 주는 사람이 되겠다고.

소들이 꼴을 제대로 먹는지 내려가 본다. 다행히 황소를 중심으로 열심히 꼴을 뜯어 먹고 있다. 아이들은 감자를 모아 구워 먹은 후, 작은 계곡을 흐르는 맑은 물을 마셨다. 속이 다 시원하고 삼복더위도 비켜 간다. 소들의 배가 불러오고 일몰 1시간 전쯤이면 하산을 준비한다.

5. 아버지의 8사단 최다 전투 치렀음에도 한국전 수훈(樹勳) 5등 안에 들지 못한 유감

아버지는 8사단 소속의 학도병이셨다. 1950년 8월 18세 학도병으로 낙동강 전선의 영천전투에 참전하셨으니, 〈포화 속으로〉의 주인공 이우근 학도병이 수도사단 소속으로 낙동강 전선의 포항전투에 참전한 것과 같다.

다른 점은 이우근 학도병은 포항전투에서 적 1개 사단을 11시간 저지하고 1회의 전투로 전사한 반면, 아버지는 학도병에서 그 후 군번을 부여받고 6·25전쟁 최다인 158회의 전투를 치르는 '최다 전투 사단'인 8사단 소속으로, 낙동강에서 압록강 직전까지 한반도를 오르내리며 장장 3년을 죽을 고비를 무수히 넘는 전투를 치르셨다는 점이다.

김일성이 수안보까지 내려와서 인민군 군단장과 사단장들에게 8월 15일까지 부산을 점령하지 못하면 책임을 묻겠다며 서슬 시퍼렇게 독전하여 마침내 군사 요충지인 영천 전선은 무너지고 말았다. 영천이 무너지면 부산도 무너지고 대한민국도 없는 것이었다.

대한민국의 절체절명의 그런 순간에 아버지는 18세 고등학생이었지만 학도병으로 참전하셨다. 총 쏘는 법만 겨우 배우고 바로 영천전투에 투입되었다. 같이 갔던 학도병 대부분이 거의 다 장렬하게 전사했다.

아버지의 경우도 전사를 면치 못했을 터이나, 앞에 있는 작은 바위를 엄폐물 삼아 그것의 보호를 받으며, 엎드려 적에게 조준사격을 하며 적을 사살했다. 이 전투에서 학도병들과 8사단을 위시한 국군의 수많은 희생으로 적을 물리치고 기적적으로 영천을 탈환하고 풍전등화의 대한민국의 목숨을 구한 것은 하늘의 도우심이었다.

적의 반격을 물리치면서, 구국 통일의 일념으로 8사단은 북진하고 또 북진하였다. 마침내 평안북도 희천까지 탈환하였다. 조금 더 북진하면 압록강이었다. 행군과 전투로 발은 부르트고 수면 부족으로 눈은 충혈되었어도 모두가 다가온 통일 완수의 기대감으로 행복한 순간이었다.

그러나 우리 민족의 행복을 방해하고 짓밟는 자들이 있었으니 바로 중공군이었다. 중공군 1차 30만 명, 그 후 총 135만 명이 불법 침략해 온 것이다. 저들은 강력한 무기를 소유한 미군은 피하고 화기가 빈약한 한국군을 주로 노려 인해전술로 공격해 왔다.

적을 물리치고 또 물리쳐도 일파, 이파, 삼파 적의 공격은 계속되었다. 기관총 총열이 벌겋게 달아오를 정도로 사격해도, 적의 수류탄 공격과 소총 공격은 계속되었다. 8사단은 중과부적의 적을 상대로 이 희천전투에서 목숨을 걸고 장렬히 싸웠으나 거의 전멸에 가까운 피해를 면치 못했다. 꽃다운 청년들인 장교 323명, 병사 7142명이 대한민국을 위해 피흘려 죽어 갔다.

학도병에서 이미 국군 용사가 된 아버지도 매 전투 시 목숨을 걸고 분전하셨으나, 이 희천전투에서 중과부적으로 포로가 되셨다. 그러나 기회를 보아 몇몇 전우와 탈출을 도모하셨다. 굶주림 가운데 죽을힘을 다해 청천강을 도하할 때는 등 뒤에서 적의 총알이 물을 스치며 날아왔다.

그러나 반드시 국군의 품으로 가겠다는 의지를 하늘도 도우셨다. 사선을 넘고 또 넘어 마침내 국군에 합류할 수 있었다.

이후 전선은 고지전의 양상을 띠었다. 강원도 인제전투에서 아버지의 8사단은 적 2, 13, 15, 45사단과 치열한 전투를 벌여 피아가 많은 전사자를 냈다. 이 전투에서 8사단은 적 4990명을 사살하고 1094명의 포로를 사로잡았다.

영천을 사수하고 평안북도 희천까지 탈환하느라 최다 전투를 치른 8사단에는 2만 명 가까운 전사자가 발생했다. 전쟁 초반 동두천을 사수한 7사단은 약 1만 5천 명의 전사자가 발생했다. 춘천대첩과 용문산대첩에서 구국의 빛나는 승리를 거둔 6사단에도 1만 5천 명 가까운 전사자가 발생했다. 6·25전쟁 때 가장 치열한 전투로 평가받는 다부동전투를 치른 1사단에는 의외로 약 1만 명의 전사자가 발생했다.

6·25전쟁 시 가장 잘 싸워 한국을 구한 공이 가장 큰 부대는 어디일까? 이는 오랫동안 뜨거운 논쟁의 대상이었다. 특히 1사단을 지휘했던 고 백선엽 장군과 한국전 최고 파이터 6사단 중대장 출신 고 이대용 장군 생전에는 그러했던 것 같다. 두 분이 비록 한 번도 이 문제로 다투시진 않았지만 이 논제는 군사평론가들 사이에도 의견이 갈릴 정도였다.

그러나 두 분이 서거하신 후는 군사평론가들도 더는 눈치를 보지 않는 것 같다. 한국전 수훈 1위는 춘천대첩을 거두고 압록강까지 반격해 올라

갔으며 후에 용문산대첩을 거둔 6사단이라는 과거 다수설이 이젠 정론으로 채택된 것 같다. 2위는 다부동전투 승리로 대구를 사수하고 평양에 선착한 1사단이 되었다.

3위가 통영 탈환과 도솔산전투에서 대승한 해병대이고, 4위가 백골부대 용사들과 후일 명장이 된 한신연대장이 소속되었으며 함경북도 청진까지 반격해 올라간 3사단, 5위가 용장 '타이거' 송요찬 장군의 지휘로 청진까지 반격해 올라간 수도사단이라고 정리되는 분위기이다.

안타깝게도 '최다 전투'를 치러 '최다 전사자'가 발생하고, '영천전투 승리'로 대한민국을 절체절명에서 구출한 후, '평안북도 희천까지 탈환'한 아버지의 8사단은 한국전 수훈(樹勳) 5등 안에 들지 못했다. 몰라주는 군사평론가들이 한편은 섭섭하지만, 산에 올라 아버지와 꽃다운 나이의 전사자들이 생각날 때면 주저 없이 "최다 전투 사단의 최고 용사이셨습니다"라는 헌사를 올린다.

6. 단견의 상징 "하나만 낳아도 삼천리는 초만원"

우리나라는 1983년부터 저출산으로 추락했다. 이는 궁극적으로 국가 성장동력을 저해하고 미래인구 감소를 초래하여 국가경쟁력을 약화시킨다. 부존자원이 부족한 우리나라가 그나마 외국 대비 비교우위에 있는 부분이 인력자원인데 정부와 국회는 이를 무시하고 외면했다. 이는 무능인 동시에 전형적인 단견이다.

심지어 1995년에 출산율 1.63명으로 심각한 수준으로까지 저출산이 심화하여 악화일로를 걷고 있었건만 정부는 "하나만 낳아도 삼천리는 초만원"이라는 말로 국민을 1983년부터 13년간이나 속였다. 이는 저출산 탈출 정책을 수립, 시행해야 함에도, 거꾸로 저출산을 부채질하는 국가 반역적, 국민 기만적 직무유기이고 무능이 아닐 수 없다.

그러나 국회도 정부의 위와 같은 속임에 제동을 걸지 않았다. 정부와 국회의 이와 같은 국민 기만 행위는 범죄이다. 그 죄의 결과가 2002년에 초저출산인 출산율 1.18명으로 추락하여 세계 최악 수준의 초저출산 국가로 전락한 것이다. 세계 최고 속도로 최악의 초저출산으로 추락한 이 국민 기만에 의한 이 재앙은 정부와 국회의 무능과 직무유기에서 기인한 것이다. 이는 국가적 비극이고 국민의 불행이 아닐 수 없다.

세계로부터 한국소멸, 민족소멸의 경고를 받는 이것은 국가의 수치가 아닐 수 없다. 국민이 받아야 할 고통과 그로 인한 불행 또한 이루 말할 수 없이 크다. 그러므로 정부와 국회의 무능과 직무유기 및 국민 기만의 죄는 너무나도 큰 것이 아닐 수 없다.

7. 해병대의 애국심에 경의를 표함

팔이 깨물려도 울지도 않고 고발하지도 않던 그 비범한 일곱 살 꼬마는 어느덧 장성하여 해병대에 자원입대했다. 지금도 그렇지만 그 시절의 해병대는 무척 힘든 곳이었다. 그것은 전통에서 기인한다. 6·25전쟁에서 적 1개 사단이 통영을 점령했다. 통영은 부산이 지척이었는데 전쟁 군수물자의 하역 및 UN군 상륙항인 부산이 공격받는다는 것은 우리 대한민국으로서는 전쟁 수행이 곤란해지는 것을 의미했다.

그러므로 적이 통영을 점령한 것은 대한민국의 존립을 위협하는 것이었다. 더구나 북한군은 기습 선제공격의 이점을 누리고 있던 시점이라 사기마저 높았다. 이에 맞서는 UN군은 낙동강 전선의 서부 전선을 막아내기도 힘겨운 상황이었고, 한국군은 낙동강 전선의 북부 전선을 간신히 막아내고 있었기에 병력 차출은 꿈도 꿀 수 없었다.

그러한 위기 상황에서 해병대가 나선 것이다. 당시에는 해병대가 2개 대대밖에 없을 때였다. 해병대 1개 대대로 전선을 사수하게 하고, 1개 대대를 긴급 전용하여 통영에 기습 상륙시켰다. 그러나 해병대가 아무리 강군이라 해도 1개 대대에 불과했다. 적은 그 16배 정도인 1개 사단이었다.

그러나 우리 해병대는 불가능해 보이는 일을 해냈다. 적 1개 사단을 격파하고 통영을 탈환한 것이다. 그래서 미국의 히긴스 여성 종군기자는 우리 해병대에 '귀신 잡는 해병대'라고 애칭을 붙여 세계에 타전했다. 이와 같은 전통의 구국의 강군인 해병대는 전투력만 센 것이 아니었다. 신체가 건강하여야 하고 무엇보다도 애국심이 투철해야 했다. 애국심이 약해서는 전투 임무를 수행할 수 없기 때문이다.

그런데 해병대에는 또 다른 전통이 있다. '한번 해병은 영원한 해병'이라는 대단한 전통을 가지고 있다. 기수 문화만을 이야기하는 것이 아니다. 애국심을 말하는 것이다. 즉 한번 해병은 대한민국에 영원한 충성심을 가진 애국자들이 되어야 한다는 것을 말한다.

바로 이 애국심이 문제였다. 해병대 출신인 그가 고민했다. 그는 딸 하나만 두고 있었다. 그리고 재정적으로도 누구보다 잘살 수 있는 이재(理財)까지 갖추고 있었다. 그런데 "하나만 낳아도 삼천리는 초만원"이라고 나라가 저렇게 국민에게 통사정하다시피 TV 광고까지 하는데 어찌한단 말인가? 그러나 장손인 그는 부모로부터 대를 이을 아들을 낳아야 한다는 압력을 받고 있었다.

그리고 아내도 아들을 낳아 장손의 아내로서 본분을 다할 자세가 확고했다. 그는 고민했다. 그러나 국가에 대한 충성은, 부모에 대한 효도를 앞선다고 그는 생각했다. 부모를 설득했다. 그리고 아내도 설득하였다. 그리고 그는 마침내 단산이라는 대결단을 내렸다. 그와 해병대의 놀라운 애국심에 경의를 표하지만, 이는 후일 그의 눈에 눈물을 흘리게 하는 심각한 문제를 가져온다.

8. 아름다운 무남독녀 외국 가서 사니, 풍요 속의 적막강산

그는 타고난 이재로 정확한 분석과 사업성 평가를 했다. 무리한 투자나 사업 확장은 하지 않았다. 냉철한 판단을 하였다. 그의 판단은 남보다 앞섰고 또 정확했다. 마침내 그는 사업의 성공을 거두었다. 그리고 안전한 성장을 꾸준하게 지속하였다. 마침내 그는 재력가가 되었다.

학교 총동창회에서도 재정위원장을 맡았다. 그것은 주로 재정후원을 하는 자리이다. 돈이 있고 베푸는 인품이 없이는 맡기 힘들다. 더구나 그는 정치를 하겠다고 그 일을 하는 것이 아니니 더욱 그렇다. 재정위원장은 장차 총동창회장이 되는 요직이다.

그의 무남독녀는 아름답게 자랐다. 설에 여러 사람에게 인사하는데 얼마나 붙임성과 애교가 많은지 놀랐다. 눈치를 보아하니 그는 딸의 그 애교에 넘어간 것 같았다. 해병대 출신이 딸 바보라니 믿기지 않지만 실상이 그러했다. 그의 딸은 결혼했다. 그런데 사위가 다니는 직장으로부터 일본 발령을 받았다. 일본에 딸 가족이 나가 사니 딸을 수시로 만나기는 어렵게 되었다. 그저 화상으로 통화할 뿐이다.

그의 집은 크다. 부자이니 없는 것이 거의 없다. 풍요를 누리고 있다. 그러나 적막강산이다. 저출산인 그때 정부가 솔직하게 "저출산이니 두 명은 낳아야 합니다"라고 말했다면 그는 틀림없이 하나를 더 낳았을 것이다. 그는 5남 1녀 중 맏이이니 확률상 둘째는 아들일 가능성이 컸다.

그러면 지금쯤 손자들을 무릎에 앉혀 놓고 귀여워하고 있을 것이다. 이 얼마나 정부가 국민에게 불행을 안기고 행복을 빼앗는 몹쓸 짓을 한 것인가? 국민만 불행하게 만든 것이 아니라, 나라도 민족도 소멸 위기로 빠뜨리지 않았는가?

물질은 풍요하나 사람이 없다. 풍요 속의 사람 빈곤이다. 아무리 풍부한 과일과 산해진미가 가득하고, 차도 최고급을 타고, 골프를 치고, 여러 곳에 재정 후원을 하지만 쓸쓸하다. 아들도 며느리도 손자들도, 있어야 할 후손이 없는 것이다. 아들 내외와 손자들이 외국에 있는 것이 아니라 아예 없는 것이다. 이 외로움을 어찌할 것인가?

9. 50년 만의 사과, 그리고 불러본 "형"

초등학교 동창회가 있었다. 어릴 적 그 꼬마들의 건재도 보고 싶었다. 그 반가운 얼굴들을 보고 전하고 싶은 말도 하고, 준비한 것도 전달하고 싶었기에 먼 길이지만 가기로 했다. 그 기회에 '해병대' 그의 근황도 보고 싶어 그의 집에 들렀다. 그의 서재 한편에는 각종 술병이 진열된 장이 따로 있었고 골프채들 옆으로는 분재들이 있었다.

소나무 분재는 우리가 어릴 적 오르내리던 산의 계곡 바위틈에서 구한 것이라는 채취 장소와 일시가 기록된 미니 팻말이 보인다. 그의 책상 위에는 딸을 포함한 그들 부부의 가족사진이 있다. 내가 딸은 자주 만나는지 물으니 1년에 한 번 정도 일본에서 나와 다녀가고 주로 화상통화로 만난다고 그의 아내가 말한다.

외손자들 출산 소식은 있는지 물으니 그의 아내가 다소 심각해진다. 저들 부부가 아직 세계여행 목표를 완수하지 못해 아이를 가지지 못한다 했다고 노(?)를 자제하며 말했다. 나는 그들 부부를 달래느라고 애를 먹었다. MZ세대에 대해 설명하고 세태가 그러하니 그들 세대의 생각이 바뀌어야 함과 그를 위해서는 물줄기를 돌려주듯이 사회 분위기를 바꾸어 주어야 함을 역설했다.

그의 초청으로 인근의 웰빙 사우나장에 둘이 갔다. 따뜻한 물속에서 둘은 이런저런 얘기를 하다가 나는 그의 팔을 보고 말했다. 여섯 살 때 내가 그의 팔을 물어 미안하다고 50년 만에 사과했다. 그는 씩 웃으면서 흉터도 없고 그런 걸 뭐 50년씩이나 기억하고 있느냐고 했다. 우리는 서로 마주 보며 웃었다. 파안대소하는 그의 얼굴에 어릴 적 모습이 겹친다.

그는 골프장으로 가고 나는 동창회장으로 가기 위해 작별하려고 손을 잡았다. 그의 눈에는 풍요 속의 사람 빈곤의 외로움이 스며 있었다. 돌아서는 그의 뒷모습이 그렇게 쓸쓸하게 보일 수가 없었다. 나는 그를 불러 세웠다. 나라도 그를 더 가까이해 줘야겠다 생각했다.

나는 그에게 '형'이라고 처음으로 불렀다. 나에게서 형이라는 말을 들은 그는 다소 놀라는 표정이었다. 그러나 곧 웃는 표정을 지었다. 나는 그에게 늘 건강하라고 말했다. 그는 고개를 끄덕였다. 그의 눈가는 촉촉이 젖어 있었다.

제13장

저출산 원인,
왜 아이를 낳지 않나?

1. 경제 불안정

우리나라가 민족소멸직전단계까지 추락하게 된 극초저출산의 원인은 무엇일까? 왜 아이를 낳지 않으려 할까? 이에 대한 원인 분석은 문제 해결을 위해 매우 중요하다. 아이를 낳지 않는 이유에 대해 한국보건사회연구원은 "저출산 · 고령사회 대응 국민 인식 및 욕구 심층 조사"라는 보고서를 냈다.

그 보고서는 아이를 낳지 않으려는 이유에 대해 성인 남녀 2천 명을 대상으로 결혼과 출산에 대한 견해를 설문 조사한 결과를 수록하고 있다. 그 결과는 아래 그림과 같다.[9] 저출산 원인 1위는 경제 불안정, 2위는 과도한 양육 · 교육비, 3위는 여유를 즐기기 위하여, 4위는 주거환경 미비, 5위는 보육 수준 불만, 6위는 바쁜 업무 등으로 나타났다.

저출산 원인, 즉 아이를 낳지 않겠다고 하는 첫 번째 이유는 아래 그림과 같이 '경제 불안정'이다. 경제 불안정은 과도한 경쟁으로 인한 취업 불안에서 비롯된다. 그리고 실직 불안과 그 후 비정규직이 될까 하는 등의 불안이다.

우리나라는 5030클럽의 세계 7대 강국이다. 일본의 뒤를 추격하는 1인당 GDP를 기록하는 나라이다. 그러면 우리의 젊은이들이 아이를 낳을 수 있도록 희망을 줬어야 했다. 정부와 국회는 청년들에게 일자리를

---

9) 보건복지부. 한국보건사회연구원. 공공누리. 사용 허락 2023.1.2.

보장해 주는 전략을 궁리하고 법을 만들어 시행했어야 했다.

〈그림 13-1〉 저출산 원인, 아이를 낳지 않는 이유

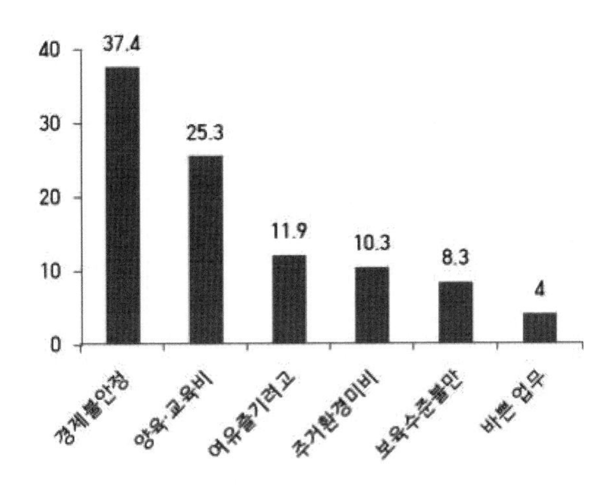

출처: 보건복지부, 한국보건사회연구원(단위: %)

그것을 방치하고 세계 1, 2등 나라로부터 한국의 국가소멸과 민족소멸이라는 치욕스러운 경고를 받게 한 것은 안타까운 일이다. 우리의 젊은이들이 아이를 낳지 않고 나라와 민족이 생존할 수는 없다.

젊은이들은 이 점을 알아주면 좋겠다. 1960년대에는 요즘과는 비교할 수 없게 더 취업하기가 어려운 '경제 불안정' 상황이었다. 취업이 어려운 정도가 아니라 직장 자체가 드물었다. 오죽하면 서독으로 파견하는 광부 500여 명을 선발하는데 사람들이 구름같이 몰려와 100대 1에 가까운 치열한 경쟁률을 기록하였을까?

그런 어려운 시절이었지만 가정과 나라를 위하여 3~6명을 낳았다. 그러므로 경제 불안정으로 아이를 낳지 않는다는 것은 타당한 이유라고 하기는 어려운 점이 있다.

그러나 MZ세대가 '경제 불안정'을 아이 안 낳는 첫째 이유로 거론하니, 정부와 국회는 이에 대한 최상의 전략을 수립하여 우리 젊은이들의 불안을 해소하고 희망을 주는 해결책을 제시해야 한다. 다시는 경제 불안정으로 아이 못 낳겠다는 말이 이 땅에서는 나오지 않게 해야 한다. 세계로부터 한국의 국가소멸 · 민족소멸 경고로 국민을 수치스럽게 만드는 일이 다시는 없도록 해야 한다.

2. 과도한 양육 · 교육비

MZ세대가 아이를 낳지 못하겠다고 하는 두 번째 이유는 '과도한 양육비와 교육비' 때문이다. CNN이 한국의 저출산 이유는 1인당 GDP의 약 8배에 달하는 세계 최고 수준의 양육 · 교육비 때문이라고 분석했음을 TV채널 키즈맘이 2022. 4. 11. 자로 보도했는데, 우리나라의 세계 최고 수준의 치열한 교육열을 고려하면 그 분석은 설득력을 가지고 있으므로 동의하지 않을 수 없다.

과중한 교육비 부담은 경쟁적인 교육 과열에서 비롯되었다. 정부와 국회는 이것을 해소할 정책을 벌써 제시해야 했다. 저출산이 시작된 1983년부터 이미 40년이 경과되었다. 못해도 20~30년 전에는 해결책이 나왔어야 했다. 이 어찌 무능과 직무유기가 아니겠는가? 이제는 젊은이들이 경쟁에 짓눌려 아이 낳을 희망마저 상실하고 있다는 점은 안타깝기 그지없는 일이다.

3. 여유 즐기려고

MZ세대가 아이를 낳지 못하겠다고 하는 세 번째 이유는 '여유를 즐기기 위해서'이다. MZ세대와 특히 그들 중 딩크족[10]은 아이가 있으면 밥 먹여야 하고, 유치원에 보내야 하고, 아프면 병원에 데려가야 하고, 심지어 같이 놀아 주기도 해야 하지 않는가 생각하는 듯하다.

그렇게 하다 보면 해외여행을 마음대로 할 수 없고, 좋아하는 부부 캠핑을 며칠씩 마음대로 할 수도 없고, 장시간 수상스키나 레포츠를 즐길 수도 없다고 생각하는 듯하다. 아이가 도대체 뭔데, 자기들의 취미나 레포츠, 여행까지도 희생해야 한단 말인가? 자기 부부가 여유롭게 살고 행복하게 즐기는 것이 아이를 가지는 것보다 더 중요하다고 생각하기 때문인 것 같다.

---

10) 딩크족 즉 DINK(Double Income, No Kids)族은 의도적으로 아이를 낳지 않는 맞벌이 부부를 가리킨다. 미국에서 탄생한 신조어(新造語)이다.

부모야 아이를 낳는 것이 좋다고 충고하든 말든, 나라야 없어지든 말든, 민족이야 소멸하든 말든, 자기들 부부만 여유로운 시간을 보내고 즐기면 된다는 이런 생각은 극도의 이기주의가 아닐 수 없다. 행복을 제공하는 방파제인 국가와 서비스를 제공하는 민족에 대한 배신이 아닐 수 없다.

목숨을 바쳐 한국의 생존을 가능케 한 호국선열에 대한 모독이자 교만이 아닐 수 없다. 국가와 민족의 존속을 위한 국민으로서의 기본 책무를 저버리니 국민의 자격도 사실은 없다. 이 이기적인 더러운 물줄기는 바뀌어야 한다. 자기들밖에 모르는 이 추한 사회 분위기는 바뀌어야 한다.

대통령은 국가 수호 및 국가 존속의 의무를 지고 있다. 국가소멸, 민족소멸을 막아야 할 헌법상 의무를 지고 있다. 국가원수 겸 최고 리더로서 이 더럽고 추한 물줄기를 바꾸어야만 한다. 우리나라는 이미 소중한 40년을 잃어버렸다. 특히 2017. 1.~2021. 12.의 골든타임 5년을 날려 버렸다.

그 5년은 초저출산을 탈출해야 하는 대한민국으로서는 기사회생할 수 있는 생명 같은 시간이었다. 하지만 초저출산을 탈출하기는커녕, 오히려 극초저출산과 인구소멸직전단계로 세계 최악 상태로 추락했다. 국가생존, 민족생존을 위해서는 지혜를 구하고, 특단의 전략을 구해야 했었다.

4. 주거환경 미비

아이를 낳지 않는 네 번째 이유는 '주거환경이 미비'하기 때문이라고 MZ세대는 말하고 있다. 통계청이 조사한 바에 의하면 주택 유무는 출산에 큰 요인으로 작용했다. "자녀가 없는 비율은 무주택 부부가 약 47%이고, 유주택 부부는 약 37%에 불과했다"라고 아시아경제신문은 2020.12.12. 자로 보도했는데, 그럴 것이라고 동의할 수밖에 없다. 그 이유는 우리 주변에서 젊은이들로부터 집 문제 해결 없이 애 낳기 힘들다는 얘기를 흔히 듣기 때문이다.

우리의 젊은이들이 베이비붐세대나 X세대와 견해가 다른 것을 탓할 수만은 없다. 정책으로 벌써 해결해 줬어야 했다. MZ세대가 집이 없어서 아이를 낳지 못한다는 이 비극을 정부와 국회는 유의해야 한다. 신혼부부에게 아이를 둘 이상 낳으면 국가가 아파트나 주택을 준다는 희망을 주어야 한다. 그것을 위한 재원 확보책을 강구하고 전략을 수립해야 한다.

5. 보육 수준 불만

MZ세대가 아이를 낳지 못하겠다고 하는 다섯 번째 이유는 "보육시설이나 보육 서비스 수준이 마음에 들지 않아서"라고 한다. 아이 돌봄 '시설'이 만족스럽지 않다거나, 아이 돌봄 '서비스'가 만족스럽지 않다는 것은 여러 곳과의 비교를 전제로 한 상대적인 개념이다.

시설과 서비스를 세계 최고급 수준으로 높이고, 전국이 모두 균등하게 하여 비교 열위를 없애면 그런 불만도 사라질 것이다. 정부와 국회는 우리의 젊은이들의 불만을 경청하여 그 불만을 제거해 줌으로써 안심하고 아이를 낳을 수 있게 해 주어야 한다. 그리하여 국가소멸·민족소멸을 막아야 한다.

6. 바쁜 업무

우리의 젊은이들이 아이를 못 낳겠다고 하는 저출산 원인 여섯 번째는 '일이 바빠서'이다. 젊은 여성들을 향한 우리의 문화를 바꿔 줘야 한다. 아이를 낳고 복직하려면 자리가 없어졌다거나, 전보다 못한 곳으로 배치한다거나, 은연중에 아이를 가지면 퇴사하라는 식의 압력이 가해지는 그런 문화는 철저히 혁파되어야 한다. 아이를 낳는 것을 귀한 일로 여겨 잘 대접하는 그런 문화의 정립이 시급하다.

맞벌이의 경우 육아와 집안일을 남편이 공평히 분담하는 문화의 정립이 시급하다. 실질적으로 남녀평등이 이루어져야 한다. 남편의 가사 분담 시간을 아내와 대등하게 높여야 한다. 늦었지만 즉각 개선해야 한다.

맞벌이하는 젊은 여성들이 가사에까지 시달리기에 아이를 못 낳겠다고 하는 일은 우리 주변에 비일비재하다.

한경닷컴은 OECD가 발표한 한국의 남성 가사 분담 시간은 세계 최악의 단시간이라고 2014.3.9. 자로 보도했는데, 상당 기간 전 보도이기는 하나 동의가 가는 부분이 있다. 유교적 잔재가 아직도 남아 있을 것이기 때문이다. 그러나 희망적인 것은 과거와는 달리 우리 주변의 현재 젊은 이들은 남편이 아내 못지않게 가사에 헌신하고 있다는 점이다.

일이 바빠서 아이를 낳지 못하겠다는 이 비극은 사회와 남편의 적극 참여로 문화를 바꿈으로 종결지을 수 있다. 맞벌이 부부의 경우는 육아와 집안일의 가사 분담 시간을 부부간에 대등하게 해야 한다. 부부가 반반씩 시간을 투입하여 가사와 육아를 분담하는 것이다. 그리하여 실질적인 남녀평등을 이루는 것이다.

선진국 수준으로 위와 같은 것들이 개선 정착되어 문화가 바뀌기까지는 정부와 국회의 적극적인 교육과 입법 등이 부단히 지속되어야 한다. 육아휴직 제도도 남성 육아휴직을 의무화해 실질적인 남녀평등을 기하여야 한다. 국가는 어린이집을 반일반, 종일반으로 운영할 것이 아니라, 3부제로 24시간 가동하여 야간근무 맞벌이 부부에게도 불편이 없도록 혁신해야 한다.

베이비시터(아이돌보미) 비용만 월 400만 원인데 100만 원을 국가가 준다고 아이를 낳을 수 없다는 불만도, 모든 아이를 국가가 어린이집에서 맡아 돌봄으로써 근본적으로 해결해야 한다. 그리하여 다시는 아이를 못 낳겠다는 말이 전국 어디에서도 나오지 않게 선진 정책을 펼쳐야 한다. 그것이 국가의 존재 이유이다.

한국경제신문은 이성용 한국인구학회장이 자녀는 경제적 이해관계로 환산될 수 있는 존재가 아니며 아이를 낳음으로써 얻을 수 있는 기쁨이 무시되지 않아야 한다는 인터뷰 기사를 2022.10.9. 자로 보도했는데, 사회적 분위기가 이와 같이 변화되지 않으면 우리나라의 출산율 제고도 힘들 것이기에 그 주장에 깊이 공감한다.

우리의 젊은이들이 그러한 가치관을 회복하고, 아이 낳는 기쁨이 무시되지 않도록, 정부와 국회는 정책을 입안하고 법제화하여야 한다. 그리하여 비혼 풍토도 일소하고, 출산율도 안전권으로 높여야 한다. 이것은 국가생존의 문제이므로 정부와 국회는 이의 실현을 위해 역량을 모아야 한다.

제14장

한국생존전략 1.
망국방지세 부과,
마지막 골든타임 5년 살려야

1. 33세부터 비혼 무자녀 시 망국방지세 부과, 마지막 골든타임 5년 기필코 살려야

심근경색 환자는 발병 시 심장 정지가 되기 전에 골든타임 40분 내 병원에 가서 심장혈관 수술을 받아야 살 수 있다. 문제는 이 골든타임 40분 안에 병원에 도착할 수 있느냐는 것과 전문의를 만나 치료를 받을 수 있느냐는 것이다. 골든타임 안에 치료를 받으면 살고, 못 받으면 죽는다.

한겨레신문은 한양대학교 전영수 교수가 한국은 앞으로 5년이 인구혁신을 위한 마지막 골든타임이라고 강조하는 인터뷰 기사를 2022.8.29.자로 보도했는데, 지방소멸의 참담한 상황과 노력에도 불구하고 출산율은 오히려 0.75명으로 격감하는 현실을 고려하면 그 강조 내용을 부인하기는 어렵다고 생각된다.

통탄스럽게도, 대한민국은 이미 2017.1.~2021.12.의 골든타임 5년을 날려 버렸다. 우리에게는 이제 마지막으로 5년의 골든타임이 남아 있을 뿐이다. 2022.1.~2026.12.까지의 그 마지막 골든타임 5년은 기필코 살려야만 한다. 그 5년 안에 우리는 대한민국이 생존하도록 대전환을 시켜야만 한다.

그것은 비상한 방법이 아니면 안 된다. 380조 원을 투입하고도 정책들이 실패했기 때문이다. 특단 정책 없이 한국생존은 없다. 정책의 목표는 젊은이들이 "대한민국은 내가 살아갈 희망이 있다. 조국이 나에게 이렇게까지 해 주니 이제는 안심하고 아이 두셋을 낳겠다"고 말하는 것이 되어야 한다. 이 목표를 달성하기 위해서는 우리의 젊은이들이 원하는 다음의 5대 요구사항을 먼저 다 들어주어야 한다.

1) 청년들을 취업시켜 경제 불안정 문제를 해결해 준다.
2) 과도한 양육비 · 교육비 문제를 해결해 준다.
3) 절망을 주는 주택 문제를 해결해 준다.
4) 보육 수준을 높이고 보육 불평등을 해소해 준다.
5) 바빠서 애 못 낳겠다는 것은 문화 변경으로 해결해 준다.

이상의 것들은 국가생존과 기업생존을 위해 너무나 중요하기에 각각 장을 달리하여 세부 전략을 각론으로 다루기로 한다. 위의 사항 중 5번 항목은 13장에서 이미 세부 전략을 제시한 바 있다. 중요한 것은 우리의 젊은이들이 '아이 낳을 희망'을 갖는 것이다. 경제 불안정으로 인한 치열한 경쟁이 주는 스트레스를 없애 주어야 한다.

과도한 양육비와 교육비 문제도 해결해 주어야 한다. 그리고 주택 문제도 해결해 주어야 한다. 위의 5개 사항 중 가장 중요한 3대 문제를 집중적으로 해결해 주면서 나머지 추가 2개 문제도 아울러 해결해 주어, 우리의 젊은이들에게 아이를 낳고 양육할 수 있다는 희망을 주어야 한다.

그런 연후에 국가는 국가생존을 위해 젊은이들에게 아이 두셋 낳기를 요구한다. 막대한 예산을 투입하여 젊은이들의 위의 5대 요구사항을 해결해 주었는데도 아이를 낳지 않는다면 이는 권리와 혜택만 누리고 의무는 이행하지 않는 것이다.

국가의 국방과 치안의 보호를 받아 행복하고, 교육과 의료 혜택을 누리고, SNS 인프라 구축으로 세계 초일류의 삶을 누리게 해 줬고, 거기다가 아이 안 낳겠다는 5대 불만 사항까지 막대한 국민 세금을 투입하여 해결해 줬는데도, 국가생존을 위해 아이를 낳는 국민의 최소한의 기본 책무조차 이행하지 않는다면 이는 소위 '먹튀'가 아닐 수 없다.

그것은 또한 행복을 제공하는 방파제인 국가와 서비스를 제공하는 민족에 대한 배신이 아닐 수 없다. 목숨을 바쳐 한국의 생존을 가능케 한 호국선열에 대한 모독이자 교만이 아닐 수 없다. 국가와 민족의 존속을 위한 국민으로서의 최소한의 기본 책무조차 저버리니 국민의 자격도 사실은 없다. 국가는 이러한 불상사가 발생하지 않도록 해야 한다.

젊은이들이 아이 두셋을 낳는 것을 이행하도록 조치해야 한다. 국가가 직장까지도 잡아 주었고, 집도 주고, 사교육비 문제도 해결해 주고, 그 외에도 각종 혜택을 추가로 주었음에도, 국가와 사회의 각종 편익만 무임승차하여 이용하는 경우엔 국가가 부득이 조치해야 한다.

이들은 국가 존속을 위해 아이를 낳는 국민의 가장 기본적인 책무조차 이행하지 않는 사람들이다. 33세가 되어도 결혼하지 않는 남녀나 33세~59세 부부 중 딩크족 등 아이를 낳지 않는 부부에게는, 아래의 표와 같이 망국 방지를 위해 소득의 70%를 과세하는 망국방지세(=민족소멸방지세)를 부과해야 한다. (부부 중 한 명이 60세 이상이면 부과 대상에서 제외한다. 아이를 낳을 수 없는 경우 등에는 형제의 자녀를 입양하거나 우리 민족 중에서 입양할 시 출산한 것으로 인정한다)

〈표 14-1〉 망국방지세

세금 명칭	부과 대상	세금액
망국방지세 (민족소멸방지세)	① 33세 이상 비혼 남녀 ② 33세~59세 부부 중 딩크족 등 아이를 낳지 않는 부부	소득의 70%

특단 정책 없이 한국생존 없다. 우유부단과 유약함, 무능은 망국의 지름길이다. 그 길은 망국 대역죄인 고종(高宗)과 그의 정부가 갔던 길이다. 망국방지세 시행 없이는 다른 어떤 정책을 시행해도 밑 빠진 독처럼 실패할 것으로 예견된다. 망국방지세는 현 국난을 극복할 유일한 해결책이다. 망국방지세의 시행 없이는 어떤 정책도 실패할 것이라는 데는 다음과 같은 대표적인 6대 근거가 있다.

망국방지세가 국난 극복 유일 해결책인 6대 근거

① 저출산 극복을 위해 380조 원을 투입하고도 일반 정책들은 모두 실패하였다.

② 이러한 특단 정책을 시행하지 않는 세계 모든 저출산국들이 국

가적 노력에도 불구하고 한결같이 모두 저출산 탈출을 실패하였다.

③ 망국방지세를 시행하지 않고, 아무런 법적 제재도 하지 않으며, 아이를 더 낳자고 말로 '권하기만' 하던 우리나라는 급기야 출산율이 0.8명에서 2022년 2분기 0.75명으로 더 떨어져 세계 최악의 수렁에 더 깊이 빠졌고, 극초저출산으로 국가가 소멸한다 해도 들은 척도 않고 아이를 낳지 않는 극도로 이기적인 망국적 사회 풍조는 더욱 악화하고 말았다.

④ 중국도 이러한 법 시행 없이 2016년 '1가구 2자녀 정책'을 도입하여 젊은이들에게 '권하기만' 했으나, 결국 실패하고 인구 감소를 막지 못했다. 그들은 부득이 2021년에 '1가구 3자녀 정책'을 도입하여 또다시 '권하나' 실패할 수밖에 없다는 것은 그들 국민과 그들 스스로도 알 것이다.

⑤ 우리나라 미혼남녀의 비혼 긍정률은 약 80%나 된다. 정부와 국회가 망국방지세를 시행하지 않고 수수방관하니, 급기야 젊은이 중에는 비혼 축하금을 받고 결혼하지 않는 것을 유행의 최첨단을 걷는 멋쟁이로 착각하는 망국병마저 생겨나고 말았다.

⑥ 나라야 망하든 말든, 민족이야 소멸하든 말든, 부모야 아이를 낳으라고 하든 말든, '아이를 낳지 않기로 합의'하고 결혼한 자

들이 딩크족이다. 우리나라 미혼남녀 중 딩크족 계획을 가진 이들이 절반에 육박한다. 이 어찌 망국병이 아니겠는가? 잃어버린 40년 때처럼, 정부와 국회가 직무를 유기하면 한국소멸을 향한 이 더러운 망국병은 심화하고 말 것이다.

그러므로 이 망국방지세는 세계 최악의 극초저출산 상황인 한국을 소멸에서 구출하여 살리는 '필수 불가결한' 특단 정책이다. 이는 한국을 소생시켜 세계적 강국이 될 인구를 확보하는 지름길이다. 한국생존과 기업생존을 위한 '기사회생의 수'이다. 한강의 기적보다 더 귀한 '인구소멸의 재앙을 탈출하는 한국생존'의 기적을 가져오는 비상 전략이다.

한국생존·민족생존은 그 어떤 국정과제보다 중요하다. 국가원수 겸 최고 리더인 대통령은 국가 수호 및 국가 존속의 의무를 지고 있다. 국가소멸, 민족소멸을 막아야 할 헌법상 의무를 지고 있다. 긴급명령권을 발동하고 망국방지세를 시행해야 한다.

대통령이 발의한 법에 방해를 가하고 그것의 시행을 저해하는 불순세력은 그 누구를 막론하고 한국소멸·민족소멸·기업소멸을 부르는 국가반역범과 민족 반역범으로 엄단해야 한다. 만일 다수당이 수의 우세를 믿고 한국생존과 기업생존의 이 길을 방해하고 발목을 잡는다면, 그런 국회는 존재할 필요가 없다. 국민의 이름으로 해산시켜야 한다.

2. 37세부터 2자녀 미달 시 망국방지세 부과, 특단 정책 없이 국가생존 없다

국가의 국방과 치안의 보호를 받아 행복하고, 교육과 의료 혜택을 누리고, SNS 인프라 구축으로 세계 초일류의 삶을 누리게 해 줬고, 거기다가 아이 안 낳겠다는 5대 불만 사항까지 막대한 국민 세금을 투입하여 해결해 줬는데도, 국가생존을 위해 아이를 낳는 국민의 최소한의 기본 책무조차 이행하지 않는다면 이는 소위 '먹튀'가 아닐 수 없다.

국가가 직장까지도 잡아 주었고, 집도 주고, 사교육비 문제도 해결해 주고, 그 외에도 각종 혜택을 추가로 주었음에도, 국가와 사회의 각종 편익만 무임승차하여 이용하는 경우 국가는 부득이 조치해야 한다. 국가와 민족의 존속을 위한 국민으로서의 최소한의 기본 책무조차 저버리니 국민의 자격도 사실은 없다.

이들은 국가 존속을 위해 아이를 낳는 국민의 가장 기본적인 책무조차 이행하지 않는 사람들이다. 아래 표와 같이 비혼 남녀나 37세~59세 부부 중 딩크족 등 아이를 낳지 않는 부부에게는 망국 방지를 위해 소득의 70%를 망국방지세로 부과해야 한다. 그리고 37세 이상임에도 아이를 1명밖에 낳지 않는 이들에게는 망국 방지를 위해 소득의 35%를 망국방지세로 부과해야 한다. (부부 중 한 명이 60세 이상이면 부과 대상에서 제외한다. 아이를 낳을 수 없는 경우 등에는 형제의 자녀를 입양하거나 우리 민족 중에서 입양할 시 출산한 것으로 인정한다)

〈표 14-2〉 망국방지세

세금 명칭	부과 대상	세금액
망국방지세 (민족소멸 방지세)	37세 이상임에도 1자녀 부부	소득의 35%
	① 37세 이상 비혼 남녀 ② 37세~59세 부부 중 딩크족 등 아이를 낳지 않는 부부	소득의 70%

특단 정책 없이 한국생존 없다. 우유부단과 유약함, 무능은 망국의 지름길이다. 그 길은 망국 대역죄인 고종(高宗)과 그의 정부가 갔던 길이다. 망국방지세 시행 없이 다른 어떤 정책을 시행해도 밑 빠진 독처럼 실패할 것으로 예견된다. 망국방지세는 현 국난을 극복할 유일한 해결책이다.

한국생존·민족생존은 그 어떤 국정과제보다 중요하다. 국가원수 겸 리더인 대통령은 국가 수호 및 국가 존속의 의무를 지고 있다. 국가소멸, 민족소멸을 막아야 할 헌법상 의무를 지고 있다. 긴급명령권을 발동하고 망국방지세를 시행해야 한다.

대통령이 발의한 법에 방해를 가하고 그것의 시행을 저해하는 불순세력은 그 누구를 막론하고 한국소멸·민족소멸·기업소멸을 부르는 국가 반역범과 민족 반역범으로 엄단해야 한다. 만일 다수당이 수의 우세를 믿고 한국생존과 기업생존의 이 길을 방해하고 발목을 잡는다면, 그런 국회는 존재할 필요가 없다. 국민의 이름으로 해산시켜야 한다.

3. 한국 출산율 2.2~2.9명 목표 달성 시 새 역사 창조 가능

우리나라는 저출산으로 40년을 잃어버렸다. 인구 감소는 이미 시작되었다. 외국에서조차 한국의 국가소멸·민족소멸을 경고하고 있다. 우리나라는 생존해야 한다. 그것도 인구를 회복시키고 세계 강국으로 존속해야 한다. 왜냐하면 우리 주변에는 중국, 러시아, 일본 등 강국이 우리 강토를 수천 년간 노려오고 있기 때문이다.

이러한 것을 다 고려하여 우리나라가 목표로 삼아야 할 출산율은 2.2~2.9명이 되어야 함을 1개 장을 할애하여 11장에서 논증한 바 있다. 왜 출산율 목표가 2.2~2.9명의 안전출산율이 되어야 하는지 이유를 요약해 보면 다음과 같다.

1) 인구 증가가 가능하여 인구 감소를 종식할 수 있다.
2) 동생도 누나도 사촌도 있어 사람 사는 맛이 난다.
3) 수요·공급 증가로 기업들을 살리며, 고용을 확대함으로 경제성장과 세수 확대가 가능하여 국방, 치안, 교육, 의료, SNS 인프라, 복지 등의 확대가 가능하다.
4) 잃어버린 40년의 인구 감소를 만회할 수 있다.
5) 생육하고 번성하라시는 하나님의 말씀에 순종하므로 위의 복 외에도 추가적인 축복을 더 받을 수 있다.

출산율 목표 2.2~2.9명이 달성되면 새 역사를 창조할 수 있다는 것은 다음과 같은 추가적인 두 가지 큰 축복을 더 받을 수 있다는 의미도 포함된다.

첫째는 세계 7대 강국에서 탈락하지 않고 세계 2대 강국까지 될 수 있다. 우리나라는 현재 5030클럽 회원국으로서 세계 7대 강국이다. 인구가 감소하여 5천만 명 미만이 되면 5030클럽에서 탈락한다. 그러나 인구가 증가하면 회원국 자격이 유지된다.

그리고 인구가 증가하여 북한을 자유민주 통일을 시켜 남북한 1억 1천만 명이 되게 한다. 그런 후 우리 조상의 땅 만주에 있는 고구려 지배층 5%가 끌려가고 남은 95%의 유민의 후손인 우리 동족을 포함한 약 1억 명을 자유민주의 품 안으로 흡수 통일한다. 그러면 2억 1천만 명이 된다.

그때는 자유민주 국가 모임인 5030클럽에서 미국 다음의 세계 2대 강국 겸 세계 2대 원조국이 되어 세계 열방을 구제하며 자유와 진리 가운데로 선도할 수 있다. 저들 우리의 동족들은 자유민주의 공기를 숨 쉬며 세계 2대 원조국으로서 긍지를 가지고 인간답게 살며 얼마나 행복해할 것인가? 보람찬 삶이 될 것이다.

둘째는 일본 경제를 추월할 수 있다. 일본의 인구는 1억 3천만 명 정도이다. 현재 시점에서 남북한이 자유민주 통일이 되면 7800만 명이다. 출산율 2.9명으로 인구를 1억 1천만 명으로 증가시키고 경제와 과학 및 국방력을 강화시킨다.

그런 후 국제 정세를 유리하게 조성하고, 우리도 외교력과 기개 및 리더십을 겸비하고 하나님을 경외하는 '진정한 정치가'를 배출하여 민족의 뜻을 모아 만주의 동족들 1억 명도 자유민주의 품 안으로 구출하여 대통일을 달성하면 2억 1천만 명이 된다.

그리고 수요·공급 증가로 기업들이 살아나 경쟁력을 가져, 일본과의 선의의 경쟁에서 승리하도록 국가 최고 리더는 정부와 국회 및 언론과 국민을 결집하여 국가적 역량을 모은다. 그리하면 우리나라는 세계 2대 강국이 되어 자연스럽게 일본 경제를 추월하게 될 것이다.

4. 과다세 · 야만세 부과: 5자녀 시 과다세, 6자녀 이상 시 야만세(걷은 후 자녀보호금 별도 지불)

국민의 조세부담을 경감시키고 인구폭발을 방지하며, 아이를 과도하게 많이 낳는 것을 억제하기 위하여 과다세와 야만세를 부과한다. 그 구체적 세율과 조세 명칭은 다음과 같이 시행함이 바람직하다.

과다세는 부모가 자녀를 5명을 낳은 경우에 소득의 20%를 부과한다. 이는 자녀를 2~3명만 낳는 부모에게 위화감을 조성하고, 인구과잉으로 국가와 사회에 부담을 주기 때문이다. 또한 슬램화를 예방할 목적도 가지고 있다.

〈표 14-3〉 과다세 · 야만세 세율

조세 명칭	자녀 수	세율
과다세	5명	소득의 20%
야만세	6명	소득의 30%
	7명	소득의 40%
	8명	소득의 50%
	9명	소득의 60%
	10명 이상	소득의 70%

과다세는 부모가 자녀를 5명을 낳은 경우에 소득의 20%를 부과한다. 이는 자녀를 2~3명만 낳는 부모에게 위화감을 조성하고, 인구과잉으로 국가와 사회에 부담을 주기 때문이다. 또한 슬램화를 예방할 목적도 가지고 있다.

야만세는 부모가 자녀를 6~10명 이상 낳아 슬램화 등 국가와 사회에 부담을 주는 것을 방지하기 위하여 부과한다. 자녀를 6명 낳은 경우는 30%, 7명은 40%, 8명은 50%, 9명은 60%, 10명 이상을 낳은 경우는 70%를 부과한다.

법에도 눈물이 있다. 비록 부모가 능력도 부족하면서 아이들만 많이 낳았지만, 국가는 그들의 자녀를 보호하기 위하여 납부한 세금의 거의 대부분을 자녀보호금으로 지불하여, 국가가 얼마나 그들 자녀를 사랑하는지를 보여 줘야 한다. 자녀 보호를 위해 국가는 과다세와 야만세 납부자에 한하여 납부 7일 후 자녀보호금을 지불한다. 자녀보호금의 금액은 아래의 표와 같이 함이 바람직하다.

〈표 14-4〉 자녀보호금 지불 대상 및 지불 금액

지불금 명칭	자녀 수	지불 금액
자녀보호금	5명	소득의 14%
	6명	소득의 25%
	7명	소득의 36%
	8명	소득의 46%
	9명	소득의 56%
	10명 이상	소득의 66%

5. 망국방지세, 1~3자녀 가정 양육비로 사용 (4자녀 이상은 개인 부담)

망국방지세는 1~3자녀 가정의 양육비로 사용해야 한다. 양육비는 구체적으로 양육비, 교육비, 영양급식비, SNS비, 의료비, 학비, 용돈 등을 다 포괄하는 개념이다. 자녀가 4명 이상인 경우 4명째부터는 개인이 양육비를 부담한다. 그것은 국민 간의 불평등을 제거하고 국민 단결을 고양하기 위함이다.

이 모든 노력의 결과로 국가는 인구 증가로 튼튼해져 세계 2대 원조국이 되고, 국민은 긍지를 가지고 북한과 만주의 동족을 자유민주의 품 안으로 포용한다. 그들을 자유와 인권의 날개 아래에서 보호하여 지금까지의 눈물을 씻겨 주며 인간답게, 행복하게 살도록 안아 준다.

우리 민족은 하나님을 사랑함으로 보우하심을 입어 북한과 만주의 동족과 자유민주 통일로 민족 대통합을 이루고, 하나님을 경외하는 나라로서 세계 2대 원조국 겸 세계 2대 강국이 되어, 세계 열방을 구제하고 자유와 진리 가운데로 선도하는 나라가 되어야 한다. 그것은 하나님의 보호하심을 입으면 가능하다. 그 은혜는 우리가 하나님을 사랑하고 경외하면 반드시 주신다.

제15장

한국생존전략 2.
청년취업 보장

1. 청년취업 보장
- 청년에게 희망을, 경제 불안정 제거

직장이 없으면 '3포'만이 아니라 '5포'도, '7포'도 하게 된다. 연애·결혼·출산 포기의 3포만이 아니라, 주택·인간관계 포기가 더해진 5포를 넘어, 꿈·희망 포기의 7포도 하게 된다. 우리의 젊은이들을 이 포기의 절망에서 구출해야 한다. 직장을 구해 줘야 한다. 그러려면 기업이 국내에서 버틸 수 있게 해 줘야 한다.

한미동맹 해체, 미군 철수, 보안법 폐지 등을 주장하는 '정치노조'가 기업이 국내에서 버틸 수 없게 불법점거 파업을 하는 등 기업환경을 악화시키고, 기업 매도적인 '김일성주의자 정치꾼'들이 기업인들을 마치 타도의 대상이나 되듯이 매도한다면, 그런 나라는 복을 차 버리는 도태국이 될 것이다. 그런 나라의 젊은이들은 실업자와 항간의 'N포세대'[11] 혹은 '완포세대', '전포세대'가 되어 절망을 씹을 수밖에 없다.

국내 기업을 외국으로 실질적으로 쫓아내지 않고, 나가 있는 기업조차 다시 불러들여야 한다. 그래야 젊은이들에게 줄 일자리가 차고 넘치게 된다. 세계 슈퍼파워 미국조차 대통령이 직접 나서 이 일을 한다. 이것이 수요공급법칙인데 김일성주의자 정치꾼들에 의해 우리나라는 과학

11) N포세대: N가지를 포기한 세대, 완포세대: 완전 포기 세대, 전포세대: 전부 포기 세대를 뜻하는 비통한 청년들이 자조적으로 만든 용어. 청년실업 등 암울한 현실을 해소해 주어, 이런 비통한 용어가 속히 자취를 감추게, 청년들에게 힘과 희망을 주는 정책을 펴는 '진정한 정치'를 해야 한다.

인 이 경제법칙조차 무시된 시기가 있었음을 부인하기 어렵다.

젊은이들에게 희망을 줘야 한다. 그 첫 번째가 직장을 구해 주는 일이다. 젊은이들이 직장이 있어야 연애도 하고, 결혼도 하고, 출산도 할 것이기 때문이다. 그러므로 이 일은 정부의 최대 업무 중 하나이다. 출산이 없어 국가소멸·기업소멸이 되면 국가도 정부도 존재할 수 없다.

대학교나 고등학교의 졸업식을 하기 전에 직장을 구해 줘야 한다. 고시 합격자나 의사 등 전문직 진출자와 기업체로부터 이미 채용이 확정된 사람들은 제외하고, 정부는 졸업 대상자 전원을 면담하고 이들의 취업 희망을 파악하여 인력 요청 기업체에 취업하도록 해 줘야 한다. 정규직으로 취업한다. 취업하면 불법파업에 가담하지 않는 한 해고를 하지 못한다. 이로써 경제 불안정을 완전 해소시킨다.

그리하여 우리의 전체 젊은이를 모두 취업시켜, 졸업과 동시에 직장생활의 활기찬 발걸음을 내딛게 해 줘야 한다. 이것이 선진정부가 할 일이고 극초저출산으로 인한 국가소멸·민족소멸로부터 한국을 구하는 일이다. 정부의 존재 이유이다.

일자리가 없으면 어떻게 하느냐고 묻지 말고 정부는 일자리를 만들어야 한다. 외국으로 탈출한 우리 기업들을 불러들이는 전략을 고안해 내야 한다. 바이오, 인공지능, 에너지, 항공우주 등의 산업에서 대한민국의 미래를 먹여 살릴 '미래먹거리산업'을 속히 개발해야 한다.

방위산업 분야에서도 세계 200개국에 수출할 K9이나 연습용 전투기 혹은 수출용 원자력발전설비 제조 거대 공장 등을 만들어 가동시켜야 한다. 그리하여 우리의 청년들을 전원 취업시킬 수 있는 일터를 마련해야 한다. 이런 것이 위대한 '진정한 정치가' '국보급 기업인'이 할 일이다. 우리 역사에서 박정희 대통령, 이병철 회장, 정주영 회장 같은 분들이 하신 일이다.

반도체와 같은 '국민을 먹여 살릴 세계적 전략산업'을 정부는 끊임없이 개발해 내야 한다. 그것이 '진정한 정치'이다. 50여 년째 그런 전략산업을 개발해 내지 못하고, 대만에 밀리고 중국에 추월당하며, 북한을 자유통일하지 못한 것은 전략 부족이고 간절함의 부족 때문이다.

졸업 후에도 도서관이나 원룸 등에 잔류하는 공무원 시험 재수생과 일류기업 재수생 등은 법으로 금한다. 국가적 손실이자, 가정의 불행이고, 정신건강에도 좋지 않기 때문이다. 이제 취업이 되고 안정적인 근무가 보장된 우리 젊은이들의 눈에는 희망과 생기가 넘칠 것이다.

별도의 몇 개 장을 할애하여 설명 예정인, 정부가 집도 주고, 과외도 사라지게 하여 자녀의 사교육비 부담도 없어진 사회의 일원이 되었기에 그들의 발걸음은 가볍다. 이제는 정부가 젊은이들의 5대 요구사항을 모두 들어줬기에, 젊은이들은 기쁜 마음으로 국가 존속을 위한 국민의 책무인 아이 두셋 낳기를 이행할 것이다. 국민은 그들을 따뜻한 시선으로 축복할 것이다.

2. 청년취업 진입장벽 제거 - 귀족세습노조 타파

우리 젊은이들이 취업을 하지 못하여 겪는 좌절은 말할 수 없을 정도로 크다. 많은 것을 포기해야 하니 꿈도 사라진다. 현실이 이러하건만, 일부에서는 전혀 다른 세상처럼 사는 이들이 있다. 바로 귀족세습노조원들의 자녀들이다.

한국경제신문은 '현대판 음서제'라고도 불리는 제도를 시행하고 있는 회사가 우리나라에 300곳 이상이며 취업 면접 시 노조 추천자를 뽑고 퇴직자 자녀를 특채하는 등 '귀족노조 자녀가 진짜 금수저'라고 2017.3.2. 자로 보도했는데, 이러한 진입장벽은 우리 사회가 요구하는 공정과는 거리가 멀기에 있어서는 안 될 일이나 우리나라 대표급 경제지의 사실 보도이니 그 진실성을 부인할 수는 없다고 생각된다.

정부는 청년의 미래를 짓밟는 고용세습의 폐단인 '진짜 적폐'를 철저히 근절해야 한다. 청년에게 취업의 장애물을 제거하여 절망을 벗어버리고 희망을 주는 것은 공정이라는 헌법적 가치를 구현하는 정의라 할 것이다. 젊은이들이 취업을 못 하여 좌절을 맛보고 희망을 포기하는 일이 다시는 없도록 정부는 분발하여야 한다. 국회는 우리 사회의 공정을 담보할 공정채용법을 조속히 입법하여야 한다.

3. 실직 불안 제거, 재취업 무한 보장 (자녀들 19세 될 때까지)

젊은이들의 경제 불안정 요인 중 가장 큰 것 가운데 하나는 실직에 대한 불안이다. 그 불안을 해소해 줘야만 한다. 고용노동부가 발표한 우리나라 근로자들의 평균 근속년수는 아래 그림과 같다. 평균 근속년수는 2017년에는 6.3년이었으나, 해마다 늘어나 2021년에는 7.0년으로 늘어났다. 근속년수가 늘어나는 것은 안전성 면에서도 바람직하다.

그러나 다니던 회사가 망하거나 근무환경이 열악하게 변하여 이직이 불가피할 경우는 새로이 취업해야 한다. 그 두려움이 크기에 젊은이들에게는 큰 고통으로 다가온다. 이러한 불안을 제거해 줘야 우리의 젊은이들이 자녀들을 잘 낳거나, 낳은 자녀들을 19세까지 잘 양육하여 성인이 되게 할 것이다.

〈그림 15-1〉 우리나라 근로자 평균 근속년수

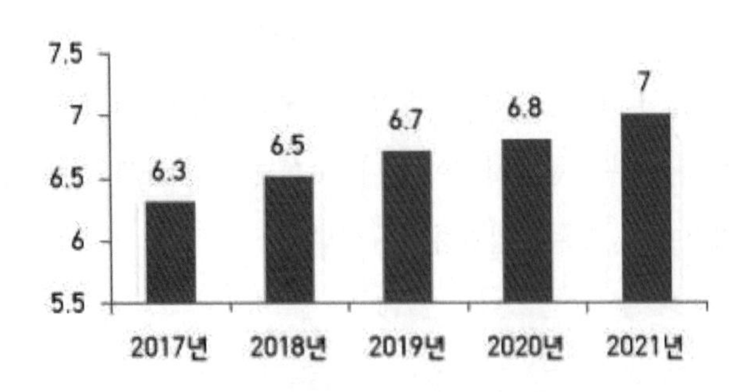

출처: 고용노동부, '고용형태별근로실태조사' 이용(단위: 년)

그러므로 정부는 우리 젊은이들이 실직하면 그들의 자녀가 성인인 19세가 될 때까지는 재취업을 무한 보장해 줘야 한다. 그것이 우리나라가 안고 있는 극초저출산의 문제를 해결하고 국가소멸·기업소멸을 막을 수 있는 길이기에, 정부는 사명과 보람을 가지고 이 일을 잘 감당해야 한다.

4. 비정규직 불안 제거

우리 젊은이들에게 대학교나 고등학교의 졸업식을 하기 전에 정부가 정규직으로 취업을 시켜 줘도, 다니는 회사가 망하거나 근무환경이 열악하게 변하여 이직이 불가피할 경우는 재취업시켜 줘야 한다. 그 경우 정규직이 아니라 비정규직으로 취업이 될 수도 있다. 그러므로 우리의 젊은이들에게 비정규직의 불안을 제거해 줘야 한다. 비정규직은 한국 사회의 불평등의 상징처럼 여겨지기 때문이다.

비정규직이란 일정한 근로기간의 노무 급부를 목적으로 사용자와 근로자가 한시적으로 근로관계를 맺는 조직화되지 못한 모든 고용 형태이다. 이에는 단시간 근로와 기간제 근로, 파견 근로 등이 포함된다. 비정규직은 고용 지속성 및 근로 방식 등에서 정규직만큼 보장을 받지는 못한다. 우리나라 경제활동인구 약 2100만 명 중 정규직은 약 1200만 명이고 비정규직은 약 900만 명으로 알려져 있다.

비정규직과 정규직의 이중구조 해결을 위한 세계적인 추세에 관하여 주 OECD 대표부 윤영귀 참사관은 비정규직 고용은 모든 국가에서 증가하는 추세이며 노동시장 이중성 문제는 정도의 차이일 뿐 대부분의 OECD 국가들이 공통적으로 고민하고 해법을 찾는 분야라고 KDI 나라경제 2014년 10월호에서 밝혔는데, 이는 세계적 추세와 현상의 사실 보도이기 때문에 그 내용에 동의하지 않을 수 없다.

한국일보는 비정규직을 없애 버리고 제로로 만든다는 것은 허상이기에 정규직과 비정규직 간의 소득 격차 축소와 차별 해소에 정부는 집중해야 한다고 2021.11.10. 자로 보도했는데, 이는 세계적 추세를 고려하여 노동시장 개혁의 방향성을 제안한 보도이기에 공감하지 않을 수 없다.

그러므로 정부는 우리의 젊은이들이 희망을 가지고 자녀들을 낳을 수 있도록 정규직과 비정규직의 소득 격차 축소와 차별 해소에 더욱 노력하고, 젊은이들은 세계 추세와 현실을 이해하고 불법파업 등에 가담하여 불이익을 받는 일이 결코 발생되지 않도록 해야 할 것이다.

5. 최저임금 불안 제거

청년고용을 가로막고, 기업을 옥죄는 세계적 수준의 우리나라 최저임금은 청년 일자리 문제의 심각한 방해물이다. 정규 근로자 대비 우리나라의 최저임금 비율은 2019년 기준 62.6%로 세계적으로 최상급 수준이다. 이미 캐나다, 일본은 물론 프랑스, 영국 등 서유럽 국가도 제쳤다.

중소기업과 자영업자들은 "우리더러 죽으라는 얘기냐" "촛불을 들겠다"는 등 거세게 반발하고 있다고 한국경제신문은 2021.7.18. 자로 보도했는데, 이는 우리나라 경제, 특히 생존을 위해 몸부림치는 약자들인 자영업자와 중소기업인의 눈물겨운 실상을 보도한 것이기에 동의하지 않을 수 없다.

통계청이 발표한 OECD 국가 최저임금을 발견할 수 없어, 부득이 비교 분석을 위해 OECD 월평균 임금을 참고로 살펴보면 아래 그림과 같다. 우리나라는 제조업 종업원 월 임금이 3499달러로, 1인당 GDP가 우리나라의 1.6배인 이스라엘의 3433달러보다 더 높고, 일본의 2681달러보다 31%나 더 높다.

〈그림 15-2〉 OECD 제조업 종업원 월 임금 (단위: 달러)

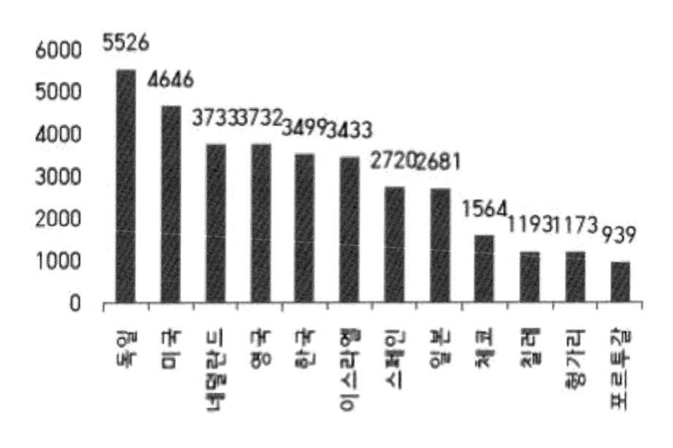

출처: 통계청. 'OECD 제조업 종업원 월 임금'(2018) 이용

황금알을 낳는 거위는 잘 길러야 한다. 탐욕을 부려 잡아먹어 버리면 하루는 배부를지 모르나 다시는 황금을 얻을 수 없다. 기업을 옥죄어 외국으로 쫓아내 버리는 것은 자살행위다. 그런 짓을 하고도 "청년 일자리가 없다"라고 주장하는 것은 가증한 행위다. 그 행위는 청년 일자리만 없애 버리는 것이 아니라, 국가의 조세 수입마저도 줄어들게 하는 단견이 아닐 수 없다.

이미 우리나라의 최저임금은 일본은 물론 영국과 프랑스마저도 제친 세계 최고 수준이다. 탐욕은 자신들의 패망을 가져올 뿐만 아니라 국가와 민족의 존립마저 위협한다. 그러므로 청년고용을 가로막아 젊은이들의 일자리를 상실케 하는 행위는 이 땅에서 다시는 재발해서는 안 된다.

정부는 관계 법령을 조속히 완비할 뿐만 아니라, 홍보 부족과 설득력 부족을 자인하고 노조에게 현실을 더 인식시키고 협조를 구해야 한다. 노조도 청년고용을 방해하고 젊은이들의 일자리 문제를 악화시키는 반국가적·반민족적 행위를 다시는 하지 말아야 한다.

제16장

한국생존전략 3.
사교육비 제로화 위해
사교육 금지, 무상보육 무상교육

1. 저출산 주원인 사교육비 제로화와 공교육 정상화 위해 과외 금지 · 학원 폐지

우리의 젊은이들이 아이를 낳지 않도록 하는 두 번째 큰 요인이 '과중한 사교육비'이다. 지금까지 부모가 부담하던 사교육비를 국가가 부담해야 한다. 국가는 모든 사교육을 흡수 · 조정 · 발전시켜 중복 제거, 교과과정 개편 및 교육내용 조정 등을 통해 일관성 제고와 효율 극대화를 도모해야 한다. 그 재원은 망국방지세 등으로 하면 된다.

높은 사교육비는 젊은이들의 출산 희망만 꺾어 놓는 것이 아니라, 사회 양극화를 심화시킨다. 사교육은 공교육 정상화마저 방해하는 암적 존재로서 반드시 척결되어야 한다. 우리나라 학부모들이 부담하는 사교육비 비중은 세계 1위이다. 초등교육과 중등교육에서 우리나라의 사교육비 비중은 미국과 일본 및 프랑스보다 월등히 높아 세계에서 가장 높은 것으로 알려져 있다.

통계청이 발표한 바에 의하면 아래 그림과 같이 2021년 부모의 소득이 월 800만 원 이상의 경우 자녀 1인당 지출되는 월 사교육비가 59만 원인 반면에, 월 소득이 200만 원 미만의 경우는 12만 원을 지출하는 것으로 나타났다. 그 지출액 격차는 약 5배였다. 사교육은 학업성취도에도 영향을 미쳐 소득 격차가 교육 격차로, 교육 격차가 다시 소득 격차로 이어지는 악순환 구조를 형성한다.

〈그림 16-1〉 가구 월 소득별 자녀 1인당 사교육비 (2021)

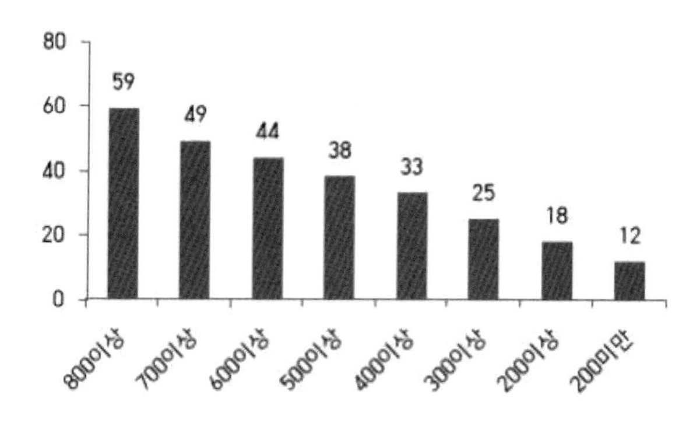

출처: 통계청. '가구 월소득별 학생 1인당 사교육비' 이용(단위: 만 원)

공교육이 있음에도 불구하고 사교육을 시키지 않으면 안 되는 교육 환경을 혁파해야 한다. 우리나라의 교육은 책임 있는 공교육으로 제 기능을 회복해야 한다. 그리고 "과외나 학원의 사교육에서 배웠을 것이기에 공교육은 할 것이 적어 편하다"라는 모든 썩은 사고방식을 없애야 한다.

우리나라의 전체 학생 1인당 월평균 사교육비는 2023년에는 40만 원 가까이 될 것으로 보인다. 이는 공교육비는 당연히 빠진 숫자이다. 자녀를 위한 고정비 격인 의료비, 식비, 문화비, 옷값, 용돈, 핸드폰 요금 등도 당연히 빠진 숫자이다. 우리 젊은 부모들이 받을 중압감을 추측할 수 있다.

과도한 사교육비는 우리 젊은이들이 아이를 낳을 희망을 앗아가는 저출산의 주범이다. 그리고 사교육비는 위에서 살펴본 대로 소득별 위화감을 조성하여 국민 통합마저 저해한다. 그리고 사교육은 사회 양극화를 발생하여 사회불안마저 조성한다.

게다가 사교육은 공교육의 정상화마저 방해한다. 이러한 크나큰 문제를 발생시키는 사교육은 암적 존재로 반드시 척결되어야 한다. 그리고 공교육을 정상화하여 불평등을 해소하고, 소득과 관계없이 공정한 사회를 구현하여 국민 통합을 도모하여야 한다. "과외나 학원의 사교육에서 배웠을 것이기에 공교육은 할 것이 적어 편하다"라는 모든 썩은 사고방식을 척결해야 한다.

그러므로 우리나라가 당면하고 있는 극초저출산으로 인한 국가소멸과 민족소멸을 탈출하고, 국민 단합과 국가생존을 위해서 사교육은 시급히 폐지되어야 한다. 국민 계층 간 위화감을 타파하고 국민 대통합을 위해서는 과외 금지와 학원 폐지는 속히 단행되어야 한다.

2. 과외 금지 · 학원 폐지 전략: 과중한 사교육비로 저출산을 유발하고 공교육 정상화를 방해하므로 처벌

과도한 사교육비는 우리 젊은이들이 아이를 낳을 희망을 앗아가는 저출산의 주범이다. 5배나 차이 나는 사교육비는 소득별 위화감을 조성하여 국민 통합마저 저해한다. 그리고 사교육은 사회 양극화를 야기하기에 사회불안마저 조성한다. 게다가 사교육은 공교육의 정상화마저 방해한다.

이러한 크나큰 문제를 야기하는 사교육은 암적 존재로 반드시 폐지되어야 한다. 그리고 공교육을 정상화하여 불평등을 해소하고 소득과 관계없이 공정한 사회를 구현하여 국민 통합을 도모해야 한다. "과외나 학원의 사교육에서 배웠을 것이기에 공교육은 할 것이 적어 편하다"라는 모든 썩은 풍토를 척결해야 한다.

그러므로 과외를 금지하고 과외 학원을 폐지하기 위하여 과외교사와 과외 수강자 모두 1년 이하의 징역에 처하여야 한다. 이 법의 시행으로 우리의 젊은이들이 과도한 사교육비로 인하여 다시는 결혼을 안 하겠다고 하거나, 결혼을 한다 해도 아이는 낳지 않겠다는 망국적 풍토를 시급히 척결해야 한다.

5배에 달하는 사교육비 차이로 삶의 의욕이 상실되는 일도 타파하여 속히 국민 통합을 도모하여야 한다. 그리하여 안전출산율로 진입시켜 국가생존을 도모하고, 장차 북한과 만주를 자유 통일한 후 선거에 있어 자유민주주의 체제를 수호하기 위한 인구 우위를 확보해야 한다.

3. 어린이집 · 유치원 · 초등학교 무상보육 무상교육, 영어 교육 쇄신, 한자 교육 실시해 문해력 제고

1) 어린이집 · 유치원 · 초등학교 무상보육 무상교육

우리 젊은이들이 아이를 낳지 않겠다고 하는 가장 큰 이유 중 하나는 과도한 양육 · 교육비이다. 엄격히 말하면 내 자식에게 남들보다 더 비싸고 좋은 과외와 사교육을 시키지 못할지도 모른다는 두려움이 더 크다. 상대적 열등감과 박탈감에서 비롯되는 이 두려움을 제거해 줘야 한다.

그렇게 해야 결혼하여 혹시 배우자로부터 비교 열위로 인한 무시를 당하지 않을까 하는 불안감을 제거해 줄 수 있다. 그리하여 자신감이 생겨 결혼할 마음도 일어날 것이고, 삶에 대한 희망도 생길 것이다. 또한 이 두려움을 제거해 주는 국가에 대한 감사의 마음도 생길 것이다.

이 두려움을 제거해 주기 위해 과외와 사교육을 금지한 것이다. 그리고 거기에 더하여 어린이집부터 유치원을 거쳐 초등학교의 전 과정의 보육과 교육을 국가가 비용을 다 부담하고 시행하는 것이다. 국가는 시설과 서비스의 수준을 세계적 수준으로 높인 후, 전국적으로 균등 시행한다.

그렇게 함으로써, 위화감을 해소하며 젊은이들의 보육 수준에 대한 불만을 다 제거해 준다. 재원은 망국방지세 등으로 충당한다. 이로써 13장에서 이미 살펴보았던 아이를 낳지 않겠다는 5대 이유 중 '보육 서비스 수준과 시설 불만' 문제를 해결해 준다. 이제 우리의 젊은이들은 아이 낳을 희망을 가지고, 이렇게까지 배려해 주는 국가에 대한 감사의 마음으로, 아이 두셋을 낳아 기를 수 있겠다는 확신을 가지게 된다.

2) 영어 교육 쇄신

우리나라의 비교우위 자원은 인적자원이다. 이 인적자원을 '세계 최고의 인력'으로 키워내는 것이 우리 교육의 과제이다. 이를 위하여 두 가지 전략적 정책을 시행해야 한다. 첫 번째는 어린이집과 유치원 및 초등학교에서 '영어 교육을 조기 실시'하여 국제언어 실력을 최고 수준으로 배양함으로써 세계 최고 인력의 싹을 키우는 것이다.

우리나라의 영어 사교육 시작 평균 연령은 만 3.8세로 알려져 있다. 그러나 공교육에서 영어를 시작하는 것은 초등학교 3학년인 9세 때부터이다. 자녀가 만 3.8세부터 우리의 젊은 부모들이 영어 사교육비를 부담하느라고 얼마나 많은 고통을 당했을까 안타깝다. 또한 남들 수준만큼 사교육을 시키지 못한 부모들은 얼마나 가슴을 치겠는가 생각하게 한다.

거액을 들여 최고의 원어민 사교육을 시키는 소수의 부모를 제외한 수많은 우리의 젊은이들을 패배자로 만든다. 그들로 절망케 하여 아이를 낳지 않겠다고 결심케 하는 기존의 실패 정책은 조속히 혁파되어야 한다.

사교육을 시키지 못한 부모는 자녀들에 대한 자책감으로 얼마나 좌절하겠는가? 이것이 국민 간 위화감을 조성하고, 젊은이들에게 희망을 갖지 못하게 하여 아이를 낳지 않겠다는 비장한 생각마저 갖게 한 것이다. 초등학교 3학년이 되어서야 공교육을 통하여 처음 영어를 접하는 학생들은 영어유치원과 영어학원 등 사교육을 통하여 이미 배운 학생들과는 출발선부터 다르다.

이 불평등으로 인해 젊은이들이 좌절하게 하는 저출산의 원인을 국가는 원천 제거해야 한다. 이것이 공정이고 국가의 존재 이유이다. 영유아들이 말을 배우는 것을 보면 기묘하다. 어른들은 평생을 배워도 쩔쩔매는 영어를 영유아들은 금방 배워 나중에는 부모의 통역까지 담당하는 사례를 우리는 미국 이민 사례에서 봐 왔다.

우리나라는 수출로 먹고사는 나라다. 국제언어 실력이 뒤처지고서는 이 수출 전쟁에서 이길 수 없다. 세계 학회에 나가도 영어로 발표하고 토론한다. 정보들도 영어를 잘해야 먼저 이해하고 남보다 먼저 조치하여 정보전에서도 이길 수 있다. 어차피 배워야 할 영어다.

어려서 영어 배우기를 시작하는 것이 가장 좋다. 외국도 5세경부터 영어 공교육을 실시하나 우리나라는 가장 늦은 9세에 시작한다. 국가는 이 일을 남의 나라보다 일찍 더 잘하여 우리나라의 비교우위 자원인 인적 자원의 경쟁력을 세계 최고로 높여야 한다.

그러므로 국가는 영어 사교육을 폐지한 후, 어린이집에서부터 재미있게 노래나 애니메이션 등을 통해 영어에 친근감을 가지게 교육해 나가야 한다. 유치원과 초등 1, 2학년 즈음에는 세계의 어린이 회의에서 대화를 주도하도록 회화에 주력하여 교육해 나감으로써, 현재 10년을 중·고·대학에서 공부해도 외국인과 제대로 대화조차 못 하는 영어 교육의 대실패를 반드시 혁파해야 한다.

3) 한자 교육 실시해 문해력 제고

우리나라의 비교우위 자원인 인적자원을 세계 최고의 인력으로 키워내기 위한 두 번째 전략적 정책은 '한자 교육'을 실시해 '문해력'을 높이는 것이다. 문해력(文解力)이란 글이나 문자를 읽고 이해하는 능력을 포함하여 그를 통해 개인적 혹은 사회적 과제를 해결하는 총체적 능력이다. 문해력 세계 1위는 일본이다.

월간조선은 한국인의 고급문서 해독력은 OECD 꼴찌권인데, 이는 한자 말살이 부른 국가적 대재앙을 암시하는 것이며 문해력이 강하면 수치력과 문제해결력도 높고, 건강과 소득 및 사회성도 높다고 2016년 7월호에서 보도했는데, 우리나라 대표급 월간지의 신뢰성을 고려하고 우리나라 사람들의 많은 한자 문맹의 폐해를 생각하면 이 보도 내용에 동의하지 않을 수 없다.

우리나라 말의 어휘는 과반이 한자로 되어 있다. 한자 어휘의 대부분이 동음이의어이다. 한자를 모르면 그 뜻을 제대로 알 수 없다. 한글과 한자를 함께 사용해야 깊은 뜻을 제대로 알 수 있고, 철자법도 정확한 표기가 가능하기에 한자 교육은 우리에게는 필수이다.

더구나 수천 년간의 우리나라 역사나 고전, 족보, 비석 등이 한자로 기록되었으니, 한자 교육을 실시하지 않는 것은 과거 상실을 자초하고, 문해력을 꼴찌권으로 추락시켜 국력을 쇠퇴시키며, 국민을 한자 대중소(大中小)조차 읽을 줄 모르는 우민(愚民)으로 만드는, 정부의 대표적인 실패 정책의 하나라 아니할 수 없다.

문해력 세계 1등 일본은 유치원에서 이미 한자 교육을 시작하고 초등학교와 중학교를 거쳐 성인이 되면 4000자를 해독하는 것으로 알려져 있다. 그 결과 일본은 노벨과학상 수상자 배출 세계 5위를 달성하였고, 세계 경제 3위를 기록하고 있다.

북한도 초등학교부터 한자 교육을 시행하며 대학까지 3000자를 교육하는 것으로 알려져 있다. 우리나라가 북한이 번역한 한자로 된 우리나라 고전을 수입하는 비극이나, 우리 국민이 한자로 된 용어들을 잘 이해 못 하거나, 부모나 자식의 이름을 한자로 잘 쓰지 못하는 등의 비극은 정부의 한자 교육 실패 정책이 가져온 처참한 결과이다.

한자 문맹이면서 어떻게 4000자를 아는 일본을 이길 수 있다고 생각하는가? 한자 문맹이면서 어떻게 3000자를 아는 북한 동족을 리드할 수 있다고 생각하는가? 게으름을 벗어 버리고 부지런해야 승리할 수 있다. 그러므로 일본을 추월하고 북한을 자유 통일하여 리드하기 위해서는 정부는 국민에게 한자 교육을 시행해야 한다.

우리나라 아이들에게 유치원에서 700자, 초등학교까지 1200자, 중학교까지 2000자, 고등학교까지 3000자, 대학까지 4000자를 교육시켜야 한다. 그래야 일본을 이기고 북한을 리드할 수 있다. 우리도 문해력 세계 1등을 기록하여 경제력 세계 3위 안에 진입시키고, 노벨과학상 수상자 배출도 세계 4위권 안에 들어야 한다. 그리하여 세계 2대 원조국을 만들어 열방을 구제하고 자유와 진리 가운데로 선도하여야 한다.

4. 사교육 금지로 중학 실질 무상교육 완성, 국사 교육 쇄신해 자유민주 체제 수호·국가 자긍심 고양

1) 중학 과외 금지 및 학원 폐지

우리나라의 중학 무상교육은 2005년에 3학년까지 전면 실시되었다. 그러나 과외와 학원 등에 의한 사교육이 횡행하는 한 실질적 중학 무상교육은 완성되지 않는다. 높은 사교육비로 많은 젊은 부모들은 고통받고 있다. 그 폐해를 본 젊은이들이 아이를 낳지 않겠다고 할 정도이다. 그러므로 중학 과정에서 모든 과외를 금지하고, 학원을 폐지해야 한다.

그리고 중학교 과정의 공교육을 정상화해야 한다. "과외나 학원의 사교육에서 배웠을 것이기에 공교육은 할 것이 적어 편하다"라는 모든 썩은 사고방식을 없애 버려야 한다. 공교육의 정상화는 학부모의 부담만을 줄이는 것이 아니다. 국가의 자원 낭비마저 줄인다.

그리고 우리의 젊은이들로 가장 중요한 일인 '희망을 갖게 하여' 이제는 국가가 이렇게까지 배려해 주니 아이를 둘만이 아니라 셋이라도 낳겠다는 생각을 가지도록 하는 것이다. 그것이 곧 국가소멸 · 기업소멸을 막고 국가가 생존하는 길이다.

2) 국사 교육 쇄신해 자유민주 체제 수호 · 국가 자긍심 고양

우리의 아이들과 젊은이들의 눈이 국가와 조상들을 사랑하는 마음으로 빛이 나야 한다. 그런데 우리가 대한민국을 자유민주 세계 7대 강국과 복지국가로 키우는 사이에, 우리의 아이들은 학교와 학원 등에서 공룡화된 김일성주의 불순세력의 세뇌 교육에 의해 '헬 조선'을 운운하며 국가와 조상에 대한 원망으로 그 눈빛이 험악하게 변하고 말았다.

그 공룡화된 김일성주의 불순세력은 '국사교육 4대악'으로 우리의 아이들과 젊은이들을 태어나지 않았어야 할 '헬 조선'의 수치스러운 후손으로 세뇌해 놨다. 자신들이 '헬 조선'의 후손으로 수치스러운데 아이를 낳아 그 수치를 안겨 줄 마음이 없기에 이런 나라는 없어져야 한다며 아이를 안 낳겠다는 극언을 서슴지 않는다. 이는 국가적 비극이고 민족적 참사가 아닐 수 없다.

그러므로 '국사교육 4대악'을 제거하는 것은 실로 국가의 생존을 위해 시급한 일이다. 동시에 젊은이들에게 자랑스러운 조국을 일깨워 줌으로써 삶의 희망을 주어, 이런 자랑스러운 나라라면 아이를 낳아야겠다는 생각을 하게 한다. 그리하여 국가소멸·민족소멸에서 탈출하고 안전출산율에 진입하게 한다. 이는 한국생존을 위해 필수 불가결한 일이다.

'국사교육 4대악'을 제거하는 이 중차대한 일은 이미 가정과 학교가 할 수 있는 수준을 넘었다. 온 국민을 일깨우고 정부와 공무원을 움직일 수 있는 최고 리더인 대통령이 지휘하여 국력을 모아야 할 중차대한 일이 되고 말았다. 국가생존을 위해, 그리고 우리 아이들과 젊은이들에게 삶의 희망을 주어 안전출산율로 진입하기 위해, 시급히 제거해야 할 '국사교육 4대악'은 다음과 같다.

한국생존 위해 속히 제거할 '국사교육 4대악'

① 교과서에서 '자유민주' 삭제되고 '인민민주' 강조된 반헌법적·체제전복적 최대악(最大惡)을 속히 제거해야 한다.

우리의 자라나는 아이들이 공부하는 교과서가 자유민주주의는 삭제되고 인민민주주의는 강조되는 반헌법적이고 체제전복적인 내용으로 변질된바 그것이 전면 폐지되어야 한다고 조갑제TV는 2022.9.8. 자로 보도했는데, 이는 대한민국의 생존을 위협하는 중차대한 사안이기에 적극 동의한다. 교과서가 대한민국을 긍정하며 자유민주주의를 수호하는 내용으로 그 내용이 완전히 혁신되어야 우리 아이들도 제대로 된 자유시민으로 성장할 수 있고 나라도 살릴 수 있다.

김일성은 미화하여 본받게 하고, 박정희·이승만은 악마화하여 증오케 하는 교과서는 즉각 폐지되어야 한다. 6·25전쟁을 일으켜 300만 동족을 죽음으로 내몰고 350만 명을 아사시킨 3대 세습왕조·공포절대독재·인민민주주의 김일성과 김일성주의자들을 지지하도록 선동·세뇌된 것에서 탈피하여, 민족을 향한 그자들의 크나큰 죄악을 미워하도록 교과서를 혁신해야 한다.

자유와 인권이 보장된 세계 7대 강국의 오늘날 자유민주주의 대한민국이 있게 한 이승만 건국 대통령과 박정희 부국강병 대통령의 위업을 강조하여 자랑스러운 역사를 가진 후손으로서 자긍심을 가질 수 있도록 교과서가 완전히 혁신되어야 한다.

그래야 '헬 조선'이라고 세뇌되어 대한민국과 부모에 대한 험악한 우리 아이들의 눈빛이 바뀌어, 조국과 조상에 대한 감사로 눈이 반짝일 것이다. 좌편향된 의식화 교육으로 계급투쟁 전사로 세뇌된다면 우리 아이들은 불행해지며 미래도 암울하다. 그래서 국사 교과서의 혁신은 자유민주 체제의 대한민국의 생존을 위해서도 시급하다.

학생들을 가르치는 좌편향 교사들의 문제도 심각하다. 우리의 아이들을 망쳐 계급투쟁 전사로 변질시키는 그러한 자들은 더 이상 교단과 강단에 서지 못하게 해야 한다. 그들은 교사나 교수가 아니라 대한민국의 헌법과 체제를 파괴하는 범죄자들이기 때문이다. 그 범죄자들을 속히 엄단하고, 다시는 교단과 강단에 서서 우리의 아이들을 선동·세뇌하여 망치지 못하게 해야 한다.

교사와 교과서들이 자기 조국에 감사할 줄 모르고 부정적인 이 더러운 물줄기가 바뀌지 않고는, 우리의 아이들과 젊은이들은 국가와 조상에게 감사할 줄 모르고 원망하는 부정적인 사람들로 키워지고 말 것이다. 은혜에 감사하는 후손들로 키워야지, 배은망덕의 패륜아들로 키울 수는 결코 없다.

한국이 자유민주 국가로 생존하기 위해서는, 위의 병폐는 시급히 개선되어야 할 중차대한 사안이다. 대통령은 헌법 수호로 국가를 보전하는 것이 최대 의무이다. 반헌법적, 체제전복적인 위와 같은 병폐의 근절은 대통령의 최대 책무 중 하나이다.

자유민주주의를 삭제하고 인민민주주의를 강조하는 이런 일은 헌법에 대한 도전이다. 검찰과 경찰은 이런 헌법 파괴적 범죄행위를 더 이상 방치하지 말아야 한다. 대한민국의 자유민주주의 체제 유지를 위협하는 교과서와 교사들을 더 이상 방치하지 말고 헌법과 법률에 의거, 엄단하여야 한다.

② 조상이 4900년간 경영한 땅과 동족을 되찾지 않는 게으름과 무능인 2대악(2大惡)을 제거해야 한다.

일제 식민사관과 중국 동북공정을 추종하는 사대주의 사관에 세뇌되어 잘못 주입된 국경 인식으로, 조상들이 4900년간 경영한 땅과 1억 동족도 되찾지 못하고 있다. 이는 게으름과 무능이 아닐 수 없다. 누가 자기 대지의 92%를 침범하면 가만히 있지 않을 것이다. 그런데 조상들과 민족의 땅에 대한 침범은 못 본 체한다면 이는 후손과 동족의 도리가 아니다.

역대 우리 민족의 서북 국경선은 어디까지였을까? 신동아는 윤내현 교수(단국대학원장 · 동양사)가 사마천의 『사기(史記)』를 근거로 중국(진:秦)과 우리나라(고조선:古朝鮮)의 국경선은 진(秦)시황이 중국을 통일할 때(기원전 221년) 오늘날 북경 바로 옆 갈석산(碣石山)[12]이었다고 증명하였음을 2003.11.27. 자로 보도했는데, 동양사를 전공한 대학원장이 중국 최고 고전의 하나를 근거 사료로 제시한 증명이기에 부인할 수 없는 사실이라고 생각된다.

고구려의 국시(國是)는 '다물(多勿)'[13]이었다. 다물은 "우리 조상인 고

---

12) 이때의 갈석산은 현재 북경인 당시 유주(幽州)지역 치소(治所)의 바로 옆에 있었다. 국가적인 큰 손해를 보지 않으려면, 갈석산도 요하 · 만리장성 · 압록강처럼 시대별로 계속 동진(東進)하여 새로 붙여졌음을 바로 알아야 한다.

13) 우리 조상들인 고구려의 '다물'이나 백제의 '담로'는 음차 표기이다. 둘 다 '국경'의 의미를 내포하는 것으로 보인다. '다물'은 '담과 울타리'가 줄어 '담울'이 되고 그것이 가장 유사한 한자인 '多勿(다물)'로 표기된 것으로 보인다. 그리고 '담로'는 '담으로'가 줄어서 된 것일 수 있다.

조선의 땅을 되찾는다"는 국가 이념과 방침을 가리키는 것으로 우리 조상의 결의와 기백이 깃든 말이다. 그 국시에 따라 우리의 고구려 5대 왕인 모본왕은 AD 49년에 중국(한:漢)의 어양(오늘날 북경)·태원(오늘날 산서성 성도)·상곡(탁록지역)을 공격했다고『삼국사기』는 증언하고 있다.

우리의 고구려 6대 왕인 태조왕은 AD 55년에 요서(遼西)에 10개 성을 쌓아 한나라의 침략에 대비하였다고『삼국사기』는 증언하고 있다. 우리가 역사를 살필 때는 시대별 지명과 강을 잘 알지 못하면 국가적인 큰 손해를 본다.

우리 조상 고구려인들이 요하(遼河)라고 부른 것은 어양(오늘날 북경) 북동쪽을 흐르는 난하(灤河)를 가리킨다. 오늘날의 요하를 우리 조상 고구려인들은 압록강(압록수)이라고 불렀다고『삼국유사』등은 증언하고 있다. 그러므로 태조왕이 '요서'에 10개 성을 쌓아 한나라의 침략을 대비했다고 함은 난하의 서쪽인 오늘날 북경[14]지역 등으로 봄이 타당하다.

천재 전략가 광개토태왕(廣開土太王, 374~412)이 404년에 오늘날 북경·천진지역인 유주지역을 공략하였다는 태왕 비문을 근거로 한 학설은 북한이 1976년 덕흥리 고분 발굴 결과를 발표함으로써 사실일 가능

이의 증명은 국어학자와 역사학자의 몫으로 남겨두기로 한다.

14) 북경은 1115년에 건국한 금나라 이후에나 수도가 된다. AD 55년의 태조왕 당시 중국 한(漢)나라의 수도는 낙양이었으며, 북경은 아직 생겨나지도 않았고 수도 낙양보다는 작은 곳이었다. 오늘날 북경과 천진을 합한 지역은 태조왕 당시에는 유주(幽州)지역이었다.

성이 높아졌다. 어양·상곡·요서·낙랑·현도 등의 13개 지방 태수로부터 유주자사가 정무보고를 받는 그림이 태왕의 연호 영락과 함께 그 고분에 그려져 있기 때문이다.

이로써 태왕이 제후(諸侯) 격이자 큰 지방 장관인 유주자사를 임명·파견했을 것이라는 합리적 추측이 가능하다. 또한 태왕은 고구려계인 고운이 북연의 황제가 되자, 고운이 동족이자 자신의 또 다른 제후 격인 점을 고려하여 중국 대륙에서의 남하정책을 중단한 것으로 보인다.

고구려와 백제는 말갈과 북연, 왜 등의 여러 제후국을 거느린 실질적 황제 이상의 국가였다. 왕이라고 불렀다 해도, 중국의 황제와 천황이라고 황제를 칭하던 왜왕을 제후로 거느렸으니, 황제보다 더 강한 군주였다. 이는 영국의 왕이 황제라고 부르던 독일의 황제보다 더 강력한 군주였음과 같다.

그러므로 조선에는 황제 하나 없었다는 일본 식민사학자들의 왜곡에 당당히 대처해야 한다. 고려 때도 황제라고 불렀지만 문약(文弱)한 송나라 주희(朱熹)를 숭배하는 사대주의자 조선 주자(朱子)학자들이 고려사를 편찬할 때 중국을 사대하여 왕으로 격하시킨 오욕의 역사를 잊지 말아야 한다.

2017년은 우리나라에 콜럼버스가 신대륙을 발견한 것 같은 놀라운 발견이 있던 해이다. 젊은 신진 학자들이 수많은 중국 사료와 한국 사료를 근거로 고구려 장수왕이 427년에 천도한 '평양'이 심양 인근의 '요양(遼陽)'이었음을 증명했기 때문이다. '평양'은 '서울'처럼 수도를 나타내는 보통명사 겸 고유명사라는 사실도 밝혀냈다. 이들은 또한 북한의 평양은 후대의 평양이지 고구려 당시의 평양이 아니라는 것도 증명했다.

이 신진 학자들은 고구려인들이 압록강이라고 부르던 강은 오늘날 우리가 요하라고 부르던 강이란 것도 증명했고, 한사군의 낙랑군도 북한 평양이 아니라 만주에 있었다는 것을 증명했다. 강동 6주도 오늘날 요하 근처에 있었다는 것도 증명했고, 살수도 청천강이 아니라 요하 동편의 혼하라는 사실도 증명했다. 이러한 증명은 세계사, 동양사, 국사를 전면 새로 써야 할 위대한 발견이다.

한국NGO신문은 남의현 교수(중국사)가 중국의 『자치통감』, 『신당서』, 『대명일통지』, 『원사 지리지』 등 26종의 많은 사료와 한국의 『삼국유사』 등 도합 27종의 사료를 증거로 제시하면서 위의 사실을 증명했고 신진 학자들의 의견 제시도 있었다고 2017.2.28. 자로 보도했는데, 이는 중국의 수많은 사료와 우리나라 고전을 근거로 한 증명으로 객관성을 갖췄기에 동의한다.

장수왕이 천도한 평양이 요양이라는 것, 요하가 고구려의 압록강이라는 것, 평양은 서울을 뜻하는 보통명사 겸 고유명사라는 것, 고구려의 평양은 만주의 평양이지 지금의 평양이 아니라는 것, 강동 6주가 고구려인들이 압록강이라고 부르던 요하 남쪽에 있었지 북한의 후대 압록강 남쪽에 있었던 것이 아니라는 사실 등을 증명한 것은 조선총독부와 어용 일본학자들이 펼친 우리의 국경이 압록강 하구에서 원산만 선이었다는 등의 주장들이 우리의 기를 꺾어 일본식민지를 영구화하기 위한 사기였음을 증명한 위대한 발견이다.

조선총독부의 사기와 지금도 그것을 추종하는 수많은 식민사학자들의 엉터리 교과서는, 진실 옹호와 민족의 자존 및 국익을 위해, 즉시 폐기되어야 한다. 대통령은 긴급명령을 내려야 하며, 조선총독부의 사기를 지금도 비호하여 우리 자녀들을 엉터리 교과서로 세뇌시켜 '헬 조선'을 외치게 하는 자들은 즉시 파면해야 한다.

통일신라 문무왕과 태대각간 김유신 총사령관은 치밀한 계획하에 670년 설오유 장군과 고구려 출신 고연무 장군에게 명하여 정예 군사를 주어, 고구려 압록강 즉 오늘날 요하 주변인 심양 남쪽을 주기로 합의한 당 태종과 태종무열왕 간의 약조를 어기고 요동을 범하려던 당군을, 요동에서 선제공격하게 했다. 신라는 국운과 민족의 생존을 걸고, 세계적 슈퍼파워 당과의 6년 전쟁에서, 민족의 총력을 결집해 위대한 승리를 거두었다.

이처럼 우리 통일신라가 당과의 약조대로 고구려 압록강인 오늘날 요하 이남의 영토를 당의 배신을 전쟁으로 깨부수고 확보하였음이 우리의 신진 학자들에 의해 밝혀졌다. 월간조선은 허우범 박사(고고학)가 통일신라의 국경선이 만주에 있으며, 통일신라와 발해의 국경선이 요동반도

천산(天山)산맥에서 길림성 길림합달령(吉林哈達嶺)을 거쳐 흑룡강성 목단령(牧丹嶺)에 있었음을 여러 중국 사료와 국내 사료 및 유적·유물을 통해 증명했다고 2022년 6월호에서 보도했는데, 이는 최근 발표되는 다른 신진 학자들의 논거와 증명들과도 일치하기에 동의하지 않을 수 없다.

허우범 박사가 위의 증명을 위해 근거한 중국과 한국의 사료는 다음과 같다. 『원사(元史)』, 『대명일통지』, 『신당서·열전』, 『북송 허항종 봉사금국행정록』, 『고려사』, 『조선왕조실록』, 『삼국사기』 등이며 유물·유적으로는 〈용정지명기원지정천(龍井地名起源之井泉)〉이 있다. 허 박사의 증명으로 국사, 동양사, 세계사는 즉각 새로 써야 한다.

조선총독부가 통일신라는 2국 통일을 했다며 자학 사관을 심어 주고, 차지한 땅도 대동강-원산만 이남으로 통일전의 황초령-마운령 선보다도 훨씬 줄어들었으며, 그것이 발해와의 국경선이 되었으니 조선인은 그렇게 믿어야 한다는 사기를 우리에게 주입한 것이 식민사관이다.

그 식민사관을 맹종하는 반국가·반민족의 식민사학자들이 패배주의와 거짓에 의하여 곡필한, '헬 조선'을 선동하는, 엉터리 국사 교과서부터 즉시 폐기해야 한다. 그리하여 '헬 조선'에 세뇌되어 패배주의와 자학으로 조상과 국가에 대한 눈빛이 험악한 우리 아이들을 구출해야 한다.

문무왕과 김유신의 위업은 우리나라 역사 교과서에서 전면 새로 실려야 한다. 식민사학자들이 민족 반역자로 폄하하여 '헬 조선'을 유도하던 올가미를 벗겨 잘라 버려야 한다. 민족사의 영웅으로 복권하여 민족자존을 회복해야 한다. 우리 후손에게 진실을 알려 줘야지, 거짓에 의한 패배주의와 자학을 물려줄 수는 없다.

고려의 서북 국경선이 조선총독부와 지금도 그들을 추종하는 수많은 식민사학자들이 교과서에 엉터리로 실어놓은 압록강 하구에서 원산만선이 아니라 만주에 있었다는 것도 신진 학자에 의해 아래와 같이 증명되었고, 우리나라 전직 장관에 의해 현지답사로 고증되었다.

르몽드 디플로마티크는 복기대 교수(고고학)가 송나라 사신 서긍이 고려를 현지답사하고 1123년에 기록한 『고려도경(高麗圖經)』에서 고려는 남쪽으로는 요해(遼海)와 서쪽으로는 요수(遼水)와 북쪽으로는 옛 거란 지역과 동쪽으로는 금(金)과 접했다는 기록은 고려 시대 국경 문제에 관한 가장 적확한 기록이라고 증언했음을 2016.7.1. 자로 보도했는데, 이는 다른 신진 학자들의 연구 발표와 일치하기에 동의하지 않을 수 없다.

방위 표시가 도북(圖北)은 +로 표시되나 진북(眞北)은 ×로 표시되는데, 도북을 사용하는 현대와 달리, 옛사람들은 진북을 사용했기에 서긍이 고려의 국경에 대해 남긴 기록은 놀라울 정도로 정확하다는 것을 복기대 교수는 밝혔다.

진북 방위에 의해 고려의 남쪽이 남해가 아니고 요해에 접해 있다고 한 것과 고려의 서쪽이 서해가 아니라 요수에 접해 있다고 기록한 것은 조선총독부와 그를 추종하는 식민사학자들의 사기 행각을 만천하에 폭로한 세계를 향한 귀한 증명이 아닐 수 없다.

코리아 히스토리 타임스는 허성관 전 행정자치부 장관이 명(明)나라가 설치한 철령위(鐵嶺衛)가 소재한 심양(瀋陽)을 답사 고증하면서 조선 초에도 우리 서북 국경은 요하 동쪽 심양의 이남이라고 확인했다고 2018.8.15. 자로 보도했는데, 이는 다른 신진 학자들의 연구 발표와 일치하기에 동의하지 않을 수 없다.

일본 식민사관과 중국 사대주의에 물들면 일평생 그것이 잘 지워지지 않는 것이 문제다. 마치 김일성주의에 붉게 물들면 일평생 그 사상의 노예가 되는 것과 비슷하다. 사대주의와 식민사관에 물든 그들이 민족사에 남생과 이완용 같은 자해를 할 뿐만 아니라, 조작된 교과서를 통해 교단과 강단에서 우리의 아이들을 세뇌시켜 '헬 조선'을 외치게 하기 때문이다.

조선총독부는 조선인의 기개를 꺾고 식민지 통치를 영구화하기 위하여 대대적인 역사 조작을 하였다. 유물 유적이 없음에도 고려 천리장성이 현재의 압록강 하구에서 원산만에 걸쳐 있었다고 일본인 어용학자들을 동원하여 조작한 것이다. 윤관의 9성도 두만강 북쪽 700리의 선춘령(先春嶺)의 공험진(公嶮鎭)에서 수천 리를 남하시켜 함경남도 함흥 등지에 있었다고 조작했다. 이는 우민정책(愚民政策)으로 백성이 어리석을 때나 써먹는 사기이다.

세종이 천재인 것은 이런 사기를 막기 위하여 윤관이 두만강 북쪽 700리의 선춘령의 공험진에 세운 북쪽 국경 비석의 위치를 조사하도록 명하였다는 것인데 두만강 북쪽 700리(280㎞) 지점이라는 사실을 확인 보고받았다. 『세종실록지리지』가 이 사실을 증명한다.

만주는 우리나라가 몽골 시대에도 심양왕으로서 다스려 경영했다. 만주에 대해 명나라가 들어서서 부당한 조치를 하려 하자 우리 정부는 요동 정벌을 하여 심양이 우리나라의 땅임을 재선포하였다. 이는 조선 개국 후에도 마찬가지였다. 조선 정부는 명의 부당한 요구에 대해 국서와 사신을 보내 만주의 소유권을 재천명하였다.

이덕일 역사TV는 『조선왕조실록』(1405년 태종 5년 기사)에 태종이 사신 김첨(金瞻)과 국서를 명(明)에 보내 조선의 국경이 고려와 동일하게 심양에서 두만강 북쪽 700리(280㎞) 지점인 선춘령(先春嶺)의 공험진(公嶮鎭)까지이며, 그 주민들도 조선의 백성이라는 사실을 천명했고, 명이 그것을 인정하였으며, 국경 문제를 잘 타결하고 온 김첨에게 상을 하사했다는 사실이 실려 있다고 2022.8. 자로 보도했는데, 이는 『조선왕조실록』을 증거로 제시했고 『세종실록지리지』 내용과도 일치하므로 그 내용에 동의하지 않을 수 없다.

근대식 지도를 얻으려고 영국과 프랑스 지도 제작가들에게 청이 의뢰

하여 각각 제작된 1750년 전후의 지도들에도 산해관부터 심양을 경유하여 남만주와 선춘령 일대까지는 우리나라의 땅임이 명백히 표시되어 있는 것으로 알려졌다. 비록 청에 의해 봉금지로 출입 제한을 요구받았지만 그렇다 해도 우리나라의 땅으로 표시되었던 것이다.

1910년 한일병합으로 국권을 상실하고부터는 일본이 대륙 침략의 야욕을 불태우기 위해 중국 침략의 발판으로 삼고자 만주철도부설권을 획득하려고 우리나라의 남만주 땅을 중국에 양보하였던 것은 잘 알려진 사실이다.

이상 살펴본 대로 우리나라는 5000년 역사 중 98%인 4900년간 만주를 경영했다. 만주는 우리 조상들의 활동 무대이자 삶의 터전으로서 우리의 한 부분이었고, 그 주민들 또한 우리의 혈육인 동족이다. 우리가 만주를 경영하지 못한 것은 5000년 중 2%로서 약 100년인 1910년 이후의 일이다.

조상들의 땅과 이제는 1억이 되어 버린 동족을 찾아야 한다. 그것이 조상들에 대한 도리이고, 유물론 사회주의하에서 신음하며 영혼마저 고통받는 동족들에 대한 의무이다. 그것은 먼저 안전출산율로 반전하여 한국을 생존시키고, 북한을 자유 통일한 후, 애국가처럼 '하느님의 보우하심'을 입으면 가능한 일이다. 하나님을 사랑하고 경외하면 하나님은 반드시 우리를 도와주신다.

③ 한사군 북한 설치설 맹신으로 북한·만주 상실하고 중국 동북 공정 빌미 주는 3대악(3大惡)을 제거해야 한다.

서울신문은 이덕일 박사가 중국 사료 『후한서』, 『대명일통지』, 『독사방여기요』, 『후한서군국지』 등과 정약용의 『아방강역고』를 증거로 한사군의 중심 군현인 낙랑군이 북한 평양이 아니라 중국의 하북성 노룡현에 있었음을 증명했으며, 동북아역사재단이 미 상원에 한사군이 황해도 재령강 연안 이북에 있었다고 자료를 제출함으로써 황해도와 강원도 북부부터 중국의 역사 강역이라고 하는 반역죄를 범했다고 개탄함을 2018.2.5. 자로 보도했는데, 그 증명은 신진 학자들의 최근 연구 발표와 일치하고 그 개탄은 애국자라면 당연하기에 동감을 표하지 않을 수 없다.

한사군(漢四郡)이 북한 평양이 아니라 중국 하북성 노룡현에 있었다는 이덕일 박사의 증명은 세계사, 동양사, 국사를 새로 써야 할 정도로 중요한 것이다. 왜냐하면 조선총독부는 조선은 중국 식민지였기에 일본의 식민지가 됨은 당연하다는 논리를 개발하려 했으나 우리는 중국의 식민지가 아니었음을 증명하여 그 논리를 깨 버렸고, 만주가 우리 조상들의 강역임을 증명하였기 때문이다.

한겨레신문은 이덕일 박사가 낙랑군이 한반도에 있었다는 그 시대의 중국 사서는 하나도 없으며 『사기(史記)』도 낙랑군이 중국 북경 근처의 수성현에 있었다고 증명하고 있건만, 조선총독부가 낙랑군이 평양에 있었다고 조작한 것을 국사편찬위원을 지내며 국사학계의 대부라고 불리던 이병도와 동북아역사재단이 추종함을 개탄했다고 2009.5.27. 자로 보도했는데, 그 증명은 최근 신진 학자들의 연구 발표와 일치하고 그 개탄은 '참' 한국인이라면 당연하기에 동감을 표하지 않을 수 없다.

조선총독부는 우리 민족의 기를 꺾고 식민지 영구화를 획책했는데, 그것을 지금도 수많은 식민사학자들이 추종하여 교과서에 엉터리를 실어 우리 아이들을 세뇌시켜 '헬 조선'을 외치게 한다. 우리 역사학계는 유일하게 아직도 일본 식민 치하이고 광복이 안 됐다.

식민사관과 다르면, 사료와 사실에 입각한 논문이라도 학위도 못 받고, 교수도 못 되고, 심지어 박물관 직원조차도 되지 못한다는 비보가 들려온다. 이익에 눈먼 도제 집단이지 진리를 추구하는 학계라고는 할 수 없다는 절규가 들려온다. 슬프고도 개탄스럽다.

대통령은 긴급명령을 발하여 식민사관에 찌든 우리 아이들의 역사 교과서를 폐기해야 한다. 아이들의 영혼을 위해, 국민 자존을 위해, 국익을 위해, 식민사관에 물든 자들을 강단과 교단에 서지 못하게 조치해야 한다. 그런 반국가·반민족 행위자들을 퇴출하는 것이 공정이다.

북한은 위의 일들을 이미 60여 년 전에 완수했다. 그들은 한사군이 만주에 있었다는 것을 1961년에 이미 증명했다. 후술하는 임나일본부는 가야가 일본에 세운 분국(分國)이 본국(本國) 가야를 지배했다는 마치 아들이 아버지를 낳았다는 식의 역사 조작이라는 것을 1963년에 이미 증명했다.

북한은 남한이 경제적으로는 앞설지 모르나 조선총독부의 사기에 속아 중국과 일본의 식민지였다고 자처하는 민족사의 반역 집단이고, 자주국이었음을 증명한 북한이 민족사의 정통을 잇는 유일한 정통 국가로서 우월하다고 선전한다.

더구나 우리 젊은이들은 한자 대중소도 쓸 줄 모르는 이들이 있지만 북한은 3000자를 교육받는데, 남한이 한자 맹인을 자처하여 국어 이해력마저도 북한이 월등 앞선다며 북한 주민들에게 우월감을 갖도록 선동한다. 이는 한국의 국가적 비극으로서 국민의 자존을 훼손하고, 국익을 손상시키며, 자유 통일의 대의마저도 훼손하는 참사이다.

국토를 회복하고자 한 조상들의 뜻과는 반대로 행하는 자들이 있다. 즉 남생과 이완용 같은 국가반역자 · 민족반역자들이 그들이다. 중국의 동북공정을 지지하여 허구의 한사군 북한 설치설을 맹종하여 우리나라 북한 서부를 중국 지도에 편입시켜 중국 영토로 그려서 인터넷에 올려 오늘도 세계에 악선전하고 있는 현대판 사대주의자들이 그런 반역자들이며, 경상도와 전라도 일부가 고대에도 일본의 식민지였다고 아직까지도 주장 · 악선전하는 식민사학자들이 그러한 반역자들이다.

사대주의자들은 방어용 무기 사드도 5년간 제대로 배치하지 못했다. 그들은 한사군이 북한에 있었다고 말하는 조선총독부와 현대 중국인들의 허구적 주장을 무비판적으로 앵무새처럼 따라 한다. 이로써 남한 면적의 약 11배에 달하는 북한과 만주마저도 상실할 위기에 처했다.

이 현대판 사대주의자들과 식민사학자들의 국가와 민족을 향한 대역죄(大逆罪)는 고구려를 제 손으로 망하게 한 남생(男生)의 대역죄와 같고 제 나라를 일본에 팔아먹은 이완용의 대역죄와 같다.

이 역사전쟁에서 지면 우리는 남한의 약 11배의 면적인 조상들의 땅과 동족을 잃는다. 역사전쟁은 살아 있는 전쟁이다. 역사를 잃으면 나라도 잃고 민족도 잃는다. 게으르고 무능하여 역사전쟁에서 지면, 조상도 잃고 조상들의 땅과 동족도 잃는다.

이 허구적 한사군 북한 설치설을 속히 제거하고, 그것을 추종하여 국가와 민족을 향한 자해를 회개하지 않는 국가반역자·민족반역자들을 강단과 교단에서 속히 축출하고 국사 교과서를 완전 혁신해야 한다. 그리하여 북한과 만주의 1억 2600만 동족을 노예 상태에서 구출함과 그 고토를 수복함에 만전을 기해야 한다. 그것이 후손의 도리이자 동족의 의무이다.

④ 가야의 한반도 동남부·일본 경영을 부인하고 허구의 임나일본부설을 추종하는 4대악(4大惡)을 제거해야 한다.

조갑제 닷컴은 일본 천황가가 자신들도 가야 김씨라고 증언한 점과 조선총독부가 김해 김씨는 족보를 만들지 말라고 명령한 점 및 천황가가 섬기는 세 사람의 신이 모두 가야 계통인 것을 들어 가야가 일본을 만들었다는 것을 2006.3.22. 자로 보도했는데, 이는 증언과 명령과 물증 등 증거에 의한 사실 보도라 그 내용과 논증에 동의하지 않을 수 없다.

이덕일 역사TV는 일본 서기는 1천 년의 역사를 조작했고, 황제국과 제후국을 바꿔 놓았으며, 왜는 백제와 가야가 세운 분국이고, 왜에 백제·가야·신라·고구려의 현지 분국이 있었는데 그것들이 많은 역사 인식 오해를 초래했음을 2020.4.10. 자로 보도했는데, 이는 여러 신진 학자들의 연구 발표와도 일치하기에 동의한다.

가야와 백제가 일본 열도에 세운 것이 분점(分店) 격인 분국(分國) 왜(倭)이다. 이것을 1천 년을 조작한 일본서기는 거꾸로 기술하여 왜가 경상도 지방에 설치한 것이 임나일본부라는 것이 임나일본부설이다. 이는 아들이 아버지를 낳았다는 식의 허구이다.

북한 김석형 역사학자가 1963년에 위의 분국설을 발표하여 일본 사학계는 초토화되었다. 그런데 조선총독부의 조작에 물든 한국의 수많은 식민사학자들이 일본 편을 듦으로써 일본 사학계는 다시 살아나 기고만장하여 북한 사학계와 한국의 '참' 역사학자들을 꾸짖는 해괴한 적반하장의 상황이 발생하고 말았다. 그러므로 식민사학자들의 죄는 남생과 이완용의 죄와 같은 민족반역의 '대역죄'인 것이다.

위의 증거들을 토대로 분석할 때, 로마가 지중해를 내해로 삼고 유럽과 아프리카 북부를 통치했듯이, 가야와 백제도 대한해협을 내해로 삼고 한반도 남부와 일본을 통치했다고 봄이 타당하다. 그런데도 일본이 가야를 지배했다고 함은 아들이 아버지를 낳았다는 식의 사기에 불과하다.

그러나 일본인들에 의해 학위를 받은 식민사학자들과 그들의 제자들로 구성된 견고한 암적 조직은 임나일본부설과 한사군 북한 설치설을 맹신하고 마치 사실인 것처럼 퍼뜨리고 있으니 반국가·반민족 행위가 아닐 수 없다. 이러한 반국가·반민족 행위를 하는 자들을 강단과 교단에서 추방해야 한다. 임나일본부설을 비롯한 식민사관을 국사 교과서에서 속히 제거하여, 우리 아이들을 패배주의와 열등의식에서 구출해야 한다.

로마와 같이 가야와 백제가 대한해협을 내해로 삼고 일본까지 통치한 용맹하고 지혜로운 국가였음을 알고 우리 자신이 자랑스러운 조상을 둔 후손임을 깨닫고, 그에 걸맞은 책임과 긍지를 갖는 후손이 되도록, 즉시 역사 교과서들을 쇄신하고 강단과 교단을 쇄신해야 한다.

그렇게 하면 우리 젊은이들은 말할 것도 없고 Z세대, 알파세대 아이들마저도 '헬 조선'의 치욕으로 아이를 안 낳으려 하던 생각을 바꾸고, 선조와 대한민국이 자랑스럽고 이런 나라라면 삶의 희망이 생긴다며 아이를 둘이 아니라 셋이라도 낳겠다고 변화될 것이다.

5. 사교육 금지로 고교 실질 무상교육 완성, 과학 교육 강화해 과학력 제고 및 누구나 취업 가능케

1) 고교 과외 금지 및 학원 폐지

우리나라의 고등학교 무상교육은 2021년에 전 학년을 대상으로 전면 실시되었다. 그러나 과외와 학원 등에 의한 사교육이 횡행하는 한 실질적 고교 무상교육은 완성되지 않는다. 높은 사교육비로 많은 부모가 고통받고 있다. 그 폐해를 본 젊은이들이 아이를 낳지 않겠다고 할 정도이다. 그러므로 고교 과정에서 모든 과외를 금지하고, 학원을 폐지해야 한다.

그리고 고등학교 과정의 공교육을 정상화해야 한다. "과외나 학원의 사교육에서 배웠을 것이기에 공교육은 할 것이 적어 편하다"라는 모든 썩은 사고방식을 없애 버려야 한다. 공교육의 정상화는 학부모의 부담만을 줄이는 것이 아니다. 국가의 자원 낭비마저 줄인다.

그리고 가장 중요한 것은 우리의 젊은이들로 '희망'을 갖게 하는 것이다. 이제는 국가가 이렇게까지 배려해 주니 아이를 둘만이 아니라 셋이라도 낳겠다는 생각을 가지도록 해 주는 것이다. 그것이 곧 국가소멸 · 민족소멸을 막고 국가가 생존하는 길이다.

2) 과학 교육 강화해 과학력 제고 및 누구나 취업 가능케

과학 발달의 객관적 척도는 무엇일까? 여러 가지가 있겠지만 세계인들이 인정하는 노벨상을 살펴보기로 한다. 노벨상 중 과학 분야의 상은 세 종류가 있다. 물리학상, 화학상, 의학·생리학상이 그것이다. 유럽과 북미 위주의 상위 수상국 가운데 유일한 아시아 국가는 수상자 25명을 배출하여 5위를 기록한 일본이다.

안타깝게도 우리나라는 아직 1명도 배출하지 못하고 있다. 그러나 신라가 큰 노(弩, 기계화된 활)를 만들어 당시 세계적 슈퍼파워로 커 버린 당나라를 상대로 6년 전쟁에서 승리한 그 저력과 자질을 믿는다. 독일보다 앞서 세계 최초의 금속활자를 만든 민족의 자질을 의심하지 않는다. 졸렬한 왕 선조의 견제를 받은 비운의 명장 이순신과 참모 나대용이 세계 최초의 철갑선인 거북선을 건조하여 전통적 해군 강국 일본과의 6년 전쟁에서 승리한 그 저력과 자질을 믿는다.

그러므로 우리나라도 과학 강국이 충분히 될 수 있다. 대통령과 정부와 국회는 이런 저력과 자질을 가진 국민을 일깨우고 결집해야 한다. 과학 강국의 길로 이끌기 위한 전략을 수립하고 정책을 시행해야 한다. 그 전략을 실현할 수 있는 입법을 해야 한다.

굳이 대학에 진학하지 않고도 고교 졸업 후에는 누구나 취업할 수 있게 과학 교육 등을 시켜야 한다. 속히 한국이 세계적 과학 강대국이 되어, 국민을 편안케 하고 세계 시민까지도 이롭게 하는 세계 2대 원조국 겸 자유와 진리의 선도국이 되도록 분발해야 한다.

그러한 모습을 볼 우리의 젊은이들인 MZ세대와 알파세대는 자긍심을 가지고, 아이를 낳을 희망을 가질 것이다. 그리하여 이제는 아이를 둘만이 아니라 셋까지도 낳아야겠다는, 국가와 조상들에 대한 감사로 눈이 빛날 것이다. 우리는 모두 분발하여 우리의 젊은이들을 그런 우리의 미래세대로 키워 나가야 한다.

제17장

한국생존전략 4.
신혼부부 주택 제공

1. 아이 둘 이상 낳은 신혼부부 전원에게 100㎡ 방3 화2 아파트/주택 제공

우리의 젊은이들이 '집이 없어 아이를 못 낳겠다'고 하기에 정부는 우리의 젊은이들에게 주택을 주어야 한다. 아이를 둘 이상 낳은 젊은 부부에게 정부는 100㎡(=30.25평) 방 3개, 화장실 2개의 아파트나 주택을 제공한다. 단, 병역의무를 필하고, 직장을 가진, 합법적 부부에 한한다.

도시 청년에게는 아파트를 제공하고, 농어촌 청년에게는 주택 혹은 아파트를 본인의 희망에 따라 제공한다. 재원은 망국방지세 등으로 충당한다. 100㎡는 30.25평이다. 그 정도면 부모 세대가 단칸방 셋집에서 신혼생활을 시작한 것에 비하면 거의 천국이다. 이는 일본의 어지간한 사장 집보다 크다.

100㎡는 감사원의 감사 결과 청년임대주택정책이 실패한 이유가 주택이 36㎡로서 너무 작아 기피했기 때문이었던 점을 감안하여 약 3배로 키운 수치이다. 우리의 자녀들에게 삶의 의욕을 주고 국가에 대한 감사의 마음을 갖도록 파격적으로 키운 것이다. 굳이 방 3개여야 하는 이유는 아들과 딸을 낳았을 때 방을 하나씩 별도로 주려고 하기 때문이다.

투철한 애국심과 효성을 가진 부부가 아이를 3명이 아니라 4명을 낳는다 하더라도 성별로 배치하니 문제가 없다. 굳이 화장실이 2개여야 하는 이유는 바쁠 때 싸우지 않기 위함이며, 부모와 자녀 세대의 화장실을 별도로 하기 위함이다. 자녀를 2명을 낳은 시점에 아파트나 주택을 주는 이유는 '먹튀' 방지 등 여러 가지 이유 때문이다.

또한 아이를 낳겠다고 하여 집을 줬는데 누리기만 하고 아이는 낳지 않고 애를 먹이거나, 아이를 낳기는 하는데 1명만 낳을 경우는 2명 낳은 부부에게 도미노 현상처럼 모두 1명만 낳도록 하는 비극을 초래할 것이기 때문이다. 그리고 요즘 젊은이들은 결혼을 늦게 하여 부모들 머리를 아프게 한다. 그러므로 2명을 낳은 시점에 아파트나 주택을 주면 결혼하는 나이를 당기는 효과마저도 가져온다.

젊어서 아이를 낳으면 건강한 아이를 얻을 수 있는 효과마저 있다. 자녀 2명을 낳은 시점에 좋은 아파트나 주택을 받은 젊은 부부는 국가에 대한 감사는 물론, 자녀들에 대해서도 '복덩이들'이라는 생각마저 하게 된다. 그러므로 가정 화목마저도 가져오게 하는 등 다목적이다.

병역의무를 필하고, 직장을 가진, 합법적 부부에게만 아파트나 주택을 제공한다. 절대로 미성년자들이 동거하면서 아이만 낳는다고 집을 주지는 않는다. 직장을 가지지 않고 부모의 집에 얹혀살며 외국에 놀러 다니기나 하는 캥거루족에게는 결코 주지 않는다.

병역은 국민의 신성한 의무이다. 신라는 전선사령관의 아들이 솔선하여 최전방에서 목숨 바쳐 민족통일의 앞장에 섰다. 노블레스 오블리주를 실천하였다. 영국 왕자만 아르헨티나전쟁에서 싸운 것이 아니다. 전선사령관 김흠순(金欽純)의 아들 청년 장교 반굴(盤屈)은 꽃다운 나이에 민족이 더는 싸우지 않게 삼국통일을 위해 목숨을 바쳤다. 삼국통일은 그냥 된 것이 아니다.

우리나라는 북한 통일과 만주 수복을 과제로 두고 있다. 그런데 어찌 뛰고 춤추어 이름이 알려졌다고, 공을 좀 찬다고 병역면제를 시킨단 말인가? 이들을 21세에 입대시킬 필요가 무엇인가? 30세에라도 입대시키면 된다. 한국생존과 자유 통일을 위해, 병역의무를 묵묵히 수행하는 수많은 사람을 '루저(실패자)'로 만드는 더러운 썩은 풍조를 즉각 척결하여야 한다.

군대 안 가는 것이 무슨 벼슬인가? 이스라엘은 여성까지도 병역의무를 담당하는 것을 긍지로 여긴다. 총을 메고 검문하는 그 여성들이 얼마나 떳떳하고 긍지가 넘치는지 얼굴빛은 환하여 아름다움으로 빛났고 눈은 조국과 동족에 대한 사랑으로 반짝였다. 이제는 우리의 젊은이들도 18개월 병역의무를 완수하는 것을 긍지로 여기도록 나라의 풍조를 혁신해야 한다. 그래야 본인도 일생 동안 떳떳하고 나라도 복을 받는다.

2. 부부가 살면서 30년 장기 분할상환 혜택

부부는 정부가 주는 멋진 집에 살면서 집값에 대해 매월 일정 금액을 30년간 장기 분할상환해야 한다. 집값이 원가로 책정되었기에 그리 크지는 않다. 그 원리금을 30년에 걸쳐 분할상환하니 그 월 부담액은 매우 작다. 물론 그 집은 부부가 소유권보존등기를 할 수 있다. 재산권 행사를 하기 위해서는 등기절차를 밟는 것이 좋다. 그러나 부부가 의도적으로 재테크를 위하여 매도하지는 못한다.

아이들을 보호하기 위하여 자녀들이 19세가 될 때까지는 매각을 못하게 할 필요가 있다. 왜냐하면 최악의 경우 그 집은 자녀들에게는 방파제가 될 수 있기 때문이다. 또한 자녀들은 안정된 주거환경에서 잘 성장할 권리를 가지고 있기 때문에 부모는 그것을 박탈할 권리가 없다.

부부가 타 지역으로 전근을 가게 되면 교환을 하면 된다. 마땅한 교환 상대방을 못 구할 시 정부는 이들의 요청에 의해 개입할 수 있다. 자녀들이 성장하여 19세가 넘으면, 부부는 그 집을 마음껏 매각하여 재테크를 할 수 있다. 이제는 좁은 곳이 좋다면 작은 곳으로, 큰 곳에서 살고 싶다면 큰 것을 사서 이사하면 된다. 자유민주주의의 혜택을 마음껏 누리며 행복한 삶을 향유하면 된다.

3. 도시 신혼부부는 아파트, 농촌 신혼부부는 주택 혹은 아파트 제공

도시 신혼부부에게는 아파트 100㎡ 방3 화2를 제공하고, 농촌 신혼부부에게는 본인들의 희망에 따라 주택 100㎡ 방3 화2나 아파트 100㎡ 방3 화2를 제공한다. 도시나 농촌의 시설 차이는 전혀 없다. 둘 다 젊은이들이 좋아하는 현대식의 깔끔한 시설과 옵션으로 되어 있어 원망과 시비가 없다. 둘러본 X세대와 베이비붐세대는 좋은 주택에 놀라 자신들이 조금 더 늦게 태어나지 못한 것을 한탄할 뿐이다.

화단이나 베란다에서 피어나는 꽃을 보며, 우리의 젊은 부부들은 자녀 두셋과 흐뭇한 미소를 지으며 나중에 자신들이 상환할 것이지만, 그에 앞서 국민의 세금으로 지어진 것이기에 나라와 국민에게 감사의 마음을 가지며 행복을 만끽한다. 이들에게는 그 극심했던 경쟁과 스트레스가 이제는 사라진 것이 너무나 감사하다.

이제는 아이를 셋도 넷도 낳아서 국가와 민족의 고민을 덜어 줘야겠다는 생각이 샘솟을 것이다. 극초저출산을 탈출하고 안전출산율로 접어든 세계에 유례없는 이 기적은 정부가 세계 그 어느 나라도 용기가 없고 생각도 못 하여 시행하지 못한 망국방지세를 과감하게 도입한 것이 주효했다는 것을 국민들도 알게 될 것이다.

젊은이들도, 직장을 잡아 주고, 과외 금지와 학원 폐지를 단행하고, 어린이집부터 고교까지 무상 보육과 교육을 시행하며, 어지간한 일본 사장 집보다 더 넓은 100㎡ 방3 화2의 주택을 공급한 정부의 정책에 깊은 공감을 표한다. 이제 그들은 한국에 태어난 것을 감사한다. 그리고 '헬조선'이라며 나라를 원망하고 부모에게 불손했던 그 패역을 철저히 회개할 것이다.

제18장

한국생존전략 5.
수도권 집중 타파,
지방생존 없이 국가생존 없다

1. 수도권 집중 타파

수도권은 서울, 경기, 인천 지역이다. 수도권의 면적은 약 1만 3천㎢로 우리나라 남한 전체 면적의 약 13%에 불과하다. 그런데 이 좁은 곳의 인구는 2020년 기준 약 2천 6백만 명으로 총인구의 과반을 차지하여 세계적인 인구집중 현상을 보이고 있다.

한양대학교 전영수 교수는 수도권 집중, 즉 수도권 블랙홀 현상은 수도권의 자원 독점 때문이며 고용·주거·교육·인프라·산업 등이 수도권에 집중되다 보니 지방 사람들이 몰려들 수밖에 없는 구조이고 희소자원인 부동산을 놓고 벌이는 전쟁의 패배자는 청년일 수밖에 없다고 갈파하였음을 한겨레신문은 2022. 8. 29. 자로 보도했는데, 이는 수도권 집중과 지방소멸의 원인과 문제점을 잘 분석한 보도이기에 그 내용에 동의하지 않을 수 없다.

문제는 이 전쟁의 패배자인 청년들이 희망을 잃고 결혼도 늦게 하고 아이마저도 잘 낳지 않으려 한다는 것이다. 그 결과는 세계 최악의 극초저출산이다. 외국에서도 걱정하면서 영국의 세계 석학조차도 한국의 국가소멸을 경고하고, 미국의 세계 최고 부호 겸 AI 투자가도 90년 후쯤 한국은 거의 민족이 실질적으로 소멸할 것이라고 경고하는 것이다.

이 죽느냐 사느냐의 문제를 해결하기 위해서는 수도권 집중 문제를 시급히 해결하지 않으면 안 된다. 국가생존과 민족생존을 위하여, 좁은 수도권에 과반의 인구를 집중시키는 고용·주거·교육·인프라·산업 등을 지방으로 분산할 수밖에 없다.

이 길은 청년들을 극한 경쟁의 장인 과밀화된 수도권에서 지방으로 분산시킴으로 경쟁을 거의 제거하는 길이며, 고용·주거 등의 문제를 해결하는 길이다. 청년들에게 '희망'을 주어 극초저출산 문제도 해결하는 길이다. 그러므로 수도권 집중 타파는 국가의 생존과 기업의 생존이 걸린 시급한, 중차대한 사안이 아닐 수 없다.

2. 지방생존 없이 국가생존 없다

지방이란 수도권을 제외한 다른 지역이다. 강원, 충남, 충북, 전남, 전북, 경남, 경북, 제주 지역을 뜻한다. 젊은이들이 지방을 떠나는 이유는 지방에는 좋은 일자리가 부족하기 때문이다. 좋은 일자리는 수도권에 집중되어 있다. 젊고 패기 있는 청년들이 이것을 감수하기는 쉽지 않다. 일자리 문제를 해결해 주지 않고는 지방소멸 문제를 해결할 수 없다.

한양대학교 전영수 교수는 지방은 한국의 '정해진 미래'를 알려 주는 징후인데 이미 229개 기초지자체 중에서 2022년 4월 기준 절반 가까이가 인구소멸 위기에 빠졌으며 인구 변화는 교육, 지방, 국방, 조세, 취업, 노동, 주거 등 사회 전 분야에 영향을 끼치므로 지방이 죽으면 나라도 죽는다고 경고함을 한겨레신문은 2022.8.29. 자로 보도했는데, 이는 실태적 상황 분석과 영향력 판단 및 결과 예측에 의한 경고이므로 동감을 표하지 않을 수 없다.

지방생존 없이 국가생존 없다. 지방생존의 문제는 지자체의 손길을 이미 벗어났다. 이것은 슈퍼파워로서 행정권과 예산권은 물론 임명권·입법권까지 가지고 있는 최고 리더 겸 국가원수인 대통령이 필사즉생(必死則生)의 심정으로 정부·국회·국민을 결집하고 솔선수범하여 지휘해야 겨우 해결할 수 있는 사안이다. 만만히 볼 적이 아니다. 강적이다. 우리에게 남은 시간은 많지 않다.

3. 수도권 국가기관 지방 이전 - 대통령실·정부청사·국회·대법원·헌법재판소 포함

우리는 인구소멸에 의한 국가소멸·민족소멸이라는 들어보지 못한 대국난을 맞았다. 대통령은 솔선수범하여 국민을 결집하고 정부와 공무원을 지휘하고, 국회도 초당적으로 국난 극복을 위해 협조해야 한다. 그 첫 번째 상징적인 조치가 대통령실 지방 이전이다.

필사즉생의 각오로 어깨에 총탄을 맞아 가며 전선 현장에서 솔선수범 전투에 임하며 지휘하던 이순신 장군은 23전 전승으로 구국의 영웅이 되었다. 반면에 기생을 끼고 놀면서 전쟁에 불성실하게 임하던 원균은 막강한 경상도 수군의 전함들을 자침시키고, 후일에도 칠천량 전투 대패로 민족의 운명을 심히 위태롭게 했다.

대통령실 지방 이전이 갖는 의미는 매우 크다. 대통령이 이 전대미문의 대전쟁에 어떠한 각오로 임하는가를 국민 앞에 천명하는 것이다. 6·25전쟁처럼 전쟁이 일어나 이전하지 않으면 죽는다는 각오로 지휘해야 한다. 대통령이 움직이지 않으면 예하 정부 기관도 움직이지 않을 것이다.

그렇게 되면 국회도, 기업체들도, 공기업까지도 이런저런 핑계를 대며 움직이려 하지 않을 것이기 때문이다. 그러면 수도권 집중 타파도, 지방 생존도, 국가생존과 민족생존도 물 건너가 허사가 되기 때문이다. 정부 청사, 국회, 대법원, 헌법재판소, 중앙선관위 등을 포함한 전체 국가기관을 지방으로 이전시켜야 한다.

국가균형발전을 위해 공공기관의 지방 이전이 추진됐는데 아직도 공공기관 370개 중 44.3%인 164개가 수도권에 몰려 있기에 조속한 지방 이전으로 수도권 일극 체제를 탈피하고 소멸 위기에 처한 지방을 살려야 하며 공공기관의 유치는 지방의 최소한의 생존 대책이라고 매일신문은 2022.5.25. 자 사설로 강조했는데, 이는 생존을 위해 분투하는 지방이 공공기관의 이전을 얼마나 목마르게 기다려 왔는지를 알리는 사실을 근거로 한 현장감 있는 사설이기에 동의하지 않을 수 없다.

공공기관과 기업을 지방으로 이전하는 정책만을 홀로 시행한다면 출산율과 수도권 과밀화 문제 해결에 미치는 인구 효과는 예컨대 110만 명 정도밖에 나지 않을 것이다. 그러나 우리는 국가소멸·민족소멸을 방지하기 위해 망국방지세라는 예컨대 3000만 명 정도의 효과를 내는 특단 정책을 시행하고, 젊은이들에게 직장을 잡아 주는 예컨대 100만 명 정도의 효과를 내는 일자리 정책을 병행한다.

과외 금지와 학원 폐지로 공교육 정상화에 의한 사교육비 제로화로 예컨대 100만 명 정도의 효과를 내는 정책을 재삼 병행하며, 젊은이들에게 현대식 100㎡ 방3 화2의 아파트나 주택을 주는 예컨대 100만 명 정도의 효과를 내는 제4정책을 추가한다. 대학과 공기업을 지방의 특색을 고려하여 과학적으로 분석한 후 각 지방으로 이전하는 예컨대 50만 명 정도의 효과를 내는 제5정책을 병행한다.

그리고 비혼·동성애 근절을 통해 예컨대 100만 명 정도의 효과를 내는 특단 정책을 추가한다. 그 위에 지방의 특색과 수요를 과학적으로 분석하여 국가기관과 기업체를 지방으로 이전하는 정책을 추가함으로써 그 복합적인 총효과는 예컨대 3560만 명 정도로 커질 것이다.

이는 공공기관과 기업의 지방 이전을 홀로 시행할 때의 효과인 예컨대 110만 명과는 하늘과 땅만큼의 차이로, 비교가 되지 않으며, 차원이 다르다. 그러므로 공공기관이나 기업의 지방 이전에 대한 효과성의 우려는 해소된다 할 것이다.

다만 각 지방의 특색을 고려해 적절한 기관과 기업이 유치되도록 정부는 노력을 기울여야 하고, 지방 곳곳에 인구를 넓게 퍼뜨리기보다는 젊은 층이 서울 대신 정착할 만한 핵심 도시를 지방에 만드는 데 주력하며, 청년층의 수요를 과학적으로 분석하고 이를 토대로 지방 도시를 바꾸어 나가야 할 것이다.

지방 이전 시 부산이나 대구, 광주 등 인구 50만 명 이상의 대도시로 이전하는 것은 지방생존을 위해 큰 도움이 되지 않으며 그 의미가 희석된다. 그러므로 광역시와 특례시 및 인구 50만 명 이상의 대도시는 지방 이전 대상에서 제외해야 한다. 그러면 그 제외되는 대상은 부산, 대구, 광주, 대전, 울산, 창원, 청주, 전주, 천안, 포항, 김해이다. 이전 후에도 그곳이 인구 50만 명 이상의 대도시가 되지 않도록 관리해야 한다.

4. 수도권 기업체 지방 이전 - 본사, 공장

수도권에 있는 기업체의 본사와 공장 등을 지방으로 이전한다. 서울과 경기, 인천 등에 과도히 집중된 기업체를 지방으로 이전하지 않고는 지방 일자리 문제를 해결하지 못하고, 주택 문제도 해결하지 못한다. 무엇보다도 과도한 경쟁을 해소하지 못하여 젊은이들에게 결혼과 출산의 희망을 줄 수가 없다.

수도권의 일자리를 지방에 나눠 주지 않으면 지방은 살아날 수가 없다. 일자리 없는 지방생존은 없다. 지방이 원하는 것은 일자리이다. 그것이 생명을 나눠 주는 것이고, 진정한 사랑이다.

건물보다 사람이 지방으로 갈 수 있는 환경을 조성하지 않으면 기업과 대학을 지방으로 이전하는 것은 별 도움이 안 될 것이다. 그러므로 사람 이전 없는 건물 이전은 없도록 해야 한다.

지방 이전 시 부산이나 대구, 광주 등 인구 50만 명 이상의 대도시로 이전하는 것은 지방생존을 위해 큰 도움이 되지 않으며 그 의미가 희석된다. 그러므로 광역시와 특례시 및 인구 50만 명 이상의 대도시는 지방 이전 대상에서 제외해야 한다.

그러면 그 제외되는 대상은 부산, 대구, 광주, 대전, 울산, 창원, 청주, 전주, 천안, 포항, 김해이다. 이전한 후에도 그곳이 인구 50만 명 이상의 대도시가 되지 않도록 관리해야 한다. 기업은 면밀히 분석·계획한 후에 이전하고, 정부는 관리해야 한다.

"이곳이 좋다. 나 하나 이사 안 해도 될 것이다." 그런 생각은 버려야 한다. 6·25전쟁처럼 전쟁이 일어나 이전하지 않으면 죽는다는 각오로 지방으로 이전해야 한다. 우리가 마주친 인구소멸에 의한 국가소멸·민족소멸의 대전쟁은 고통이 수반되는 전대미문의 대국난이기 때문이다.

5. 수도권 공기업 지방 이전

수도권 일극 체제를 탈피하고 수도권과 지방이 균형 발전하도록 하는 것은 중요하다. 일자리가 수도권에 집중하여 발생한 수도권 과밀화와 서울 부동산 가격 폭등, 주택 문제 등 많은 부작용을 제거하는 일이기도 하기 때문이다. 그중에서도 가장 중점을 두고 해결해야 할 문제는 과열된 각종 경쟁으로 젊은이들이 희망을 갖지 못하는 것을 척결하는 것이다.

좌절한 우리의 젊은이들이 아이는 고사하고 결혼조차도 일자리가 없어 못 하고 있다. 이는 극초저출산을 유발했고 외국으로부터 한국의 국가소멸·민족소멸 경고가 나오게 한 것이다. 위와 같은 비극을 속히 탈피하기 위하여 대표적인 좋은 일자리 중 하나인 공기업의 지방 이전은 필수 불가결하며 시급하다.

여기서 공기업의 대상은 중앙정부나 수도권 지방정부가 출자하여 설립되었거나 지분이 대부분 정부에게 속해 있는 기업이다. 수도권 소재 공기업의 종류는 많다. 다음은 수도권 소재 공기업으로 알려져 있는 곳인데 이는 수도권 공기업의 극히 일부에 불과하다.

한국임업연구원, 해양수산과학기술진흥원, 한국어촌어항공단, 중소기업연구원, 우체국시설관리단, 건설근로자공제회, 과학기술일자리진흥원, 동북아역사재단, 대한체육회, 아동권리보장원, 전략물자관리원, 통일연구원, 한국고전번역원, 한국과학기술연구원, 한국국방연구원, 한

국무역보험공사, 한국문화재재단, 환경보전협회, 한국특허전략개발원, 한국사회복지협의회….

지방 이전 시 부산이나 대구, 광주 등 인구 50만 명 이상의 대도시로 이전하는 것은 지방생존을 위해 큰 도움이 되지 않으며 그 의미가 희석된다. 그러므로 광역시와 특례시 및 인구 50만 명 이상의 대도시는 지방 이전 대상에서 제외해야 한다.

그러면 그 제외되는 대상은 부산, 대구, 광주, 대전, 울산, 창원, 청주, 전주, 천안, 포항, 김해이다. 이전 후에도 그곳이 인구 50만 명 이상의 대도시가 되지 않도록 관리해야 한다. 공기업은 면밀히 분석·계획한 후에 이전하고, 정부는 관리해야 한다.

"이곳이 좋다. 나 하나 이사 안 해도 될 것이다." 그런 생각은 버려야 한다. 6·25전쟁처럼 전쟁이 일어나 이전하지 않으면 죽는다는 각오로 지방으로 이전해야 한다. 우리가 마주친 인구소멸에 의한 국가소멸·민족소멸의 대전쟁은 고통이 수반되는 전대미문의 대국난이기 때문이다.

6. 수도권 대학 지방 이전

우리나라 면적의 약 13%에 불과한 수도권에 총인구의 과반이 밀집되어 치열한 생존경쟁을 펼치고 있다. 경쟁에 밀리는 젊은이들은 희망을 잃고 결혼도 출산도 포기하고 있다. 이렇게 치열한 생존경쟁의 좁고 밀집한 장소에 대학생들마저 운집해 있다. 서울이 아니면 공부가 안 되는 것도 아니고, 수도권이 아니면 연구가 안 되는 것도 아닌데, 이는 분명 문제가 있는 것이다.

수도권의 대학들도 지방 이전을 시켜야 한다. 미국이나 영국도 대학들이 워싱턴이나 런던에 밀집되어 있는 것은 아니다. 시골의 여유 있는 자연환경에서 공부하고 연구하면 오히려 인성도 좋아지고 연구 성과도 좋아질 수 있다. 무엇보다도 수도권 집중을 타파하고, 지방의 생존에 이바지할 수 있다.

지방 이전 시 부산이나 대구, 광주 등 인구 50만 명 이상의 대도시로 이전하는 것은 지방생존을 위해 큰 도움이 되지 않으며 그 의미가 희석된다. 그러므로 광역시와 특례시 및 인구 50만 명 이상의 대도시는 지방 이전 대상에서 제외해야 한다.

그러면 그 제외되는 대상은 부산, 대구, 광주, 대전, 울산, 창원, 청주, 전주, 천안, 포항, 김해이다. 이전 후에도 그곳이 인구 50만 명 이상의 대도시가 되지 않도록 관리해야 한다. 대학은 면밀히 분석·계획한 후에 이전하고, 정부는 관리해야 한다.

"이곳이 좋다. 나 하나 이사 안 해도 될 것이다." 그런 생각은 버려야 한다. 6·25전쟁처럼 전쟁이 일어나 이전하지 않으면 죽는다는 각오로 지방으로 이전해야 한다. 우리가 마주친 인구소멸에 의한 국가소멸·민족소멸의 대전쟁은 고통이 수반되는 전대미문의 대국난이기 때문이다.

7. 수도권 집값 지방과 같아질 때까지 주택 무제한 공급, 재건축 시 일반주택만큼 신혼부부 주택 수직 신축

한겨레신문은 한양대학교 전영수 교수가 지방에서는 먹이(일자리)가 없어서 알을 못 낳고 서울·수도권에서는 둥지(집)가 없어서 알을 못 낳는다며 서울 집값은 정확하게 출산율과 반비례한다고 강조했음을 2022.8.29. 자로 보도했는데, 이는 문제의 핵심을 짚은 보도이기에 그 내용에 동의하지 않을 수 없다.

우리의 젊은이들은 집이 없어 아이를 못 낳겠다고 한다. 그래서 아이 두 명 이상을 낳는 시점에 100㎡(=30.25평) 방3 화2의 현대식 좋은 설비의 아파트를 준다. 문제는 아이를 두 명 낳기 이전이다. 그때까지는 전세나 월세를 살아야 한다. 은행이 전세자금대출을 해 주지만 서울의 집값이 지방 대비 3~4배이기 때문에 전세금조차도 감당하기가 어렵다.

그래서 서울의 집값이 지방과 같아질 때까지, 정부는 서울에 주택을 무제한 공급해야 한다. 그리고 서울의 재건축 시에는 일반 주택의 총면적만큼 신혼부부 주택을 수직 신축하도록 의무화해야 한다. 그 이유는 신혼부부에게 희망을 줘서 나라가 우리에게도 저 좋은 곳에 입주하도록 해 주니 어서 아이 두셋을 낳자는 생각을 가지도록 하기 위함이다.

이제 이들 신혼부부는 자녀들을 그 좋은 집에 살 자격을 부여해 준 '복덩이들'이라며 더욱 사랑할 것이다. 나라가 직장도 잡아 주었고, 집까지 기막히게 좋은 것으로 주었고, 과외와 사교육까지 금지하고, 어린이집부터 유아원을 거쳐 고등학교까지 무상 보육과 교육을 시켜 주니, 우리의 젊은이들은 세계적으로 좋은 나라에 감사하며 그런 나라에 살도록 낳아 주신 부모에게도 감사할 것이다.

이제 희망과 삶에 대한 자신감을 가지게 된 우리의 젊은이들은 '헬 조선'이라는 말을 했었던 것을 깊이 참회할 것이다. 젊은이들은 감사한 대한민국이 안고 있는 국가생존·민족생존의 문제 해결에 적극 협조하기 위하여, 아이 둘은 기본이고 셋도 기꺼이 낳을 것이다. 이제 행복한 웃음꽃이 지방만이 아니라 그 치열했던 경쟁의 장인 서울에서도 활짝 필 것이다.

서울의 집값은 출산율과 정확하게 반비례하므로, 출산율을 높이기 위해서는 서울의 집값을 떨어뜨리는 것이 불가피하다. "내 집값이 떨어지다니 참을 수 없다"라고 분개할 일이 아니다. 나라가 없어지고 민족이 없어지면, 내 후손도 없고 내 집도 타민족의 것이 된다. 내 후손이 살게 되고 나라도 살게 된 것을 감사히 생각하고, 한국생존·민족생존을 위해서는 기쁘게 감수해야 한다.

제19장

한국생존전략 6.
인구소멸 · 에이즈 · 성적 타락 부르는 비혼 · 동거 · 동성애 · 성전환 근절

1. 동성애국 소돔과 고모라의 말로

KBS뉴스는 동성애자 남성 두 명이 에이즈에 감염된 사실을 숨기고 무차별적으로 수십 명의 남녀와 성관계를 가져온 것으로 드러나서 충격을 주고 있다고 2002. 12. 12.에 보도했는데, 이는 죽음의 병균을 의도적으로 옮겨 고의로 살인에 이르게 할 수 있다는 점을 고려하면 충격을 주고 있다는 보도 내용에 동의하지 않을 수 없다.

에이즈의 잠복기는 사람마다 다르며, 일반적으로 짧게는 6개월에서 길게는 15년 이상까지로 알려져 있다. 에이즈는 10년 이상 별다른 증상이 나타나지 않는 경우도 많은, 무서운 죽음의 병으로서 천형(天刑)이다. 에이즈 환자는 병에 대한 저항력이 약하기 때문에 암 발생 위험도는 일반인보다 20배가 더 높고, 자살률도 3배가 더 높으며, 수명은 30년 가까이나 더 짧은 것으로 알려져 있다.

소돔과 고모라는 동성애를 허용하는 나라였다. 그러므로 살인과 강간, 간음, 우상숭배 등이 만연한 죄악의 소굴이었다. 성전환도 수술력만 있었다면 할 그런 나라였다. 성경은 하나님의 말씀을 기록한 책이다. 그 성경에서 하나님은 우리 인간에게 이렇게 말씀하신다.

"너는 여자와 교합함같이 남자와 교합하지 말라 이는 가증한 일이니라."(성경전서. 개역한글판. 레위기 18장 22절)

동성애를 하나님은 가증히 여기신다. 그래서 불순종하는 자들을 심판하신다. 그 심판은 두 가지이다. 첫째는 '에이즈'라는 죽음의 병에 의한 천벌이다. 그 천벌을 받고도 회개하지 않는 자들에게는 두 번째 천벌을 내리시는데 그것은 '지옥'의 심판이다. 하나님은 동성애를 한 자들에 대하여 그 가증한 죄의 습관을 끊는 회개를 하지 않으면 지옥에 갈 것을 다음과 같이 경고하신다.

"불의한 자가 하나님의 나라를 유업으로 받지 못할 줄을 알지 못하느냐 미혹을 받지 말라 음란하는 자나 우상숭배하는 자나 간음하는 자나 탐색하는 자나 '남색하는 자'나 도적이나 탐람하는 자나 술 취하는 자나 후욕하는 자나 토색하는 자들은 하나님의 나라를 유업으로 받지 못하리라."(성경전서. 개역한글판. 고린도전서 6장 9~10절)

위의 내용 중에서 '남색하는 자'란 '동성애자'를 말한다. 영어 성경은 'homosexuals'라고 동성애자들임을 분명히 밝히고 있다. 이런 자들은 천국에 들어가지 못한다고 기록되어 있다. 지옥에 간다는 뜻이다. 지옥을 피하고 천국에 갈 수 있는 길은 죄의 습관을 끊고 하나님께로 돌아와 복음을 믿는 것이다. 회개하고 돌아온 탕자는 아버지로부터 환영을 받았다.

그러나 소돔과 고모라 사람들은 그렇게 하지 않았다. 그들은 롯에게 찾아온 두 천사를 동성애로 집단 강간하겠다고 롯에게 내놓으라고 협박하였다.

"…이 저녁에 네게 온 사람이 어디 있느냐 이끌어 내라 우리가 그들을 상관하리라."(성경전서. 개역한글판. 창세기 19장 5절)

'상관한다'는 말은 성관계를 갖는 것의 성경적 표현이다. 롯이 그런 악을 행하지 말라며 대신 자신의 두 처녀 딸을 내놓겠다고 설득해도, 소돔과 고모라 남자들은 거부하고 천사들이 남자 형상이지만 잘생겼기에 동성애로 집단 성폭행하겠다고 내놓으라고 협박한 것이다.

살인과 강간, 우상숭배, 동성애 등 그 넘치는 죄의 결과 소돔과 고모라는 유황불의 심판을 받고 멸망을 당하여 다 타 버렸다. 그 지역이 오늘날 사해이다. 오늘날까지도 풀 한 포기, 물고기 한 마리도 살 수 없는 곳이 되고 말았다.

2. 동성애 · 성전환은 인구소멸 · 에이즈 · 성적 타락 불러 저주 자초

동성애와 성전환은 인구소멸을 부른다. 남자 남편과 남자 아내가 성적 행위를 해도 아이는 생기지 않는다. 여자 남편과 여자 아내가 성적 행위를 해도 아이는 생기지 않는다. 아무리 성전환 수술을 그럴싸하게 하여 여자처럼 보인다 해도 아이는 낳지 못한다. 그러므로 이들은 하나님께서 가증히 보시는 악한 행위인 성적 타락으로 저주를 자초하여 불러온다.

동성애는 인구소멸을 초래하여 국가소멸·민족소멸이라는 대재앙을 불러오는 진원지의 하나이다. GBN뉴스는 미국의 경우 2011년 13~24세 남성 에이즈 감염자의 94~95%가 동성애 행위로 감염됐음에도 한국 청소년들은 동성애에 무방비로 노출되어 있는바 그 이유는 동성애자들의 항의로 학교에서 동성애 옹호 교육이 실시되기 때문이라고 2020.4.21.자로 보도했는데, 이는 원인에 대한 사실 보도와 비교육의 문제점에 대한 사실 보도이기에 동의하지 않을 수 없다.

위의 GBN뉴스 보도가 사실일진대 이는 우리 정부의 직무유기이다. 역차별이다. 동성애자들의 인권만 소중하고, 우리 아이들의 인권은 소중하지 않단 말인가? 수많은 우리 아이들이야 에이즈에 걸려 죽든지 말든지, 동성애자들의 항의만 들어주면 된다는 살인 행위가 아닐 수 없다. 그러고도 어찌 우리 아이들이 건강하고 잘되기를 바란다고 할 수 있을는지 통탄을 금할 수 없다.

3. 동성애·성전환 근절 전략: 인구소멸·에이즈·성적 타락으로 국가에 저주 초래하니, 저주 용납국에 보내 줌

동성애와 성전환은 인구소멸과 에이즈 및 성적 타락으로 국가에 저주를 불러온다. 동성애로 소돔과 고모라도 망했고, 공민왕도 망했고, 한나라 애제도 동성애로 나라를 망하게 했다.

펜앤드마이크는 한 동성애자의 양심고백을 인용하면서 동성애자들은 '찜방'에서 하룻밤에 수차례 여러 명과 항문으로 성관계를 갖는데 그때 나온 여러 가지 분비물을 입장할 때 주는 수건으로 닦거나 침대나 이불과 베개에 닦기에 아침이면 온 방은 수건들과 피와 대변이 묻은 콘돔으로 가득한데 찜방들을 통해 퍼지는 성병이 문제라며 차별금지법이 통과되면 동성애로 인한 폐해를 막을 길이 없어진다는 보도를 2020.9.1. 자로 했는데, 이 보도와 그 우려에 동의하며 국민의 생명과 나라의 장래를 생각할 때 동성애 차별금지법을 통과시키려고 하는 국회의원들이 심히 개탄스럽다 아니 할 수 없다.

에이즈 환자는 아내도 남편도 에이즈 환자로 만든다. 또한 군대의 엄격한 계급 구조상 고참이 동성애자[15]일 경우 내무반 내에서 수많은 하급자들을 성폭행하는 일이 빈번하게 발생한다. 군부대 내 동성애가 허용된다면 동성애와 에이즈가 급속하게 확산할 것으로 우려된다.

동성애자 인권을 지지하는 많은 일반인은 이러한 실정은 거의 모르며 그저 감성적으로 동성애를 인권으로 인식하고 지지하는 실태이다. 그러

---

15) 국민의 소원을 배신하고 김명수 대법원장 체제하의 대법원 전원합의체(주심 김재형 대법관)는 사적 공간에서 합의하에 이뤄진 동성 군인 간 성관계는 처벌할 수 없다는 판결을 내리고 말았는데 이는 군대의 특수성을 도외시한 지극히 비상식적인 판결이라는 지탄이 있음을 국민일보는 2022.4.21. 자로 보도했는데, 위계질서가 엄격한 군 현실과 항문성교에 의한 에이즈 감염으로 군인의 생명을 도외시하고 군 전력 약화마저 초래케 하는 이적행위라는 점을 고려할 때 그 지탄에 동의하지 않을 수 없다.

나 그 결과는 너무나 참혹하다. 에이즈에 걸린 사람들은 성관계로 또 다른 에이즈 환자를 만들어 나가며 죽어 가고, 가정과 사회와 나라는 그들을 치료하느라 경제적으로 피폐해지고 초래되는 저주로 인해 정신적으로도 황폐화된다.

'동성애 결혼' 찬성률이 66%라고 한국갤럽은 2017.6.8. 자 갤럽리포트에서 발표했는데, 이 경악스런 수치는 믿고 싶지 않지만 사실 보도이니 부인할 수는 없다. 그것이 사실일진대 이 비극에서 우리 20대를 돌아서게 해야 한다. 그래야 '동성애국 소돔과 고모라의 말로'를 우리 한국은 답습하지 않을 수 있다.

국민의 생명과 나라의 장래를 매우 위태롭게 하는 비상 상황이다. 정부는 에이즈를 유발하는 동성애가 얼마나 무서운 것인가를 적극적으로 알려야 한다. 직무유기를 하여 국민을 위험으로 빠뜨려서는 안 된다. 에이즈에 의해 자신만을 죽음의 위험으로 모는 것이 아니라는 것을 알려야 한다.

정부는 동성애자들에게 배우자도 가족도 위험으로 빠뜨린다는 것을 인식시켜야 한다. 그리고 위계질서가 엄격한 군부대에서의 동성애 허용이 얼마나 무서운 결과를 가져오는지를 깊이 인식하고 법으로 금해야 한다. 우리의 젊은이들의 인생을 망가뜨리는 에이즈로부터 20대 군인들을 구출해야 한다.

국회도 직무유기를 하지 말고 속히 '동성애 방지법'을 제정하여 5200만 국민을 에이즈로부터 구출해야 한다. 동성애와 성전환은 인구소멸과 에이즈 및 성적 타락으로 국가에 저주와 재앙을 불러온다. 동성애로 소돔과 고모라도 망했고, 공민왕도 망했고, 한나라 애제도 동성애로 나라를 망하게 했다. 그러므로 정부는 5200만 국민의 생명과 안전을 지키기 위하여, 동성애자와 성전환자를 저주 용납국에 보내 주어야 한다.

4. 사례 분석: 기브아 강간 살인 사건
- 민족멸망 방지 위한 43만 대군 내전의 실마리

이스라엘의 사사시대에 한 레위 지파 사람이 첩을 데리고 베들레헴에서 에브라임으로 돌아가고 있었다. 중간에 날이 저물어 베냐민 지파에 속한 기브아에서 유숙해야 했다. 그런데 그 밤에 불량배들이 그 집을 포위하며 다음과 같이 협박했다. 소돔과 고모라의 롯에게 일어났던 사건과 흡사하다.

> "…그 성읍의 비류들이 그 집을 에워싸고 문을 두들기며 집 주인 노인에게 말하여 가로되 네 집에 들어온 사람을 끌어내라 우리가 그를 상관하리라."(성경전서. 개역한글판. 사사기 19장 22절)

"상관하리라"는 말은 성관계를 갖겠다는 성경적 표현이다. 남자와 동성애를 하겠다는 것이다. 그 집 주인은 그런 악행은 하지 말라고 좋게 타이르면서 그 남자 손님 대신에 자신의 처녀 딸과 그 남자의 첩을 끌어내겠다고 하였다. 그 남자는 부득이 첩을 밖으로 끌어낸즉 불량배들은 그 첩을 밤새도록 능욕하였다.

다음 날 새벽에 그 첩은 시신으로 발견되었다. 나귀에 그 시신을 싣고 에브라임에 도착한 그는 시체의 마디를 찍어 열두 덩이로 나눠 이스라엘 사방에 두루 보냈다. 토막 시체를 본 온 민족이 분노하고 베냐민 지파에게 그 불량배들을 처단하여 악을 제거하겠다고 내놓을 것을 요구하였다. 그러나 베냐민 지파는 거부하였다.

그리하여 동성애에서 비롯된 이 강간 살인 사건은 약 43만[16] 대군이 동원된 민족의 내전을 촉발하였다. 이 전쟁으로 총 12개 지파 중 11개 지파도 수만 명이 전사했다. 베냐민 지파는 수만 명의 지파 거의 전원이 전멸했다. 다만 패주한 600명만 민족적 회개가 일어났기에 용서해 주어 살아 돌아올 수 있었다.

위의 '기브아 사건'은 '소돔과 고모라 사건'과 매우 유사하다. 둘 다 동성애가 수많은 사람을 죽음으로 내몰았다. 그러나 다른 것이 있다. 그것은 동성애에 대한 두 민족의 대응의 차이이다. 소돔과 고모라는 회개하지 않았기에 전 민족과 나라가 멸망했다. 그러나 이스라엘은 민족적으

---

16) 성경전서. 개역한글판. 사사기 20장 17, 35, 47절. 구체적으로는 40만+25,100+600=425,700명이다.

로 대회개를 함으로써 12지파 중 하나인 베냐민 지파 대부분을 제외한 전 민족이 살고 나라도 살았다.

우리 민족은 동성애라는 무서운 죄의 습관을 끊어야 한다. 동성애를 회개하지 않아 멸망당한 소돔과 고모라의 길을 따라가면 안 된다. 우리 민족은 동성애라는 무서운 죄를 끊고 회개하여, 민족과 나라가 사는, 하나님을 경외하는 길로 가야만 한다.

5. 인구소멸 · 국가소멸 부르는 비혼(非婚) · 동거 · 사생아 방지

우리의 젊은이들이 왜 결혼을 하지 않을까? 비혼 이유는 무엇일까? 일자리가 불안해서라고도 하고, 집이 없어서라고도 한다. 어떤 이들은 독신이 여유롭고 편해서라거나, 적절한 결혼 상대가 없어서라고도 한다. 또 어떤 이들은 일이 바빠서라거나, 결혼 자금이 부족해서라고도 한다. 여성들은 출산이 부담되어서라거나, 아이 양육비와 교육비가 부담되어서라고도 한다.

비혼의 표면적인 이유야 위와 같지만, 실질적인 이유는 따로 있다고 분석된다. 비혼주의자가 그 신념을 깨고 결혼한 수기를 읽어 봐도 알 수 있지만, 진정한 비혼 사유는 결혼하고 싶은 상대를 아직 탐색 중이기 때문일 것이다. 필이 꽂혀 잠시도 떨어져 있으면 못 살 것 같은 상대를 만나면, 저들은 언제 그랬냐는 식으로 그 신념도 헌신짝처럼 내버리고 불편한 조건을 감수하고라도 그 연인과 결혼하고야 말 것이기 때문이다.

그 신념이 깨어질 때까지가 문제이다. 늦어도 33세 이전에 그 탐색을 마치고 결혼하면 좋겠는데, 44세가 넘어도 아직 상대방을 탐색 중이라면 문제이다. 내일이면 55세인데도, 여러 상대방과 동거도 해 보고 마음에 안 들어 또다시 탐색 중이라면, 부모도 국가도 너무나 지쳐 버린다.

그러는 사이에 결혼도 않고, 이 여자 저 여자 혹은 이 남자 저 남자를 탐색하기 위하여 호텔들을 전전하는 사이에 경제적으로도 피폐해지고, 사회 기강은 무너지고, 성적 타락은 만연하고, 심지어 사생아까지 출현한다면 이는 국가적 위기 상황이 아닐 수 없다.

결혼은 하지 않고 욕망을 채우려는 동거와 비혼, 그 결과 파생되는 사생아들의 출현 등으로 인한, 인륜과 하나님의 법을 어기는 결과는 처참하다. 국가가 소돔화되고 기브아화되어 망국과 민족의 멸망을 향해 치닫게 된다. 비혼자나 홀로 된 동거자는 슬퍼해 주는 사람 없이 쓸쓸히 고독사하게 될 것이다. 국가는 위와 같은 비극을 방지해야 한다. 국가의 생존을 위해서, 국민의 영구적인 행복을 위해서 그러한 비극을 막아야만 한다.

6. "혼인을 귀히 여기라"고 하나님은 왜 명하시나?

혼인을 귀히 여기라고 하나님은 모든 사람에게 말씀하신다. 그 말씀을 받은 성경 기자는 다음과 같이 성경에 기록하였다.

> "모든 사람은 혼인을 귀히 여기고 침소를 더럽히지 않게 하라. 음행하는 자들과 간음하는 자들을 하나님이 심판하시리라."(성경전서. 개역한글판. 히브리서 13장 4절)

사람에게 있어 사랑하는 사람과의 결혼식만큼 행복한 순간이 있을까? 아마 없을 것이다. 믿음과 사랑을 키우며 서로 신의와 정조의 의무를 잘 지켜 부부가 해로하는 것은 얼마나 아름다운지 모른다. 그것은 백합이 향기를 은은히 발하는 것 같고, 찬란한 햇살이 봄날의 대지를 약동하게 하는 것 같은 인생의 훈훈함과 위로이다.

위와 같은 부부를 하나님은 얼마나 귀히 보시고 사랑하시는지 모른다. 그러한 부부에게 많은 복을 부어 주신다. 자녀의 복, 재정의 복, 건강의 복, 장수의 복, 그리고 천국의 복까지. 그러므로 하나님이 모든 사람에게 혼인을 귀히 여기라고 명하심은 모든 사람에게 복을 주시기 위함이다.

그런데 나이가 서른셋을 넘고 사십을 넘어도 소위 '어장관리'만 하고, 탐색만 하고 결혼은 하지 않아 부모의 애를 태우고, 탐색을 핑계로 많은 사람들과 문란한 성생활만을 한다면 그것은 무엇보다도 본인에게 손해이다. 그리고 부모와 나라에도 근심과 손해를 끼친다.

우리나라는 건전한 국민을 얻어야 한다. 그 건전한 국민은 결혼에 의한 건강한 가정에서 얻어진다. 결혼을 귀히 여기고 두셋 낳은 자녀들을 반듯하게 잘 기를 때 나라와 세계의 일꾼들이 우리나라에서도 배출된다. 그들이 하나님을 경외할 때 우리나라에 복을 부어 주신다.

그것은 자유와 인권이 보장된 자유민주 체제를 수호하여 세계 강국이 되어 북한과 만주를 자유 통일하는 복이요, 많은 노벨상 수상자를 배출하여 세계 만민을 질병에서 구출하고 자유와 경제적 안정으로 리드하는 복이다. 세계 2대 원조국이 되어 열방을 구제하고 자유와 진리 가운데로 선도하는 복이다.

7. 비혼 · 동거 · 사생아 방지 전략: 인구소멸 · 성적 타락으로 국가소멸 부르니 주 1시간 2년 교육

비혼과 동거는 인구소멸을 가져오고, 성적 타락으로 사생아까지 출현시켜 국가에 저주를 초래한다. "유럽처럼 사생아라도 많이 낳아 출산율을 높이자"고 하는데 저주를 자초하는 망언이다. 그것은 성적 타락으로 우리나라를 복 받지 못하게 하는 망발이다. '소돔과 고모라의 말로'를 왜 생각하지 않는가? 왜 제 조상의 좋은 것은 버리고 유럽의 더러운 것마저 받아들이려고 하는가?

"사생자는 총회에 들어오지 못한다"고 하나님은 분명히 경고하신다(성경전서. 개역한글판. 신명기 23장 2절). 물론 그 사생아 개인은 회개하고 복음을 믿으면 천국에는 갈 수 있다. 그러나 그들이 정상 가정 출신자들과의 각종 모임에 밝고 생기 넘치게 참석할 수 있겠는가? 그 부모의 죄로 인해 고아원에서 눈칫밥 먹으며 그 영혼이 얼마나 고통받겠는가?

사생아들로 하여금 불우한 일생을 결코 살게 할 수는 없다. 그런 죄를 범해서는 절대로 안 된다. 국가도 그런 죄를 국민이 짓지 않도록 제도적으로 막아야 한다. 그것이 인권을 보호하는 길이다. 유럽의 더러운 것까지 따라 해서는 결코 안 된다. 성적 타락으로 인해 국가와 사회가 받는 재앙과 고통은 무엇으로 보상할 것인가?

그와 같은 악습과 죄악의 사회풍토를 혁신하여, 저출산을 탈출하고 안전출산율로 전환하게 함으로 국가생존과 민족생존을 도모하여야 한다. 우리나라는 복 받기 위하여 출산율을 높여도 정정당당하게 높여야 한다. 결혼하여 정상적인 가정에서 반듯한 후손들을 낳아야 한다. 그리하여 부모를 공경하고 하나님을 경외하는 후손을 얻어야만 한다.

비혼(非婚) 긍정률이 79%라고 데일리팝은 2020.4.10. 자로 보도했는데, 이 경악스런 수치는 믿고 싶지 않지만 사실 보도이니 부인할 수는 없다. 그것이 사실일진대 이 비극에서 우리 젊은이들을 돌아서게 해야 한다. 그래야 한국생존과 기업생존이 가능하다.

비혼족과 동거족 특히 그들 중 딩크족은 아이가 있으면 기저귀를 치워야 하고, 유치원에 보내야 하고, 아프면 병원에 데려가야 하고, 심지어 같이 놀아 주기도 해야 하지 않나 생각하는 듯하다. 그렇게 하다 보면 해외여행을 마음대로 할 수 없고, 좋아하는 부부 캠핑을 며칠씩 마음대로 할 수도 없고, 장시간 수상스키나 레포츠를 즐길 수도 없다고 생각하는 듯하다.

아이가 도대체 뭔데, 자기들의 취미나 레포츠, 여행까지도 희생해야 한단 말인가? 자기 부부가 여유롭게 살고 행복하게 즐기는 것이 아이를 가지는 것보다 더 중요하다고 생각하기 때문인 것 같다. 아이를 낳지 않는 '딩크족'이 되겠다는 비율이 44%라고 시사위크는 2019.11.29. 자로 보도했는데, 이 경악스런 수치는 믿고 싶지 않지만 사실 보도이니 부인할 수는 없다. 그것이 사실일진대 이 비극에서 우리 젊은이들의 생각을 바꿔 놓아야 한다. 그래야 한국의 미래가 있다.

부모야 아이를 낳는 것이 좋다고 충고하든 말든, 나라야 없어지든 말든, 민족이야 소멸하든 말든, 자기들 부부만 여유로운 시간을 보내고 즐기면 된다는 이런 생각은 극도의 이기주의가 아닐 수 없다. 행복을 제공하는 방파제인 국가와 서비스를 제공하는 민족에 대한 배신이 아닐 수 없다.

목숨을 바쳐 한국의 생존을 가능케 한 호국선열에 대한 모독이자 교만이 아닐 수 없다. 국가와 민족의 존속을 위한 국민으로서의 기본적인 책무인 후대를 낳는 것조차 저버리니 국민의 자격도 사실은 없다. 이 이기적인 더러운 물줄기는 바뀌어야 한다. 자기들밖에 모르는 이 추한 망국적 사회 분위기는 바뀌어야 한다.

국가원수 겸 최고 리더인 대통령은 국가 수호 및 국가 존속의 의무를 지고 있다. 국가소멸, 민족소멸을 막아야 할 헌법상 의무를 지고 있다. 이 더럽고 추한 물줄기를 바꾸어야만 한다. 국민들은 우리 조상들처럼 정상적인 결혼식을 올린 후에야, 하나님께서 '부부 사이에만 선물로 허락하신 성생활'을 시작해야 한다.

성행위하고 싶으면 결혼해야 한다. 결혼할 능력이 없으면 절제해야 한다. 결혼도 하지 않은 남녀의 성행위는 음행이고 죄이다. 그러므로 결혼하지 않은 남녀의 동거는 음행으로서 죄이다. 성적 타락을 유발하여 국가와 사회 기강을 문란케 한다. 우리나라는 성적 타락으로 멸망한 소돔과 고모라의 전철을 절대로 밟아서는 안 된다.

검찰과 경찰은 핸드폰과 인터넷 등으로 무차별적으로 살포되는 인륜 파괴적이고 자극적인 음란 만화나 동영상을 근절해야 한다. 그리하여 학생과 청소년의 영혼을 보호하고, 성적 타락으로 치닫게 하는 범죄행위로부터 우리 사회를 지켜야 한다. 건전한 사회와 건전한 성문화에서 국가의 기둥들과 세계적 일꾼들이 배출되기 때문이다.

살인 만화나 음란 동영상 등은 마약에 준하는 단속을 하고 엄벌에 처해야 한다. 매춘을 금하고, 소녀 유인 성매매를 엄단하며, 양벌규정을 강화해야 한다. 그리하여 이 나라를 소돔과 고모라와 같은 망국에서 건져내야 한다. 세계를 리드하는 건전한 나라로 만들어야 한다.

건전한 국민과 부모를 공경하는 후손을 얻고 출산율을 높여 국가소멸의 재앙을 막기 위하여, 40세 이상 비혼자와 남녀 중학생인데도 가출하여 비행을 일삼고 동거하여 사생아를 낳아 쓰레기통에 버리는 등 전 연령층의 동거자들을 주 1시간 2년간 정신교육을 이수케 해야 한다.

그러면 사회풍토를 혁신하고 소돔화 · 기브아화를 막아 나라가 망하지 않게 하고, 비혼 · 만혼 · 동거를 일소하여 인구소멸과 국가소멸 · 기업소멸을 방지할 수 있다. 출산율을 안전권[17]으로 높여 국가생존 · 민족번영을 기하여 북한과 만주를 자유 통일하는 민족 대통일을 도모하고, 세계 2대 원조국이 되어 세계 자유 시민으로서 세계민을 리드할 수 있다.

---

17) 안전출산율은 인구가 안전하게 소규모로 증가하는 2.2~2.9명이다. 1인당 GDP 5만 5천 달러로 우리나라 3만 5천 달러의 1.6배인 이스라엘의 안전출산율 2.9명을 참고하여, 우리 대한민국은 세계 3대 핵 강국 겸 최다 노벨상 수상 민족인 이스라엘처럼 국가생존과 민족번영을 도모해야 한다.

8. 대증치료 · 원인치료

우리의 젊은이들이 비혼 긍정률 약 80%에서 돌아서게 해야 한다. 그래야 한국생존이 가능하다. 아이를 낳지 않는 딩크족이 되겠다는 50%에 육박하는 우리 젊은이들의 생각을 바꿔 놓아야 한다. 그래야 한국의 미래가 있다. 동성애 결혼 찬성률 약 70%에서 우리 20대를 돌아서게 해야 한다. 그래야 동성애국 소돔과 고모라의 말로를 우리 한국은 답습하지 않을 수 있다. 그런데 어떻게 그렇게 할 것인가?

대증치료(對症治療)는 증상에 대응하여 치료하는 것이다. 아이가 양치질을 제대로 하지 않아 잇몸이 곪아 치통으로 고통스러워하지만 시험을 치러 가야 하니 응급센터에서 진통제 주사를 한 방 맞고 얼른 학교로 태워다 주는 것과 같다. 원인치료(原因治療)는 병의 원인을 찾아 제거하는 근본적인 치료이다. 치통의 원인인 아픈 부위의 나쁜 균과 독소를 다 제거하고 약을 바르고 항생제를 투입하여 근본적인 치료를 해 주는 것과 같다.

우리의 젊은이들이 여러 가지 이유를 대며 아이를 낳지 않으려 하기에 직장도 잡아 주고, 사교육비 제로화를 위해 정부가 어린이집 · 유치원부터 무상 보육 · 교육을 실시하고 과외를 금지하며, 100㎡ 방3 화2의 현대식 깔끔한 아파트를 주고, 부부가 육아 · 가사를 균등 분담하며, 보육시설과 서비스를 세계 최고 수준으로 향상시켜 주거나, 망국방지세 등의 조치를 하는 것은 대증치료이다.

근본 원인을 치료하는 원인치료도 병행해야 한다. 우리 젊은이들의 생각을 바꿔 줘야 한다. 아니 그들 스스로 생각을 바꾸도록 해 줘야 한다. 일생에 가장 행복한 순간인 결혼식에서 신부는 백합화를 든다. 그리고 백합화를 든 신부는 자신과 그 백합화를 신랑에게 맡긴다. 신랑은 신부와 백합화를 받으며 막중한 사명감을 가진다. 그 백합화는 신부의 순결을 상징한다.

신랑도 그 백합화 신부를 받기에 합당한 행실과 정조를 지키는 사람이어야 하고, 늘 백합화 같은 신부가 시들지 않게 짓밟히지 않게 일생토록 잘 보호해야 한다. 결혼을 귀히 여기기에 남편과 아내는 일생토록 서로에게 신실하며 정조를 지켜 서로 배신행위를 하지 않아야 한다. 그들의 눈은 서로를 향해 비둘기같이 정다워야 한다. 하나님은 이러한 귀한 부부에게 무한한 복을 내리신다. 자녀의 복, 장수의 복, 재정의 복, 존귀의 복, 천국의 복까지이다.

사랑하는 남녀는 결혼을 하기 전에는 성관계를 갖지 않아야 한다. 그들을 보호하기 위해서이다. 비극을 막기 위해서이다. 아무리 남자가 "오빠 믿지?"라며 유혹해도 단호히 거절해야 한다. 아니 그런 분위기 자체를 만들지 않아야 한다. 진정으로 사랑하는 신사도를 가진 남성은 결혼 후에 정식으로 성관계를 가지려고 한다.

결혼 후 성관계를 허락해야 하는 이유는 다음의 두 가지다. 첫 번째 이유는 그런 말을 한 남자들이 욕구를 채운 후에 태도를 돌변하여 배신하는 경우를 우리는 알기 때문이다. 천하제일 미녀 다윗의 딸 다말[18]을 범한 후 암논이 돌변한 사례는 이를 입증한다.

두 번째 이유는 결혼 전에 갖는 남녀의 육체관계는 음행으로서 죄이기 때문이다. 우리 조상들은 5천 년간 이것을 잘 알았다. 반드시 결혼 후에야 육체관계를 가졌다. 그 죄의 습관을 끊는 회개를 하고 복음을 믿지 않는 한, 죄를 지은 이는 천국에 가지 못하고 지옥에 가기 때문이다. 하나님의 말씀을 기록한 성경은 이것을 증언한다.

> "불의한 자가 하나님의 나라를 유업으로 받지 못할 줄을 알지 못하느냐 미혹을 받지 말라 '음란하는 자'나 우상숭배하는 자나 간음하는 자나 탐색하는 자나 남색하는 자나 도적이나 탐람하는 자나 술 취하는 자나 후욕하는 자나 토색하는 자들은 하나님의 나라를 유업으로 받지 못하리라."(성경전서. 개역한글판. 고린도전서 6장 9~10절)

음란하는 자는 천국에 들어가지 못한다고 기록되어 있다. 지옥에 간다는 뜻이다. 지옥을 피하고 천국에 갈 수 있는 길은 죄의 습관을 끊고 하나님께로 돌아와 복음을 믿는 것이다. 회개하고 돌아온 탕자는 아버지로부터 환영을 받았다.

그러므로 우리는 비혼 성관계 혹은 비혼 동거의 죄에서 즉시 돌아서야 한다. 음란을 피해야 한다. 성행위하고 싶으면 결혼해야 한다. 성행위는

---

18) 성경전서. 개역한글판. 사무엘하 13장 1~19절

하나님께서 부부 사이에만 허락하신 선물이기 때문이다. 결혼할 능력이 없으면 능력이 생길 때까지 절제해야 한다. 우리의 영혼을 위해서다. 영원한 천국에서 행복하게 살아야지, 영원히 불타는 지옥에서 고통받을 수는 없다.

평생 결혼하지 않고 이 남자 저 남자 혹은 이 여자 저 여자와 문란한 성관계를 가지는 것은 음란이다. 자신의 영혼만 망치는 것이 아니라, 국가와 사회의 기강을 문란케 하여 성적 타락으로 치닫는 것이다. 우리 대한민국은 절대로 소돔과 고모라의 말로를 답습할 수는 없다.

제20장

국가 비전: 세계 2대 원조국, 핵보유국, 북한·만주 자유 통일

1. 세계 2대 원조국
- 열방을 구제하는 자유와 진리의 선도국

오늘날 우리가 세계 7대 강국(5030클럽 기준)으로서 누리는 자유와 경제적 번영이 있기까지는 미국을 비롯한 16개 6·25 참전 혈맹국과 원조국들의 도움이 실로 컸다. 우리나라는 1945년 해방 이후 경제 재건에 이르기까지 미국을 중심으로 한 여러 선진국으로부터 많은 원조를 받았다.

1950년대 말까지는 미국이 주요 원조국이었다. 원조는 주로 전후 인플레이션 억제와 재정 안정을 위한 물자원조와 산업 설비 투자 위주로 이루어졌다. 지속적인 경제성장을 이루기까지는 외국 원조의 힘이 컸다. 우리나라는 1945년 이후 1999년까지 약 127억 달러의 원조를 받았다. 그 후 1995년에 세계은행의 차관 졸업국이 됨으로써 우리나라는 드디어 수원 대상국에서 졸업하게 되었던 것이다.

대외 원조 중에서 공적개발원조(ODA: Official Development Assistance)란 정부를 비롯한 공공기관이 개발도상국의 경제발전과 사회복지증진을 목표로 제공하는 원조를 뜻한다. ODA는 개도국 정부와 지역 및 국제기구에 제공하는 자금이나 기술협력을 포함하는 개념이다.

원조 수원국에서 공여국으로 전환한 세계 최초의 나라인 우리나라는 2010년에 원조 선진국 클럽인 DAC에 가입하였다. 그 후 국제 개발 협력 사업을 활발하게 해 오고 있다. 원조 금액 기준 세계 원조국 순위는 통계청 자료를 발견할 수 없어 부득이 GNI 기준 순위를 게재한다.

아래 그림은 세계원조국 순위이다. 국민총소득(GNI) 비율 기준으로 우리나라는 GNI의 0.16%를 원조하여 세계 25위이다. 유엔은 GNI 대비 0.7% 지원을 권장하고 있으며 현재는 세계 200개 국가 중 룩셈부르크, 스웨덴, 노르웨이, 독일, 덴마크 등 극소수만이 이 기준을 충족하고 있다.

〈그림 20-1〉 국민총소득(GNI) 비율 기준 세계 원조국 순위

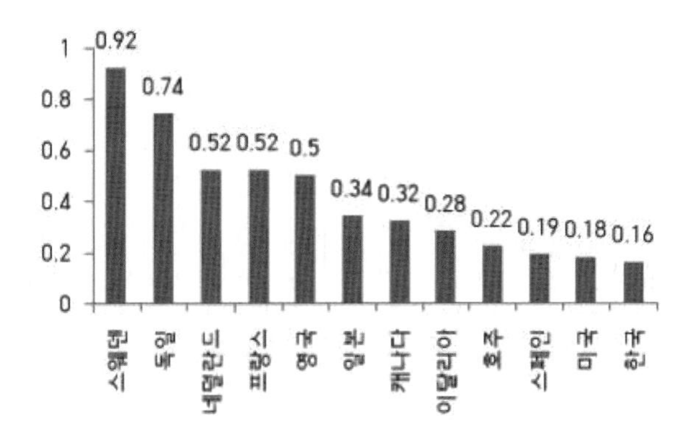

출처: 통계청. '공적개발원조(OECD)'(2021) 이용(단위: %)

좁쌀이 백 번 굴러봐야 호박 한 번 구른 것만 못하다는 속담이 있는데, GNI 기준 1등인 룩셈부르크의 원조액은 금액 기준 1등인 미국에 비교하면 지극히 미미하다. 금액 기준으로 세계 최대 원조국은 미국이고 3위는 일본으로 약 180억 달러이며, 우리나라는 약 29억 달러를 원조하여 덴마크에 이어 15위를 기록한 것으로 알려졌다.

우리가 눈여겨보아야 할 나라는 3위 일본이다. 우리의 6배 이상을 원조하고 있다. 축구와 뛰고 춤추는 것에서 일본을 이기는 것으로 만족해선 안 된다. 가장 중요한 원조와 노벨상 등에서 일본을 이겨야 진정한 승일(勝日)이다.

반가운 일은 국무조정실 2022.6.30. 자 정책브리핑에 의하면 새 정부는 우리나라가 세계 10위권 원조 국가로 도약하겠다는 목표를 세우고 예산을 늘리기로 했다는 사실이다. 기쁜 일이 아닐 수 없다. 우리의 원조는 개발도상국의 보건, 교육, 의료, 식량, 긴급구호, 농업기술 등에 요긴하게 사용된다.

우리는 분발해야 한다. 5200만 명의 인구를 가진 우리나라가 600만 명의 덴마크보다 작은 금액을 원조하고 있다는 것은 우리가 분발해야 할 여지가 많다는 것을 나타낸다. 우리의 손길을 기다리고 있는 곳은 아래와 같이 아직도 많이 있다.

식량난으로 죽어 가는 사람들, 영양결핍으로 폐병에 걸린 사람들, 의료시설 부족으로 죽어 가는 사람들, 기아로 죽어 가는 아이들, 마실 물이 부족하여 수십 리를 걸어가 손으로 모래를 파내고 작은 빨대로 흙탕물을 빨아들여 마시는 사람들, 초등학교에 가기 위해 맨발로 수십 리를 걸어가야 하는 어린이들, 이웃 군사 초강대국의 침략으로 부모를 잃고 울부짖는 고아들 등 우리의 도움을 필요로 하는 곳은 세계 곳곳에 너무나 많이 있다.

우리는 외국의 도움을 받아 오늘의 자유와 번영을 누리고 있다. 미국을 이은 세계 2대 원조국은 우리가 힘을 모아 안전출산율에 진입하여 국가생존을 도모하고, 목표를 두고 전진할 때 달성이 가능하다. 이웃을 돕는 우리의 손길 위에 하나님은 북한과 만주를 자유 통일하는 복을 내리실 것이다. 그때 우리나라는 세계 2대 원조국 겸 강국이 되어 세계 열방을 구제하며 자유와 진리 가운데로 선도하는 나라가 될 것이다.

2. 핵보유국 - 국가·민족 생존권 확보

BBC NEWS 코리아는 핵 전문가의 말을 빌려 북한이 핵탄두를 영변에 약 30개, 강선을 포함하면 70~100개 정도 보유했을 것으로 보인다고 2022.9.25. 자로 보도했다. 이는 2022년에는 맞는 내용이었다고 동의하지만 2023.1.1.에 김정은이 한국은 명백한 적이므로 핵무기를 기하급수적으로 늘리라고 하고 핵공격 가능성까지 언급한 상황이라 이제는 맞지 않다고 생각한다.

세계 1위 핵탄두 보유국은 러시아로 알려져 있다. 2위가 미국이고, 3위가 이스라엘과 프랑스로 알려져 있다. 우리의 생존을 위하여, 우리 아이들의 생존을 위하여 핵무기 보유는 필수 불가결하다. 대한민국이 핵보유국이 되어야 할 7대 이유는 다음과 같다.

핵보유국이 되어야 할 7대 이유

1) 북한의 핵무기 보유

BBC NEWS 코리아의 보도대로 북한이 핵탄두를 100개를 가지고 있다면, 이는 우리나라 서울 · 부산 · 인천 · 대구 · 광주 · 대전 · 울산을 포함한 100대 도시를 동시에 타격할 수 있는 가공할 무기이다. 그러나 우리 대한민국은 핵탄두를 가지고 있지 못하다. 이는 마치 처녀가 칼을 든 강간범과 무방비로 마주친 것이나 마찬가지이다.

걸핏하면 '불바다'로 위협하는 북한이다. 왜 핵무기를 갖지 않는가? 북한을 기쁘게 해 주기 위해서인가? 북한이 위협하면 항복하고 나라와 5200만 국민을 저들에게 바칠 것은 아닐 것이다. 그렇다면 우리도 핵을 보유해야 북한 · 중국 · 러시아의 핵 공격에 대한 억지력을 가질 수 있다.

우리를 불바다로 만들어 죽이겠다는 적이 가공할 핵탄두를 가지고 우리 머리를 겨누고 있는데 왜 핵무기로 무장하여 억지력을 확보하지 않는가? 북한이 한반도 비핵화에 동의할 것으로 아직도 기대하고 있다면, 그것은 큰 오산이다. 북한은 핵을 포기하지 않겠다고 '누차 천명'했다. 핵탄두를 기하급수적으로 만들어 공격할 가능성까지 언급했다. 5200만의 생명이 걸린 문제다.

2) 인접국 중국 · 러시아의 핵무기 보유

우리나라를 수천 년간 호시탐탐 노리고 있는 중국과 러시아가 핵을 보유하고 우리를 위협한다. 특히 중국은 우리를 핵이 없는 나라라고 업신여겨 방어용 무기 사드 배치조차도 트집 잡아 5년간 우리나라를 괴롭혔다.

러시아는 러일전쟁에서 우리나라를 놓고 일본과 전쟁을 벌였고, 지금도 우크라이나를 침략하는 등 영토 확장 야욕을 드러내고 있다. 심지어 핵무기 사용도 노골적으로 시사한다. 이런 상황에서 우리나라가 핵을 보유하는 것은 생존을 위한 최소한의 억지력을 가지려는 것이다.

3) 미국 핵우산하의 영국 · 프랑스도 핵무기 보유

영국과 프랑스는 NATO국으로서 미국의 핵우산하에 보호받고 있음에도 불구하고 핵무기를 개발, 보유하고 있다. 왜 그럴까? 최악의 상황에서 자신을 지킬 최후의 수단인 자주국방을 하기 위함이다. 연합 국방을 하지 말자는 것이 아니다. 당연히 연합 국방은 해야 한다. 최후의 자기 방어책을 갖겠다는 영국과 프랑스를 본받아야 한다.

4) 이스라엘의 핵무기 보유

이스라엘은 미국의 원조를 가장 많이 받은 나라이다. 자국민 정도 숫자의 유대인들이 미국 요처에서 탁월한 역량으로 미국의 조야를 움직여 이스라엘을 실질적으로 보호해 주고 있다. 그러함에도 불구하고 그들은 핵무기를 개발하여 세계 3대 핵보유국이 되어 있다.

러시아 푸틴마저도 이스라엘에 사과할 정도로 당당한 외교와 국방을 하고 있다. 그것이 핵무기 없이 가능하겠는가? 어림없는 일이다. 이스라엘은 국민행복지수가 우리나라보다는 비교할 수 없을 정도로 높다. 당당한 국방, 당당한 외교를 하기 때문이다.

이스라엘은 우리나라처럼 수십 배 더 큰 적국들로 둘러싸여 있지만, 우리나라와는 달리 어느 나라도 업신여기지 못한다. 사드 같은 방어용 무기를 배치한다고 괴롭히는 적국은 더더구나 없다. '불바다'로 만들어 버리겠다고 위협을 하지 못함은 물론이고, 감히 침략할 생각조차도 하지 못한다. 왜 그러할까? 그것은 이스라엘은, 핵무기 1개조차 없는 우리나라와 달리, 세계 3대 핵무기 보유국이기 때문이다.

5) 핵무기 폐기한 우크라이나의 비극

우크라이나의 비극을 잊어서는 안 된다. 우크라이나는 원래 세계 3대 핵보유국이었다. 그러나 러시아 등의 유혹에 속아 핵무기를 폐기했다. 핵이 없어지자 러시아는 우크라이나를 침략했다. 살육당한 수많은 무고한 사람들의 피로 우크라이나 국민들은 울부짖었다. 아파트는 물론 슈퍼에서 생필품을 사던 사람마저 러시아는 무차별로 미사일 공격을 퍼부었다.

핵이 없는 나라는 핵 공격을 호언하는 침략국의 협박에 침략당한 자국 국토도 제대로 회복하지 못한다. 오히려 우크라이나 국민들은 핵보유국 러시아의 점령지에서 러시아 군인으로 징집되어 전선에서 러시아 독전대의 총살 협박으로 조국 우크라이나를 향해 총알받이로 죽어 가야 했다. 핵무기가 없는 나라의 비극이다.

핵무기를 가진 침략국과는 전쟁 자체가 제대로 되지 못한다. 이는 마치 석기 무기를 가진 인디언들이 총과 대포로 무장한 침략군 스페인인들에 의해 집단 대학살 당하는 것과 같다. 무참히 학살된 많은 무고한 우크라이나 사람들의 시신들이 일부 수복 지역의 집단 매장지에서 발굴되었다. 우리는 그런 비극을 당해서는 안 된다. 그러려면 핵보유국이 되어야 한다. 우리는 우크라이나의 교훈을 절대로 잊어서는 안 된다.

6) 자주국방 포기한 조선의 전철 밟지 말아야

자주국방을 하지 않던 조선이 구한말 어떻게 비참하게 망했는가를 잊어서는 안 된다. 국방을 외국 용병에게 맡겼던 로마마저도 망했다. 북한·중국·러시아라는 핵 보유 적들로 둘러싸인 우리나라가 핵 보유를 안 하는 것은 자살과 같거나 국방 포기와 같다.

7) 최악의 상황에서 우리를 지킬 최후의 수단

핵무기 보유는 최악의 상황에서 우리를 적국으로부터 지킬 최후의 수단이기 때문에 대한민국은 핵무기를 보유해야 생존할 수 있다.

이상 살펴본 대로 우리나라는 생존을 위해 핵무기를 확보하여 배치해야 한다. 적어도 북한보다 더 많은 핵무기를 배치해야 저들이 우리에게 핵을 쏠 수 없다. 쐈다가는 자기들도 죽는다는 생각을 하지 않는 한, 핵을 쏘려고 할 것이기 때문이다. 우리가 집단 대학살 당하지 않으려면 그리해야 한다.

만들어서 배치하지 못한다면, 독일이나 이탈리아, 튀르키예, 루마니아처럼 미국의 핵무기라도 가져와 즉각 배치해야 한다. 안 준다면, 이스라엘처럼 몰래 만들어 배치해야 한다. 그리하여 다시는 국민들로 하여금 집단 대학살 당할 불안과 초조로 고통받지 않게 해야 한다. 우리는 인디언처럼 대학살당할 수 없다.

그리고 방어용 사드 부대를 북한의 핵탄두 수만큼, 서울·부산·인천·대구·광주·대전·울산을 비롯한 전국 도시 요처에 아울러 배치해야 한다. 이제는 방어용 사드를 배치한다고 그 어떤 나라로부터도 업신여김과 멸시를 당하지 않아야 한다. 국민의 생명을 지키고, 국민의 땅에 떨어진 자존심을 회복시켜 주어야 한다.

우리는 핵 없는 우크라이나 사람들처럼 대학살당할 수 없다. 국가원수 겸 최고 리더인 대통령은 취임 시 국민에게 한 선서를 이행해야 한다. 국민의 생명과 국가를 보위하겠다던 약속을 지켜야 한다. 5200만의 생명이 걸린 문제다. 적의 핵에 대해 핵무기를 배치하여 핵 억지력을 갖추는 것이 5200만 국민의 생명을 지는 헌법 준수의 길이다.

3. 북한 · 만주 자유민주 통일
- 언제까지 동족을 노예 상태로 방치할 것인가?

조선일보는 김정일 부인 성혜림과 친구라는 이유로 10년이나 요덕수용소에 수용되어 죽음과 사투를 벌이다가 기적적으로 풀려난 뒤 탈북한 김영순 씨가 남편은 국경을 넘다 총살당했고, 큰아들은 요덕수용소에서 죽고, 막내아들도 재탈북하다가 체포돼 총살당한 아픔을 안고 세계에 실질적인 수용소인 북한에 갇혀 노예와 같은 삶을 살고 있는 북한 주민들을 기억해 달라고 증언하고 있다고 2009.1.2. 자로 보도했는데, 우리나라 대표급 언론의 권위와 신뢰성을 고려할 때 이 보도 내용의 사실성에 동의하지 않을 수 없다.

동아일보는 사설 「김정일 체제가 북 주민 350만 명 굶겨 죽였다」에서 북한 최고인민회의 황장엽 전 의장이 김정일 정권을 수백만의 주민을 굶겨 죽였고 온 나라를 감옥으로 만들고 수많은 탈북자들이 외국을 떠돌다 죽게 한 반역정권으로 규정했다고 2009.8.21. 자로 보도했는데, 이는 북한 실상을 알리기 위해 탈북한 최고인민회의 의장의 발언이고 또한 아사자 수는 상당한 근거를 토대로 한 사실 보도이기에 그 내용에 동의하지 않을 수 없다.

6·25전쟁 때 남북한 사망자 합계가 약 300만 명이다. 전쟁 때보다도 더 많은 350만 명 아사자가 같은 한반도의 북쪽 '김일성 주체사상'하의 '인민민주' 체제 아래에서 평시에 발생하다니, '자유민주' 체제하의 한국에서는 국민이 영양과잉 때문에 다이어트하느라 러닝머신을 달리는 이 시대에 이 무슨 비극이란 말인가?

뉴데일리는 일본공산당과 김정일의 요리사 및 탈북 과학자 등은 이구동성으로 그 350만 명이 굶겨서 죽임당했다고 증언했고 한 발의 핵탄두 실험에는 최대 7억 9천만 불이 들어갔을 것으로 추산되며 김일성을 미라로 만들어 유리관 안에 보관한 금수산기념궁전에 9억 불을 사용했고 김일성과 김정일 부자의 우상화에 북한 전체 예산의 30~40%가 사용되는 것으로 알려졌는데 그 돈으로 식량을 수입했다면 아사자들을 살리고도 남았다고 2010.7.17. 자로 보도했는데, 이는 수치를 근거로 한 사실을 보도한 것이기에 그 내용에 동의하지 않을 수 없다.

위와 같은 것이 유물론 사상의 사회주의이며, 물질인 핵폭탄과 김일성, 김정일 우상화가 수많은 사람의 생명보다 중요하다고 생각하는 유물론자들의 범죄행위이다. 동족에게 자행한 하늘에 사무치는 그 죄를 어찌할 것인가? '김일성주의' 북한의 범죄자들과 '김일성 주체사상'을 신봉하는 북한 추종자들은 하늘과 민족과 인류 앞에 속히 회개해야 한다.

그러므로 통일은 반드시 '인간의 생명'을 '물질'보다 귀하게 여기고 '자유'와 '인권'을 중시하고 실천하는 '자유민주주의'로 되어야만 한다. '인민민주주의'와 '김일성주의' 즉 '김일성 주체사상'을 거부해야 하는 이유가 위와 같은 참상과 비극을 막기 위함이다.

북한은 평양 대부흥회가 개최되었던 장대현교회를 파괴했다. 중앙일보는 그 자리에 김일성의 23m 동상을 세워 정신적인 구심점으로 삼으며, 김일성 동상이 북한에 4만여 개가 있는데 주민들은 김일성 생일과 명절에 그 동상에 참배해야 하고, 외국인도 평양 방문 시 제일 먼저 그 김일성 동상에 가야 한다고 2017.6.11. 자로 보도했는데, 이는 북한의 김일성 우상화가 얼마나 극심하게 진행되는지를 보여 주는 사실 보도로 중앙일보의 신뢰성을 고려할 때 그 내용을 부인하기 어렵다.

BBC코리아는 태영호 북한 전 영국공사가 북한은 6·25전쟁 후 예배당을 대대적으로 부수며 기독교를 탄압했는데 김일성을 신격화하기 위해서였으며 그 후 외부에 종교의 자유가 있는 것처럼 선전하려고 봉수교회와 장충성당을 건설했으나 가짜 신도로 채웠다는 요지의 인터뷰 기사를 2018.9.18. 자로 보도했는데, 이는 북한의 교회와 성당의 실상에 관한 사실 보도라 그 내용을 부인하기는 어렵다고 생각한다.

리버티헤럴드는 북한은 종교의 자유를 헌법으로 보장하고 있다고 선전하고 있지만 국제 기독교 단체들은 북한을 세계 최악의 기독교 탄압국으로 해마다 지목하고 있다는 사실과, 평양신학원 교수이자 봉수교회

이성숙 목사가 북한에서는 하나님이 곧 김일성 주석이며 예수님은 믿지 않는다고 단호히 말하는 인터뷰 기사를 2016.11.26. 자로 보도했는데, 이는 북한 기독교 실상을 알리는 사실과 인터뷰 기사이기에 그 내용을 부인할 수는 없다고 생각한다.

김일성이 하나님이라고 하는 이성숙의 그 사악한 소리는 가짜 신학 교수이자 가짜 목사의 불경스러운 망언이다. 예수님의 부활조차 믿지 않는 자가 무슨 신학 교수이고 목사인가? 그런 자들은 김일성교(金日成敎)라는 사이비종교의 교수이자 교직자일 뿐이다. 결단코 기독교인은 아니다. 기독교도의 탈을 쓴 사이비종교인 김일성교의 광신도일 뿐이다.

중앙시사매거진은 김일성교의 실제 창시자는 김정일이라며 주체사상은 신봉자 수나 신정(神政)체제 때문에 세계 10대 종교로 분류된다고 미국 종교 통계사이트 애드히런츠닷컴은 발표했는데 이 통계사이트에 따르면 '주체교' 혹은 '김일성교'는 종교사회학의 관점에서 보면 엄연한 종교인바 그 이유는 교리문답도 있고 성지와 의식체계도 갖췄기 때문이라고 보도했는데, 이는 미국의 종교통계사이트의 세계종교분류를 근거로 한 사실 보도이기에 그 내용을 부인할 수 없다고 생각한다.

북한의 정치범수용소는 북한 도처에 설치되어 있는 것으로 알려졌다. 말 한마디만 잘못해도 끌려가고, 김일성 등의 사진이 게재된 신문으로 도배를 해도 끌려가고, 각 집에 있는 김일성, 김정일 액자 관리가 잘못되어도 끌려가고, 종교를 체제 도전의 적대 세력으로 보기에 종교 책자를 소지하거나 기도해도 끌려가는 것으로 알려졌다. 정치범수용소는 김일성 혈통과 조선노동당의 영구집권을 위해 만들어진 것으로 알려져 있다.

수용소에 끌려가면 극심한 중노동과 무자비한 폭행 및 강간이 자행되어 인권모독이 일상화되며, 영양실조로 두어 달이면 허리가 휘어 정신착란과 극도의 불안 및 설사 등을 유발하는 펠라그라병에 걸려 상당수가 6개월~1년 안에 죽는 것으로 알려졌다. 널려 있는 시체를 치우며 죽음에 대한 공포에 시달리고, 아사를 면하려 몰래 쥐나 뱀까지도 잡아먹는 것으로 알려졌다.

동족에게 자행하고 있는 하늘에 사무치는 이 인류에 대한 범죄와 인권말살의 죄에 대해 김일성주의자와 김일성 추종 세력은 즉시 회개해야 한다. 독일의 나치와 일본의 731부대도 제 동족에게는 이처럼 사악한 범죄를 오랫동안 자행하지는 않았다. 햇수로 내년이면 80년째이다. 언제까지 선량한 동족을 저 사악한 김일성주의자들과 김일성 추종 세력에게 방치할 것인가?

미국 최대의 국제방송국인 미국의 소리 방송(VOA)은 스위스 제네바에서 열린 유엔 인권이사회에서 존 케리 미국 국무장관이 많은 북한 주민들이 사실상 노예 상태에서 살고 있다며 북한 인권 상황을 강력히 규탄했고 영국 외교부와 일본 외무성도 이구동성으로 규탄했다고 2015.3.3. 자로 보도했는데, 자유와 인권을 소중한 가치로 여기는 그 방송국의 신뢰성을 생각할 때 그 내용에 동의한다. 그러나 우리나라는 비겁했다. 동족의 고통을 외면했다.

조선일보는 북한이 가장 두려워하는 국제사회의 인권 압력에 협력하기는커녕, 김대중 정부는 집권 5년 동안 '북한 인권'이라는 말 한마디 하지 않았고, 노무현 정부도 유엔인권위가 2003년 처음 상정한 대북인권결의안에 기권했다고 2011.5.19. 자로 보도했는데, 이는 우리나라 대표급 언론의 사실 보도라 그 내용을 부인할 수는 없다고 생각한다. 우리나라는 동족의 고통을 외면하는 파렴치한 죄를 지었다. 세계 사람들 보기에 부끄러운 줄 알아야 한다. 그 결과 북한 정권은 자신들의 범죄 사실에 대한 도덕적 감각조차 망각하게 되었다.

문재인 정부도 북한인권결의안 공동 제안을 4년 연속 외면했다는 것을 보도하면서 조선일보는 사설을 통해 북한 인권단체 지원금을 끊었고 귀순을 희망한 북한 어민들을 안대를 씌우고 포승줄에 묶어 강제 북송했으며 서른다섯 살 김여정의 말 한마디에 옛 공산권 국가까지 반대한 대북전단금지법을 밀어붙였다고 2022.10.8. 자로 보도했는데, 이는 우리나라 대표급 언론은 양심이 살아 있다는 다행한 기사라 그 내용에 동의하지 않을 수 없다.

문재인 정부 5년 동안 북한 2600만 주민을 위한 인권 보장을 북한에 강력히 요구했다는 말을 들어보지 못했다. 오히려 정반대로, 300만 전쟁 사망자를 내고 350만 주민을 아사시킨 북한 정권의 권력 세습자로서 연평도 포격으로 동족을 학살한 그 북한의 지도자를 만나, 사과 한마디 받아내지 않고 둘이서 거닐며 USB 칩을 건넸다.

북한은 주민을 상호 감시하고 고발하게 한다. 자식이 부모도 고발한다. 북한 전역이 감옥이고 실질적인 수용소이다. 언제까지 동족을 노예 상태에서 신음하게 방치할 것인가? 국군포로 조창호 소위가 북한에서 노예처럼 학대받다가 가족들의 구출로 43년 만에 탈북하여 눈물로 가족과 재회하던 그 모습을 어찌 잊을 수 있겠는가?

북한 동족이 진정 우리의 동족일진대 어찌 80년 가까이 방치할 수 있겠는가? 이는 동족을 제대로 사랑한 것이 아니다. 우리가 다 회개해야 한다. 뜻이 부족하고 의지가 약했기 때문이다. 노력이 부족하고 전략이 없었기 때문이다. 독일은 신음하는 동족을 45년 만인 1990년에 이미 해방하여 구출했다.

뜻 있는 곳에 길이 있다. 고토 수복과 북한·만주 자유 통일의 뜻을 확고히 세워야 한다. 노예 상태에서 80년 가까이 신음하는 북한 2600만 동족을 자유민주의 품으로 구출해야 한다. 동족인 우리 대한민국을 잃어버리고, 하나님이 없다는 유물론 사회주의 사상에 속아 영혼까지도 고통을 받으며 사는 만주 고토의 1억 동족도 구출해야 한다.

그것이 정치이고 그것이 민족을 살리는 진정한 동족 사랑이다. 그런 '진정한 정치가'를 국민은 고대하고 있다. 국민을 결집하고 지혜와 힘을 모아 진정으로 원한다면, 하늘은 스스로 돕는 자를 기필코 도우실 것이다. 그리하여 온 민족이 자유와 인권을 누리며 세계 2대 원조국 겸 강국이 되어, 열방을 구제하고 자유와 진리 가운데로 선도하는 행복한 민족이 되어야 한다. 그 은혜는 우리가 하나님을 사랑하고 경외하면 반드시 주신다.

4. 실현 전략

세계 2대 원조국이 되어 열방을 구제하고 자유와 진리 가운데로 이끄는 나라가 되고, 핵보유국이 되어 국가와 민족의 생존권을 확보하며, 자유민주 통일을 하여 동족을 노예 상태에서 구출하고 고토 수복을 하는 것은 민족적 소원인 동시에 국가적 비전이다. 이를 달성할 실현 전략은 어떠하여야 할 것인가를 살펴보기로 한다.

중국은 이미 2021년에 '1가정 3자녀 정책'을 도입하였다. 생산연령인구 격감의 악몽을 벗어나고, 인도에 인구 세계 1위 자리를 2023년에 빼앗기는 상실감에 위기를 느꼈기 때문이다. 우리가 상기 국가적 비전을 실현하기 위해서는 무엇보다도 우리의 청년들이 희망을 되찾아야 한다. 수도권 집중에 의한 극심한 경쟁이 주는 스트레스를 풀어 주고, 삶에 대한 여유와 아이를 낳고 싶은 의욕을 갖게 해 줘야 한다.

그것을 위해 청년들에게 취업을 보장해 주는 정책을 도입하는 것이고, 사교육비를 제로화하기 위하여 과외 금지와 무상보육·무상교육 제도를 도입하는 것이다. 그리고 신혼부부에게 멋진 현대식 100㎡(30.25평) 방3 화2의 아파트나 주택을 제공하는 정책을 도입하는 것이다.

보육수준 불만을 해소하기 위하여 아이 돌봄 시설과 서비스의 질을 향상시키는 정책을 도입하는 것이고, 여성에게 집중되던 가사와 육아 부담을 남성이 반반씩 분담하는 정책을 도입하여 실질적인 남녀평등을 도모하는 것이다. 그리고 수도권 집중을 타파하고 지방이 생존할 수 있도록 혁신적인 정책들을 도입하는 것이다.

그리하여 청년들이 희망을 가지고 살고 싶은 나라로 만들고, 자녀를 낳고 싶은 환경을 조성해 주는 것이다. 그러면 극초저출산이 초래하는 국가소멸·민족소멸의 문제를 해결하기 위해 우리의 젊은이들도 적극 동참할 것이다. 비혼과 동거로 부모와 국가의 마음을 아프게 한 것에 대해 송구스럽게 생각할 것이다.

온 국민과 정부가 국가소멸을 방지하고 인구회복을 위해 그렇게도 후원하고 혜택을 줬음에도 불구하고, 결혼하고도 나라야 망하든 말든 부모야 근심하든 말든 부부 해외여행 등에 방해된다고 아이를 낳지 않는 풍토는 없어져야 한다. 국가가 주는 편익에 무임승차하는 얌체족들인 딩크족과 비혼·동거족에게는 망국방지세 등 기사회생의 특단 정책을 시행함으로써, 우리나라는 출산율 2.9명을 기록하는 새 역사를 열어가게 될 것이다.

이러한 세계적인 성공을 거둘 수 있었던 것은 특단 정책인 망국방지세와 딩크족·비혼동거족에게 가하는 교육의 도입이 결정적인 성공 요인이 될 것이다. 그러한 특단 정책을 도입하지 않는 세계 모든 나라가 하나같이 인구 증가는커녕 초저출산마저도 탈피하지 못하고 실패하고 있는 것과는 너무나 대조적일 것이다.

한강의 기적보다도 더한 한국의 인구회복·증가의 기적은 오직 망국방지세를 필두로 한 특단 정책들을 도입한 그 용기와 결단에서 비롯될 것이다. 이로써 한국은 국가소멸·민족소멸이라는 5천 년 민족사 최대의 국난을 성공적으로 극복한 나라가 될 것이다.

우리나라가 세계 2대 원조국이자 세계 2대 강국이 되려면 경제 대국이 되어야만 한다. 경제 대국이 되기 위해서는 인구가 커져야만 하고, 과학이 발달하여야 한다. 그리고 자유민주주의하의 시장경제가 발전해야만 한다. 자유민주주의 체제하의 세계 2대 강국이 되면, 민족을 품고 세계 자유 시민을 리드하는 세계 2대 원조국으로서 약한 세계민들을 구제해야 한다.

인구가 커져야 하는 점에 관하여는, 우리나라의 인구는 출산율 2.9명을 기록하여 얼마 지나지 않으면 감소했던 인구를 회복하고 잃어버렸던 40년도 만회할 것이다. 그리하여 남한의 인구는 7000만 명이 되고, 북한

지역은 4000만 명이 되어 남북한 도합 1억 1000만 명이 될 것이다. 그러는 동안에 우리나라에도 국제 여건을 조성하는 '진정한 정치가'가 배출되어 인구 1억 명의 우리 선조의 땅인 고토 만주도 수복하는 것이다.

자유민주주의 체제에 관하여는, 인권 말살의 사회주의의 폐해는 이미 살펴보았기에 2억 1천만 명의 민족 대통일은 반드시 자유와 인권을 존중하는 자유민주주의로 되어야만 한다. 자유민주주의는 인류가 고안한 가장 고귀한 제도이기에 기필코 체제전쟁에서 승리하여야 한다. 그리하여 우리 자손들에게 자유민주주의 체제라는 고귀한 유산을 물려줘야만 한다.

그래야 사람 귀한 줄 알고, 사람의 인권을 존중하기에 이웃도 사랑하고, 세계민도 진정 사랑하게 될 것이기 때문이다. 그것이 인간다운 삶이다. 노예와 같은 삶, 인간을 신으로 숭배할 것을 강요당하는 삶, 인권이 말살되어 짐승처럼 취급돼 학살당하는 삶을 살아야 하는 '인민민주' 체제를 우리 후손들에게 절대로 물려줄 수 없다.

우리나라가 한국생존 · 기업생존과 자유민주주의하의 세계 2대 원조국 겸 세계 2대 강국이 되려면, 다음의 '6대 한국병'을 반드시 속히 고쳐야만 한다.

한국생존 위해 속히 고칠 '6대 한국병'

1) 한국병 1. 극초저출산 인구소멸

우리나라의 저출산은 2.1명 미만의 일반 저출산이 아니다. 1.3명 미만의 초저출산도 아니고, 1.0명 미만의 극초저출산도 아니다. 0.85명 미만의 인구소멸직전단계의 세계 최저 저출산이다. 세계 석학과 세계 최고 부호 겸 AI 투자가가 한국소멸과 민족소멸을 이구동성으로 경고하는 세계 최악의 저출산이다.

그런데 한국소멸의 경고를 외국으로부터 받고 있는 이 상황에서도, 세계 최악의 출산율에서 개선은커녕 더욱 악화되었다. 2022년 2분기 출산율이 0.75명으로 격감한 것이다. 중국은 생산연령인구 감소를 우려하여 기민하게 출산율을 3.0명으로 높이는 '1가구 3자녀 정책'을 2021년에 채택하였다. 저들은 '당이 결심하면 인민은 복종해야 하는 사회주의 체제'이다.

우리는 5천 년 민족사에 민족이 소멸하는 최대의 국난을 맞았다. 한국생존 · 기업생존을 위해 국가원수 겸 최고 리더인 대통령은 안전출산율 2.9명 회복을 위해 긴급조치를 발동하고 국민을 결집해 국난을 극복해야 한다. 국회는 국난 극복의 결정적 성공 요인이 될 망국방지세를 입법하여 초당적으로 국난 극복에 협력해야 한다.

정부는 청년취업 보장, 신혼부부 주택 제공, 과외 금지와 무상보육 무상교육, 지방생존을 위한 각종 지방 이전 등 제안된 정책을 시급히 시행해야 한다. 우리나라는 40년을 잃어버리고 그중 최근 5년의 골든타임도 치명적으로 날려 버렸다. 이제 시간이 얼마 남지 않았다. 마지막 남은 골든타임이 소멸되기 전에 국난 극복의 이 대업을 완수해야 한다.

그 마지막 남은 5년의 골든타임 중 1년도 경과되었다. 온 국민은 생존을 위해 대통령을 중심으로 굳게 단결하여 이 국난을 극복하도록 적극적으로 협력해야 한다. 그를 위해서는 최대 한국병인 극초저출산의 인구소멸을 속히 고쳐야 한다. 그리하여 한국생존과 기업생존을 반드시 달성해야 한다.

2) 한국병 2. 동족 노예 방치

독일은 사회주의 체제에서 신음하던 동족을 45년 만인 1990년에 이미 자유 통일로 구출하였다. 이스라엘은 동족 병사 1명을 구출하기 위해 적 포로 1000명을 석방하겠다는 1:1000의 포로 교환을 제안했다. 북한 정권은 전쟁을 일으켜 300만 명을 사망하게 만들었고, 일본공산당과 북한 최고인민회의 의장의 고백처럼 350만 명을 굶겨 죽였다.

북한 주민 2600만 명은 실질적인 수용소에서 노예 상태로 고통받고 있다고 인권과 자유를 존중하는 많은 사람들이 증언하고 있다. 그 실질적 수용소에서 인간을 신으로 숭배할 것을 강요당하고, 집집마다 걸어

놓은 김일성 초상화 관리만 잘못해도 수용소로 끌려가 짐승처럼 취급받고 학살당한다.

북한은 주민들을 상호 감시하고 고발하게 하여 공포 속에서 노예처럼 살도록 한다. 인권이 말살된 사회주의 체제에서 동족이 노예 상태에서 신음하건만, 언제까지 저 북한 동족을 방치할 것인가? 80년이 되어간다. 한국병인 이 동족 노예 방치를 조속히 고치고, 북한 주민을 인권과 자유가 보장된 자유민주주의 통일로 구출해야 한다. 그것이 '진정한 정치'이다.

국민은 선거 시 베네수엘라처럼 나라야 망하든 말든 표만 확보하면 된다는 '퍼주기식 대중영합 선동정치'를 펼치는 김일성주의자 정치꾼들을 대통령이나 시·도지사 등으로 절대로 뽑아서는 안 된다. 온갖 좋은 말로 국민을 선전·선동하여 '자유'를 뺀 헌법개정 후, 연방제 통일 미명하에 핵을 가지고 위협하는 북한에 나라를 실질적으로 바칠 것이기 때문이다. 핑계는 국민을 핵전쟁에서 구출하기 위해서라고 할 것이다. 그러므로 자유와 인권 아래에서의 우리와 우리 자녀들의 생존을 위해, 김일성주의자를 대통령이나 국회의원·교육감 등으로 결코 뽑아서는 안 된다.

그리고 자유민주 통일로 노예 상태에서 신음하는 북한 주민을 구출하고 민족 대통일과 고토 수복을 하는 하나님을 경외하고 국민을 사랑하는 '진정한 정치가'를 국민은 발굴해야 한다. 국민은 그 발굴한 '진정한 정치가'를 도와 민족의 소원과 국가의 비전을 기필코 이루어야 한다.

3) 한국병 3. 강성노조

조선일보는 연봉 1억 원의 금융노조가 광화문 5개 차로를 점거하여 출근하는 시민에게 불편을 주며 주 4.5일만 근무하겠다고 총파업을 일으켰는데 이에 대해 억대 연봉의 '귀족노조'가 임금을 올려달라면서 주 4.5일만 일하겠다며 전국 곳곳에서 벌인 총파업에 '집단이기주의'라는 비판이 일고 있다고 2022.9.16. 자로 보도했다. 이는 자기들 노조만 생각하는 극도의 이기주의에 한심하다는 생각이 들지만 우리나라 대표급 언론의 사실 보도이니, 그 내용의 진실성은 부인할 수 없다.

한국경제신문은 12조 원의 공적자금을 쏟아부은 대우조선에서 하도급 노조가 도크 점거 파업을 하고 있다며 선주에게 선박 건조 지연으로 지연배상금을 물어 주고, 신뢰도도 훼손되고, 이달 말까지 파업이 이어지면 손실은 1조 원에 육박할 수 있으나 하도급 노조는 대우조선에게 손해배상 등 민형사상 소를 제기하지 말라고 요구하고 있다고 2022.7.19. 자로 보도했다. 이 기사의 진실성에 관해 천문학적 손해를 끼쳐 놓고도 정작 책임지지 않겠다는 이기주의가 거짓이기를 바라지만 우리나라 대표급 경제지의 사실 보도이니 그 내용의 진실성을 부인할 수는 없다.

북한 동족은 강제 중노동을 당하며 무자비한 폭행을 당하고 굶주림 속에서 죽어가고 있다. 한국의 대통령 선거에서 김일성주의자가 당선되어 연방제 통일 미명하에 나라를 북한에 넘기면 연봉 1억 원을 받을 수 없다. 주 4.5일 근무를 요구하며 파업은 더더구나 할 수 없다.

김일성주의 체제하에서 위와 같이 했다가는 공개처형 될 것이다. '한국'과 '자유민주체제'를 감사하며, 북한의 중노동 동족을 생각해야 한다. 그들을 그 폭정과 독재에서 구출하는 날까지 만족할 줄 알고, 감사할 줄 알며, 파업을 자제해야 한다.

한국병인 강성노조는 속히 고쳐야 한다. 대통령 선거에서 김일성주의자가 당선되어 연방제 통일 미명하에 나라를 북한에 넘기면 자본주의 물을 먹은 한국인은 적대계층으로 분류되어 있기에 집집마다 걸어 놓은 김일성 초상화만 잘못 관리해도 처단 대상이다.

그러면 수용소로 끌려가 짐승처럼 취급을 당하며 죽어갈 것이다. 그런 비극을 당하지 않으려면, 대통령 선거에서 선전·선동에 속아 김일성주의자를 대통령으로 뽑지 않아야 하고, 강성노조 한국병을 속히 고쳐 '자유 한국'을 지켜내야만 한다.

4) 한국병 4. 김일성주의자들 반국가 행위

대한민국의 생존을 위해서, 그리고 우리와 우리의 후손들이 자유민주주의하에서 인간다운 생존을 하기 위해서, 우리는 '김일성주의' 즉 '주체사상'이 무엇인지 제대로 알아야만 한다.

김일성주의를 제대로 알지 못하면 선전·선동세력에 속아 대통령 선거에서 김일성주의자를 뽑아 이용당하다가 그자와 그자의 부하들의 여적(與敵)행위로 연방제 통일 미명하에 나라를 북한에 넘기면, 자본주의 물을 먹은 한국 출신은 적대계층으로 분류되어 끝내는 처단당하기 때문이다.

김일성주의 혹은 주체사상은 북한의 통치이념이다. 김일성·김정일주의라고도 한다. 북한은 공포정치로 통치하기에 공포절대독재체제이다. 김일성 생일 등 명절에 김일성 동상에 참배해야 하고, 김일성·김정일 사진 액자 관리만 잘못해도 정치범수용소에 끌려가고, 종교 책자를 소지하거나 기도만 해도 끌려가고, 말 한마디만 잘못해도 끌려가고, 상호 감시하에 노예와 같은 삶을 살기 때문이다. 정치범수용소가 김일성 혈통과 조선노동당의 영구집권을 위해 존재하는 등이 그 증거이다.

펜앤드마이크는 김문수 전 경기지사가 페이스북을 통해 문재인 대통령 세력을 주사파로 규정한 배경은 '사람 중심의 민중민주주의 개헌'을 하려다가 저지된 것 등이며, 주사파들이 수백만이 배출되어 청와대·국가권력·사회 각계각층을 장악했고, 민노총·언론노조·민변·민주당·정의당에도 들어갔고, 전교조를 통해 학생들을 붉게 물들이고 있다고 하였음을 2020.1.20. 자로 보도했는데, 충격적이지만 김 전 지사의 인품과 펜앤드마이크의 신뢰성을 고려하면 그 내용의 진실성을 부인할 수 없다고 생각한다.

좀비와 같은 것이 김일성주의 즉 주체사상이다. 아프리카 부두교의 좀비는 주술에 의해 움직이는 시체이다. 좀비는 일반인을 물어 좀비로 만들려고 한다. 김일성주의가 왜 좀비와 같은지 그 근거 중 대표적인 것은 다음의 열 가지이다.

김일성주의가 좀비와 같은 10대 근거

① 자신의 나라를 이미 세계 최악의 아사국과 세계 최악의 극빈국 겸 세계 최악의 인권탄압국으로 만들었음에도 그것을 회개하기는커녕, 오히려 자유민주 세계 7대 강국인 5200만 동족을 물어 자신들과 같은 세계 최악의 극빈국 겸 인권탄압국으로 만들려고 하기 때문이다.

② 주체사상을 신봉하는 북한 주민 2600만이 공포에 질려 자신의 의사에 반하여 마치 주술에 의해 움직이듯이 김일성 · 김정일 우상에 절을 하고, 그 사진 액자 관리만 잘못해도 수용소에서 짐승처럼 취급받으며 비참하게 죽어가야 하기 때문이다.

③ 주체사상을 만든 장본인 황장엽이 대한민국으로 탈출하여 그 사상이 북한 주민을 김일성의 노예로 만드는 잘못된 것이라고 선언했음에도, 김일성 주체사상파들은 마치 주술에 의해 움직이는 좀비처럼 김일성의 노예로 만드는 주체사상을 아직도 추종하여 남북한 7800만과 재외동포 700만마저, 민족 전체를 좀비화하려고 획책하기 때문이다.

④ 김일성주의자들은 자유와 인권이 보장된 세계 7대 강국 대한민국과 민족에 반역하는 반(反)국가적, 반(反)민족적 행위를 일삼기에 그들의 행위가 좀비와 같기 때문이다. 김일성 주체사상을 만든 황장엽이 그 좀비 같은 사상이 잘못된 것임을 알고 남한으로 탈출하였을 때, 남한에서 활약하는 그 사상의 추종자들도 그들의 반(反)대한민국적 여적행위에서 돌아섰어야 했다. 그렇지 않고 내로남불을 일삼고, 미국을 악이라고 말하면서도 자식은 정작 미국으로 유학 보내는 사악함을 보였다.

⑤ 6·25전쟁을 일으켜 동족 약 300만 명을 죽음에 이르게 하고 약 1,000만 명의 이산가족을 발생시켜 민족의 가슴에 대못을 박고 동족 살해라는 인류를 향한 범죄를 저지르고도, 73년이 다 되도록 민족과 인류 앞에 사죄하지 않기 때문이다.

⑥ 동족 약 350만 명을 굶겨 죽이고도 민족 앞에 사죄하지 않고, 동족을 풍요 속에 행복하게 해주는 한국에 정권을 넘기지 않았기 때문이다. 한민족의 선조 중 한 분인 경순왕은 그렇게 하지 않았다.

⑦ 부자세습에 이어 손자세습인 3대 세습까지 하는 세계 어떤 공산주의자도 하지 않는 비민주, 세습왕조, 공포절대독재를 하면서도 '민주주의'를 하고 있다고 가증한 거짓을 선전하기 때문이다.

⑧ 교회를 파괴하고 그 자리에 세계 최대 23m 김일성 우상을 평양에

세워 주민들에게 김일성 생일과 명절에 참배하게 하고, 북한 거의 전역에 4만여 개의 김일성·김정일 우상을 세워 숭배하게 하기 때문이다.

⑨ 기독교·불교·천주교·천도교 등 종교인들을 박해하여 정치범수용소에서 죽게 하였기 때문이다. 그러면서도 종교의 자유가 있는 체 가짜 교회·성당을 세우고, "김일성이 하나님"이라고 신앙 고백하는 김일성교인(金日成教人)인 가짜 목사를 세워 외국으로부터 헌금을 받아, "동족에게도 쏘겠다"는 핵무기의 개발 자금 등으로 사용하기 때문이다.

⑩ 세계 최악의 인권탄압과 세계 최악의 정치범수용소에서 동족 살해를 자행하고, 식량 수입할 자금으로 우상숭배와 핵 개발에 사용하여 약 350만 명을 고의로 굶겨 죽이는 등, 세계 인류 앞에 민족적 수치를 안겼기 때문이다. 이상의 하늘에 사무치는 10대 중죄마저 회개하지 않기 때문이다.

위와 같이 자유민주 세계 7대 강국을 좀비화하겠다는 김일성주의자들의 그 악행에, 정상적인 국민은 모두 몸서리친다. 좀비와 같은 이들 김일성주의자들의 방해로 독일과 달리 우리나라는 북한을 아직도 자유 통일시키지 못하고 있다. 1994~1999년의 북한 대아사 시 북한 주민을 해방시킬 절호의 기회도 놓쳤다. 그 후에도 절호의 기회들을 계속 놓치고 있다.

위와 같은 김일성주의자들의 반대한민국적이고 반민족적인 범죄행위에 대해서 대통령과 검찰 및 경찰은 헌법과 자유민주주의 대한민국을 수호하고 국민의 생존을 위해 속히 엄단하고 뿌리 뽑아야 한다. 좀비 같은 김일성 주체사상을 추종하는 이 더러운 한국병을 속히 고쳐야만 한다.

국민은 우리와 우리 후손들을 좀비화하겠다는 김일성주의자들을 대통령 선거와 국회의원선거에서 뽑지 않아야 한다. 그들에게 더는 속지 않아야 한다. 그것이 체제전쟁에서 이기는 첫걸음이다. 피로써 지켜온 대한민국이다. 자유민주주의로 민족 대통일을 달성하는 그날까지 체제전쟁에서 반드시 승리해야 한다.

김일성주의자들은 신분 위장과 퍼주기 대중영합주의 및 선전 선동에 능하다. 그것에 속은 국민이 김일성주의자인 줄 모르고 대통령으로 뽑았다가 연방제 통일을 운운하며 한국을 북한에 병합시켜 공산화가 되면, 국민은 죽임당하고 후손들도 적대계층으로 분류되어 걸핏하면 수용소행, 나아가 처단의 대상이 될 것이다. 우리와 우리의 후손들이, 사람을 신으로 숭배하고, 인권이 말살된 그곳에서 짐승처럼 취급받으며 학살당할 수는 없다.

반(反)대한민국 활동을 펼치고 북한 정권에 이로운 이적행위에 앞장선 김일성주의자들은 북한에 의해 적화통일되면 자신들은 상을 받고 죽임당하지 않을 것이라고 착각하지 말아야 한다. 남한 공산화에 앞장섰던 남로당 우두머리 박헌영이 김일성 북한 정권에 의해 어떻게 처단되어 비참한 종말을 맞았는지를 분명히 알아야 한다. 이용 가치가 떨어진 월북자들과 북송 재일교포들도 처단되었다.

자본주의 물을 먹은 한국 출신을 북한은 적대계층으로 분류해 놓고 있다는 것을 한시도 잊지 말아야 한다. 적화통일이 이루어질 경우 김일성주의자들은 이미 북한 정권 시점에서 이용가치가 없어질 뿐만 아니라, 북한노동당원인 그들과의 알력 문제가 생길 수 있기에, 우선적으로 처단될 것이다. 이미 김일성 정권이 그렇게 했고, 베트남도 적화 후에 그렇게 했다.

5) 한국병 5. 하나님 경외 부족

동족 2600만이 노예 상태로 너무나 오랫동안 신음하고 있건만 80년 가까이 방치하고 있다. 독일은 이렇게 하지 않았다. 그들은 45년 만인 1990년에 사회주의하에서 신음하는 동족을 자유 통일로 구출했다. 그러나 우리는 외교적 역량을 발휘하여 국제적 압력으로 북한을 항복시키지도 않았고, 연평도 포격 도발 시 압도적 군사 반격으로 항복을 받아 신음하는 동족을 자유의 품으로 구출해 내지도 않았다.

오히려 김대중 정부는 집권 5년 동안 '북한 인권'이라는 말 한마디 하지 않았고, 노무현 정부도 유엔인권위가 상정한 대북인권결의안에 기권까지 하였다. 문재인 정부도 북한인권결의안 공동 제안을 4년 연속 외면했다. 제 아들딸이 학대로 신음하고 있다면 그렇게 했겠는가?

이는 우리 한국이 사랑이 부족하였기 때문이며, 동족 2600만을 자유의 품으로 구출해 내야겠다는 간절함이 부족한, 한국병 때문이다. 이 더러운 한국병을 반드시 속히 고쳐야만 한다. 하나님은 형제를 사랑하라고 하셨건만, 그 말씀을 거역하였다. 이는 하나님을 경외함이 부족하기 때문이다. 민족적으로 회개해야 한다.

외국에서조차 한국이 세계 최악의 저출산에서 돌아서지 않으면 한국소멸과 민족소멸을 할 것이라고 경고하건만, 돌아서기는커녕 출산율은 2022년 2분기에는 0.75명으로 더 떨어지고 말았다. 딩크족은 아이를 안 낳는 것을 무슨 자랑이나 유행의 최첨단을 걷는 멋쟁이처럼 여긴다. 즐기기만 하고 국민으로서 자녀를 낳는 최소한의 책무도 거부한 채 국가나 사회가 주는 국방 · 치안 · 의료 · 서비스 등의 편익에 무임승차하고 나라와 민족이야 망하든 말든 나 몰라라 하는 극도의 이기주의를 보이고 있다.

비혼 · 동거족은 결혼하지 않고도 파트너를 수시로 바꿔 가며 문란한 성생활과 동거를 하여 동성애자들 및 우상숭배자들과 함께 우리나라에 성적 타락 등의 죄를 가져왔다. 이는 혼인을 귀히 여겨 음행과 동성애 등의 성적 타락을 방지하고 죄를 멀리하라시는 하나님의 말씀을 거역하는 것이다.

그리고 이는 또한 생육하고 번성하라시는 축복을 거절하여 인구소멸이라는 저주를 자초하는 것이다. 이러한 것들은 다 하나님을 경외함이 부족하기 때문에 비롯되는 일들이다. 저주를 벗어 버리고 축복을 받자면 회개해야 한다.

북한의 동족들은 새벽에 기상하여 밤까지 중노동하고도 굶주림과 폭정으로 고통받고 있는데 그것을 외면하였다. 오히려 이 땅의 금융노조원들은 억대 연봉을 받으면서도 임금을 더 올려달라고 또한 주 4.5일만 일하겠다고 총파업을 했다.

북한의 기아에 고통하고 인권탄압에 노예처럼 사는 2600만 동포를 생각한다면 어찌 그럴 수 있겠는가? 이는 형제를 사랑하라시는 말씀을 거역하기에 발생하는 것이다. 하나님을 경외함이 부족하기 때문이다. 복을 받자면 회개해야 한다.

위와 같은, 하나님을 경외함이 부족한 한국병을 속히 고쳐야 한다. 우리가 복을 받아 인구를 회복하고 증가시켜 민족 대통일의 주도 세력으로 발돋움하여 세계 2대 원조국 겸 세계 2대 강국이 되기 위해서는 하나님을 경외함이 긴요한 선결과제다. 우리나라도 미국이나 영국처럼 하나님의 사랑을 받는 나라가 되어야 한다. 하나님으로부터 사랑을 받으려면, 하나님을 사랑해야 한다. 하나님은 우리에게 다음과 같이 말씀하신다.

> "나를 사랑하는 자들이 나의 사랑을 입으며 나를 간절히 찾는 자가 나를 만날 것이니라."(성경전서. 개역한글판. 잠언 8장 17절)

6) 한국병 6. 국사 폄훼(貶毁)

우리 후손들에게 '헬 조선'이 아니라 자랑스러운 한국에 태어난 것을 감사하고 조상을 공경할 마음이 우러나도록 하자면 국사 폄훼의 한국병을 속히 고쳐야만 한다. 일본 천황가가 가야 김씨(=김해 김씨)이고 가야가 일본을 만들었다는 것은 16장 4항에서 여러 증거를 들어 서술하였다.

문약한 주자학의 노예, '작은 중국인'을 자처하는 사대주의를 벗어 버려야 한다. 한사군 북한 설치설 등의 조작을 필두로 한 동북공정으로 남한 면적의 11배에 달하는 선조의 땅과 동족을 빼앗길 수는 없다. 남한 일부 임나일본부설을 학계에 퍼뜨려 민족 자강의 싹을 짓밟는 매국을 그만두어야 한다. 후손들에게 '헬 조선'의 자학 사관을 심는 것을 그쳐야 한다.

우리 선조 가야와 백제는 대한해협을 내해로 삼아 일본을 경영했다. 우리 민족은 만주를 고조선, 부여, 고구려, 신라, 발해, 고려, 조선을 거치면서 1910년까지 4900년을 경영했다. 가슴을 열고 눈을 바로 떠야 한다. 조선총독부의 압록강 하구 원산만 고려 국경 조작 사기와 한사군 북한 설치설 조작을 필두로 한 중국 사대주의 사관을 벗어 버려야 한다.

러시아가 동시베리아의 야쿠츠크로 진출한 게 불과 391년 전인 1632년이다. 그 이전 5천 년의 대부분은 동시베리아도 우리 민족의 땅이었다. 난하, 만주, 동시베리아, 한반도가 우리 선조들이 말달리며 경영하던 활동무대이자 삶의 터전이었음도 여러 신진 학자들이 수많은 사료를 통해 증명했음을 16장 4항에서 밝혔다.

조선총독부와 조작의 하수인인 어용 일본학자들이 우리 민족의 기를 꺾어 일본 식민지영구화를 위해 조작·축소한 대동강-원산-마라도, 압록강하구-원산만-마라도의 허위 국사 지도를 버리고, 식민사관의 올가미를 끊어 벗어 버린 우리 '참' 역사학자인 신진 학자들이 수많은 중국 사료와 우리나라 사료 및 유물·유적을 근거로 증명한 난하-동시베리아-이어도, 심양-선춘령-이어도의 올바른 새 국사 지도로 바로 그려야 한다.

그래야 우리 아이들을 일본 식민사학자들과 그들의 견고한 암적 조직 및 동북공정에 동조하는 중국 사대주의자들에 의해 조작된 국사 교과서로 세뇌되어 '헬 조선'을 외치는 비극과 참사로부터 구출할 수 있다. 그래야 우리 젊은이들이 자랑스러운 나라와 조상이라며 그 눈빛이 반짝이며 삶의 의욕을 가져 아이를 둘이 아니라 셋도 낳게 할 수 있다.

우물 안 개구리 시야를 벗어야 한다. 가슴을 열고, 눈을 크게 뜨고, 멀리 봐야 한다. 우리 선조 고구려는 다물(多勿: 선조의 땅을 되찾음)을 국시로 삼았다. 그래서 모본왕이 AD 49년에 어양(오늘날 북경)·태원(오늘날 산서성 성도)·상곡(탁록지역)을 공격하였던 것이다. 선조의 뜻을 받드는 것이 후손의 도리이다. 땅도 동족도 되찾아야 한다.

천재 전략가 광개토태왕(廣開土太王, 374~412)이 404년에 오늘날 북경·천진지역인 유주지역을 공략하였다는 태왕 비문을 근거로 한 학설은 북한이 1976년 덕흥리 고분 발굴 결과를 발표함으로써 사실일 가능성이 높아졌다. 어양·상곡·요서·낙랑·현도 등의 13개 지방 태수들로부터 유주자사가 정무보고를 받는 그림이 태왕의 연호 영락과 함께 그 고분에 그려져 있기 때문이다.

이로써 태왕이 제후(諸侯) 격이자 큰 지방 장관인 유주자사를 임명·파견했을 것이라는 합리적 추측이 가능하다. 또한 태왕은 고구려계인 고운이 북연의 황제가 되자, 고운이 동족이자 자신의 또 다른 제후 격인 점을 고려하여 중국 대륙에서의 남하정책을 중단한 것으로 보인다.

고구려와 백제는 말갈과 북연, 왜 등의 여러 제후국을 거느린 실질적 황제 이상의 국가였다. 왕이라고 불렀다 해도, 중국의 황제와 천황이라고 황제를 칭하던 왜왕을 제후로 거느렸으니, 황제보다 더 강한 군주였다. 이는 영국의 왕이 황제라고 부르던 독일의 황제보다 더 강력한 군주였음과 같다.

우리의 참신한 여러 신진 학자들은 고조선과 고구려의 국경이 난하였다는 것도 증명했다. 수많은 중국 사료와 우리 사료를 근거로, 고구려인들이 압록강이라고 부르던 강은 오늘날 우리가 요하라고 부르던 강이란 것도 증명했고, 한사군의 낙랑군도 북한 평양이 아니라 만주에 있었다는 것도 증명했다. 살수도 청천강이 아니라 요하 동편의 혼하라는 사실도 증명했고, 고려의 강동 6주도 오늘날 요하 근처에 있었다는 것도 증명했다.

신진 학자들은 통일신라의 강역이 요동반도의 천산산맥에서 길림합달령을 거쳐 흑룡강성 목단령이라는 것도 수많은 중국 사료와 우리 사료 및 유물·유적을 통해 증명했다. 이로써 문무왕과 김유신의 통일이 2국 통일이 아니라 3국 통일이며, 세계 슈퍼파워 당과의 국운과 민족의 생존을 건 6년 전쟁의 승리가 위대한 승리였음을 증명했다. 문무왕과 김유신은 민족반역자가 아니라 자랑스러운 조상임을 증명하여 복권시켰다.

신진 학자들은 통일신라의 그 국경을 이어받아 고려 및 조선의 국경도 심양에서 두만강 북쪽 280㎞ 지점의 선춘령이라는 사실도 수많은 중국 사료와 우리 사료들을 근거로 증명했다. 이들의 위업은 조선총독부의 주장이 우리 민족의 기를 꺾기 위한 사기였음을 증명한 것이다.

이는 조선총독부의 그 사기를 맹종하는 식민사학자들과 북한 서부가 중국 역사 강역이라는 동북공정을 지지하는 현대판 사대주의자들의 반역죄를 온 천하에 폭로한 쾌거이다. 이러한 증명은 세계사, 동양사, 국사를 전면 새로 써야 할 위대한 발견이다. 식민사학자들과 사대주의자들을 강단과 교단에서 축출하고, 교과서를 새로 써, '헬 조선' 악몽에 시달리는 우리 아이들과 젊은이들을 구출하여 "아이를 낳고 싶다"는 긍지를 갖게 하여 나라에 희망을 줘야 한다.

668년에 지배층 5%인 약 20만 명이 끌려가고 남은 고구려 유민 약 380만 명이 통일신라와 발해와 고려, 조선 등을 거치며 이제는 1억 명가량이 되었다. 1620년 메이플라워호를 탔던 필그림 파더스 102명 중 신대륙 미국에 도착한 그해 겨울의 추위와 괴혈병을 이기고 생존한 불과 50명이 현대 미국인 약 10%인 3295만[19] 명의 조상이라고 미국 학자들이 밝혔다.

그에 비하면 668년의 우리 그 380만 명이 1억 명이 된 것은 너무나 작은 숫자이다. 자유 통일 후엔 그 1억 명을 자유와 풍요 속에 행복하고 번영하게 해 줘야 한다. 유물론 사회주의하에서 영혼마저 고통받으며 신음하는 그들이 그 굴레를 벗어 버리고 자유와 진리, 풍요와 인권 속에서 진정한 행복을 누리는 것은 바로 우리의 행복이 될 것이기 때문이다.

"만주 동족들의 말은 못 알아듣겠는데요?"라고 말하지 말아야 한다. 지척의 제주도 방언도 못 알아듣는다. 다 같은 알타이어족이다. 심지어 언어학자들은 지금부터 1500년 이전의 일본어는 고대 한국어라는 사실도 이제야 밝혀냈다. 이는 '참' 역사학자들이 가야와 백제의 우리 선조들은 대한해협을 내해 삼아 한반도와 일본 두 지역을 동시에 경영했다는 사실을 벌써 밝혀낸 것과 일치하는 증명이다.

"만주의 동족들이 지금은 진·이·최·정·조 등의 성을 쓰는데요?"라

19) 그것이 가능할까? 도대체 출산율이 얼마라야 그렇게 될까? 인구변화방정식 $y=ab^n$을 이용해 검토해 보기로 한다. 변화된 인구 y=3295만 명(미국 인구 3억2950만 명의 10%)이고, 기준세대 인구 a=50명이며, 출산율의 ½인 b는 미지수이고, 세대 n은 13(학자들의 발표가 2010년경이었다면, 2010년-1620년=390년. 390÷30년(1세대)=13세대)이다. 이 방정식에서 b의 값은 약 2.8이다. 출산율은 b의 2배이므로 5.6명이 된다. 그러므로 미국 학자들이 발표한, 1620년의 그들의 조상 필그림 파더스 50명은 출산율 5.6명이면 13세대 후인 2010년에는 약 3295만 명의 후손을 두게 되므로, 그 발표 내용은 충분히 가능성이 있으며 맞다는 것이 검증되었다.

고 말하지 말아야 한다. 강릉 진씨, 전주 이씨, 영홍 최씨, 해주 정씨, 평양 조씨 등이 명백한 우리 고유의 성씨이듯이, 난하·조양(朝陽)·심양·장춘·하얼빈 등의 진·이·최·정·조 씨 등도 우리 민족의 성씨이다. 고·을·대·부여·김·박·석 씨만이 우리 성씨일 것이라는 오해를 버려야 한다. 무엇보다 과학이 뒷받침한다. DNA가 우리와 같은 민족이다.

가슴을 열고 깊이 생각하고 멀리 봐야 한다. 그래야 유물론 사회주의하에서 신음하며 영혼마저 고통받는 동족도 구출하고 선조의 땅도 되찾는 민족 대통일을 달성할 수 있다. 자유와 정의, 인권과 풍요 속에서 행복하게 인간다운 삶을 살게 해 줘야 한다. 이것이 후손의 도리이고, 동족의 의무이다.

우리 민족의 탁월한 정치가인 고구려 광개토태왕과 을지문덕, 백제 근초고왕, 신라 문무왕과 김유신, 고려 태조와 강감찬 같은 위대한 정치가를 본받아야 한다. 하나님을 경외하며 국민을 사랑하는 탁월한 정치가가 나와야 한다. 국제환경을 만들어 나가야 한다. 뜻을 두고 전진해야 한다.

뜻있는 곳에 길이 있다. 꿈꾸는 자만이 꿈을 이룬다. 동부 몇 개 주에서 시작한 미국도 꿈꾸는 자들의 부단한 노력이 있었기에 오늘날 세계적 슈퍼파워 국가를 건설할 수 있었다. 백절불굴(百折不屈)해야 한다. 승리는 좌절하지 않고 끝없이 도전하는 자의 것이다.

하늘은 스스로 돕는 자를 돕는다. 애국가처럼 '하느님의 보우하심'을 우리 민족은 받아야 한다. 하나님을 경외하고 도우심을 받으면 된다. 하나님은 우리에게 다음과 같이 격려하신다.

> "지혜 있는 자는 강하고 지식 있는 자는 힘을 더하나니 너는 모략으로 싸우라 승리는 모사가 많음에 있느니라."(성경전서. 개역한글판. 잠언 24장 5~6절)

5. 자유민주 세계 2대 강국 - 2억 1천만 국민 · 120만㎢ 국토

뜻 있는 곳에 길이 있다. 오늘날의 슈퍼파워 국가인 미국도 우연히 만들어진 것은 아니다. 북미 동부에서 독립한 미국은 서부로, 서부로 계속 진출하기를 소원했다. 하지만 광활한 미시시피강 유역 일대를 소유하고 있는 나폴레옹 치하의 세계 강대국 프랑스가 가로막고 있었다.

그러나 미국은 꿈을 포기하지 않았다. 미국은 찬스와 협상에 강했다. 우리나라 남북한의 약 10배에 달하는 미시시피강 유역의 215만㎢의 비옥한 땅을 1803년에 1500만 달러에, 그것도 유럽의 노련한 초강대국 프랑스로부터 매입했다. 우리나라도 이제부터는 찬스와 협상에 강해야 한다.

미국의 그 비화는 다음과 같다. 유럽을 누비며 전쟁하던 나폴레옹 황제가 전쟁 비용 확보에 한계를 느끼고 있다는 국제 첩보를 접한, 자유민주주의를 고안한 천재 대통령 토머스 제퍼슨(Thomas Jefferson, 1743~1826) 미국 3대 대통령은 찬스를 직감하고 나폴레옹을 설득하도록 명령했다.

그러고는 매입 대금을 '이거 손해 보는 것 아닌지 모르겠다'고 표정관리하면서 얼른 지불하고, 당시 미국 면적에 해당하고 프랑스 면적의 4배에 달하는 그 광활한 땅을 매입해 버렸다. 그런 비상한 천재의 빛나는 업적에도 당시 미국 의회는 대통령을 비난했다. 그러나 후일 온 미국민들은 제퍼슨을 칭송하고 사랑했다. 단, 생각하면 자신들의 바보짓에 잠자다가도 벌떡 일어나는 프랑스인들만 빼고서이다.

뜻 있는 곳에 길이 있다. 전략과 지략으로 싸워 승리를 쟁취해야 한다. 먼저 뜻을 세우고, 다음은 그것을 실현할 지략을 고안해 내야 한다. 우리는 노예 상태에서 신음하는 동족을 자유 통일로 구출하고, 선조들의 만주 땅과 동족을 되찾으려고 한다. 이는 한국의 통일과 만주 고토 수복 가능성을 예측하고 있는 미래학자 조지 프리드먼(George Friedman)과 미래학자 토머스 프레이(Thomas Frey) 및 세계적 투자가 짐 로저스(Jim Rogers) 등의 한국 전망과도 일치한다.

그때 우리의 총인구는 약 2억 1천만 명에 달할 것이고, 총면적은 120만㎢ 정도 될 것이다. 자유민주 국가로서 하나님을 사랑함으로 보우하심을 입어, 세계 2대 원조국 겸 세계 2대 강국으로 만들어 나가야 한다. 세계 만민의 자유와 인권 및 인간다운 삶을 위해 리드하고 봉사하는, 하나님을 경외하는 나라가 되어야 한다.

그 길이 세계 열방을 구제하고 자유와 진리 가운데로 이끄는 리더국이 되는 길이다. 이러한 민족적 소원과 국가적 비전을 이루기 위해서는 다음과 같은 '2단계 전략'으로 접근함이 좋을 것이다.

자유 통일 세계 2대 강국 위한 '2단계 전략'

1) 1단계 전략

1단계 전략은 인구소멸 위기에 처한 우리나라를 그 재앙으로부터 구출하기 위해 출산율을 2.9명으로 높여 탄탄한 한국생존으로 반전시킨다. 이는 수요증가와 공급증가를 유도하므로 기업을 살리는 길이기도 하다. 인구를 5200만 명에서 7000만 명으로 증가시킨다. 이를 위해서는 망국방지세(=민족소멸방지세)가 반드시 시행되어야 한다. 그 어떤 정책도 이 망국방지세를 시행하지 않으면 실패할 가능성이 크기 때문이다.

다른 모든 정책의 시행이 늦어지더라도 망국방지세는 속히 시행해야 한다. 민족생존을 위해서는 사활적으로 중요하기 때문이다. 그러면 출산율은 2.9명으로 높아져, 한강의 기적보다 더한 한국생존과 민족번영을 통해 자유 통일과 세계 2대 강국으로 도약할 기틀을 마련할 수 있다.

동시에 우리의 젊은이들에게 희망을 줄, 청년취업 보장, 과외 금지 및 무상보육 무상교육, 신혼부부 주택 제공, 보육수준 불만 해소, 부부평등 육아·가사 분담, 지방생존 정책, 수도권 집중 타파, 인구소멸·비혼·동거·동성애 탈피 등 제안된 각종 정책을 시행해야 한다.

이 과정에서 우리의 생존을 위해, 김일성의 '갓끈 전술'을 반드시 무산시켜야만 한다. 조선일보는 김일성은 두 개의 갓끈(미국과 일본) 중 어느 하나만 잘라 버려도 갓(한국)은 날아간다고 교시했으며 갓끈 전술은 한국과 미국, 한국과 일본의 관계 중 어느 하나만 잘라 버려도 한국은 갓이 날아가듯이 '적화(赤化)'될 것이라는 적화통일 외교 전술 지령이라는 요지의 보도를 2019.1.6. 자로 했는데, 한·미·일 관계 악화에 집착하는 북한과 그 추종자들의 동조를 보면 이 보도 내용의 진실성은 충분히 동의할 만하다고 생각한다.

김일성의 이 지령은 북한과 그 추종자들인 김일성주의자들에 의해 지금까지도 집요하게 강력히 집행되고 있다. 미국과의 집요한 이간질, 일본과의 집요한 이간질이 그것이다. 북한을 추종하는 자들은 한미상호방위조약 폐기, 미군철수, 보안법 폐지, 연방제를 가장한 적화통일을 그 목표로 한다.

쿠키뉴스는 "조국 〈죽창가〉 따라 외친 문재인 정부…" 제하의 기사에서 일본의 국민정서상 감정적 대응이 아닌 논리적 접근이 이뤄졌어야 함에도 〈죽창가〉를 앞세운 감정적 대응으로 혐한 기류가 어느 때보다 강화됐다고 2020.12.18. 자로 보도했는데, 북한을 자유 통일하기 위해 국제 여건을 조성해야 할 이때에 일본을 친구로 만들지는 못하고 고의로 적으로 만들기 위해 자극하여 혐한 분위기만 강화시킨 것은 국익에 백해무익한 전형적인 반국가행위이기에 이 보도 내용에 동의한다.

그러나 외교·경제·국방·자유 통일을 위해 자유민주국 일본과는 잘 지내야 한다. 그것이 대한해협을 내해(內海) 삼아 두 지역을 경영한 우리 선조 가야와 백제의 유훈이기도 하다. 사랑하는 자가 이기는 것이다. 우리가 일본을 더 사랑하면 우리는 이기는 것이다. 그리고 일본은 국제 환경 조성 시 우리를 도와줄 수 있다.

2022.5.9.부터 새 정부에 의해 미국과 유대를 강화하기 위한 군사훈련 재개 등 각종 노력이 이뤄지는 것은 한국생존을 위해 매우 다행한 일이다. 우리 대통령이 일본 수상을 찾아가 회담한 것은 용기 있는 잘한 일이다. 김일성의 지령 '갓끈 전술'을 무력화시키는 것이 한국생존의 첫걸음인데, 보좌한 우리 외교장관의 탁견은 후일 역사가 높이 평가할 것이다.

북핵문제 해결도 김정은 체제 북한노동당정권을 붕괴시켜야 최종 해결이 된다. 이를 위해서는 북한이 가장 두려워하는 것을 해야 한다. 그 방법은 북한을 탈출하여 자유 대한으로 귀순해 북한 주민 2600만을 구출하기 위해 노심초사하는 탈북 전략가들인 태영호 국회의원과 이민복 대북풍선단장 등이 가장 잘 안다.

이들의 제안을 발전시킨 조갑제TV의 조갑제 대표는 북한이 가장 두려워하는 것은 북한의 접경지역 수십만 군인이 대북 확성기 방송을 듣고 김정은의 거짓 신격화가 무너져 총부리를 평양으로 돌리는 것과 평양 상공에 김정은의 거짓 신격화에 대한 진실을 담은 대북풍선을 떨어뜨려 김정은 체제 북한노동당정권이 무너지는 것이라고 2022.10.8. 보도했는데, 핵폭탄보다 무서운 '신격화 붕괴전략'에 동의하며 급소를 치면 항복하고 통일이 되는데 북한 위협에 겁먹고 80년 세월을 날린 것이 개탄스럽다.

북한이 가장 두려워하는 것을 실행하는 것이 북한을 가장 빨리 붕괴시키고, 노예 상태에서 신음하고 있는 2600만 주민을 구출하는 길이다. 대북 확성기 방송 재개와 대형 풍선에 의한 대북 전단을 북한 전역에 대규모로 본격적으로 살포하는 것을 속히 재개해야 한다.

이것을 겁을 내어 하지 못하게 하고 발목 잡는 보신주의자들인, 지략과 판단력 및 용력이 부족한 사람들은, 북한의 붕괴를 통한 노예 상태에서 신음하는 북한 동족의 구출을 더는 방해하지 말아야 한다. 그 자리에서 속히 물러나 이 전략을 제대로 수행할 적임자에게 자리를 넘겨줘야 한다. 그것이 고통당하고 있는 동족을 해방하는 길이다.

우리의 대북 방송과 대북 풍선의 전략 실행으로 김정은의 신격화가 무너지고 북한 2600만 주민들은 드디어 눈을 떠 진실을 알고, 자유와 인권의 나라 세계 7대 강국 동족 대한민국이 자신들을 세계 최악의 폭압과 세계 최악의 인권탄압과 기아에서부터 해방해 줄 것을 갈구하게 될 것이다. 서독에 의한 동독 통일도 이와 유사한 여건 조성을 거쳐서 달성될 수 있었다.

그런 연후에 국제환경을 조성하여 노예 상태에서 신음하는 북한 주민 2600만 명을 자유민주 통일로 구출해야 한다. 김정은의 신격화가 붕괴되면 북한은 무너진다. 핵무기보다 더 무서운 강력한 무기인 진실의 무기를 쏨에 더는 시간을 지체하지 말아야 한다. 그리하여 세계 최악의 폭압과 세계 최악의 인권탄압 및 기아에서 신음하는 북한 주민 2600만을 이제는 더는 지체하지 말고 구출해야 한다. 그것이 하나님 앞과 세계 인류 앞에 동족인 우리가 해야 할 일이다.

자유 통일로 북한 주민을 구출한 후에는 폭정으로 인한 영양결핍으로 남한보다 키가 약 10㎝나 작은 북한 주민들에게 영양공급을 집중적으로 해주어 체력을 회복시키고, 잃었던 자유의 품으로 안아 주며, 저들의 인구가 2600만에서 4000만으로 증가하도록 한다.

그리하면 자유 통일된 우리나라 남북한 인구는 1억 1000만 명이 되어, 장차 만주 수복 후 총선 및 대선 시 예상되는 총인구 약 2억 1천만 명의 과반을 차지함으로써, 자유민주주의 체제 수호의 토대를 마련할 수 있다.

2) 2단계 전략

2단계 전략은 국제 여건 조성을 강화하는 것에서 시작된다. 특히 세계 슈퍼파워 미국과 더욱 친밀히[20] 지내야 한다. 미국 조야(朝野)[21]를 움직이고 노벨상 30%가량을 수상하며 지략을 가진 유대인들과도 친밀히[22] 지내야 한다. 미국은 자유와 인권을 중시하는 나라일 뿐만 아니라 전략과 힘을 겸비한 천조국(千兆國)[23]이다. 미국이 이스라엘을 보호할 때 한국도 생각해 주도록 평소에 좋은 관계를 잘 맺고 있어야 한다.

미국과 중국은 체제가 다르기 때문에 알력이 있을 수밖에 없다. 미국은 한국의 중요성, 특히 중국과 러시아에 대한 억제력으로서의 한국의 중요성을 인식하고 있기에 상호 협력은 윈윈의 결과를 가져올 것이다. 자유민주주의, 인권 존중, 배고픔 극복을 넘어, 인간다운 삶을 맛본 우리의 북한 동족들은 만주의 동족들에게 자유민주 통일을 해야 하는 이유를 증언하고 설득할 것이다.

가슴을 열고 깊이 생각하고 멀리 보아야 한다. 그래야 유물론 사회주

---

20) 미국과 친하게 지내는 영국, 캐나다, 호주, 이스라엘 등은 발전하나, 미국을 대적하여 전쟁하던 독일, 이탈리아, 일본은 패전했다. 일본이 미국과 친할 때는 국세가 성장했으나, 미국을 대적하여 전쟁했을 때는 패전했음을 반면교사 삼아 우리는 미국과 가장 친한 나라가 되어야 한다.

21) 토니 블링컨은 국무장관으로서 유대인이고, 미국 4대 일간지와 5대 방송의 경영진과 필진 및 앵커의 거의 절반을 유대인이 차지하고 있다.

22) 스페인이 유대인을 등용했을 때는 세계 리더국이 되었으나 추방했을 때는 국세가 기울었다. 그 추방된 유대인을 받아들였던 네덜란드는 세계 리더국으로 발돋움했다. 600만 유대인을 학살하던 독일은 패전했고, 탈출하던 유대인들을 받아들인 미국은 독보적 세계 리더국으로 발돋움했다. 일본이 친유대정책을 펴던 다이쇼(大正)시대는 국세가 성장했으나, 독일과 동맹하느라 반유대정책을 펴던 쇼와(昭和)시대는 패전한 역사를 타산지석으로 삼아 우리는 유대인과 가장 친한 나라가 되어야 한다.

23) 미국 2023년 국방예산은 8133억 달러(=1160조 원)로 1000조 원을 넘는다. 이는 세계 100개국 군사비 총액과 맞먹는, 타의 추종을 불허하는 압도적 1위이다. 가장 유능한 장군들을 보유하고, 무기 성능도 아주 탁월하다.

의하에서 신음하며 영혼마저 고통받는 동족도 구출하고 선조의 땅도 되찾는 민족 대통일을 달성할 수 있다. 우리에게도 하나님을 경외하고 국민을 사랑하는 '진정한 정치가'가 배출되어 국제환경을 조성하고 주변국들을 설득하여, 미국과 자유민주 우방국들의 협조하에 마침내 선조들의 땅을 되찾고 동족도 되찾아야 한다.

그때는 자유와 인권이 보장된 나라, 민족이 대통일된 새 나라에서 1억 만주 동족과 함께 총 2억 1천만 명의 우리 민족은 서로 껴안고 감격의 눈물을 흘리며 민족 대통일을 하게 해 주신 하나님께 깊이 감사드릴 것이다. 민족 대통일이 된 새 나라는 면적 120만㎢, 인구 2억 1천만 명 정도가 될 것이다.

통일신라의 경주 수도 고집이 가져온 실패를 거울삼아, 민족 대통일을 한 새 나라 대한(大韓, Great 'Corea')[24]은 민족대통합을 위해 수도를 국토의 중심이자, 나라 지도의 중심이며, 우리들의 공통 선조 고조선의 수도였던 아사달(阿斯達, 후대 장춘: 長春)로 옮겨야 한다. 그리고 그 수도의 지명 장춘은 '서울(Sirwool)'[25]이라고 개칭하여 수복(收復)을 기념하고 새역사 창조의 결의를 천명해야 한다.

---

24) 일본 Japan보다는 알파벳이 앞선 Corea로 함이 여러 면에서 좋다.

25) 세계 인구의 ⅓인 26억 기독교인들은 '무덤' 혹은 '지옥'을 뜻하는 '셰올(Sheol) 또는 스올'을 혐오한다. 셰올(Sheol)과 5자 알파벳 표기와 발음이 유사한 Seoul은 매우 큰 경계심을 본능적으로 불러일으킨다. 국익과 민족의 이미지 향상을 위해 속히 변경하는 것이 좋다. 알파벳 7자인 'Sirwool'은 '경'이라는 'Sir'가 들어가니 영국인에게도 'Sir Churchill(처칠 경)'처럼 유대감과 친근감을 본능적으로 준다. 극과 극의 차이이니 속히 영어 표기를 변경함이 좋다.

서울과 평양은 보통명사이자 고유명사이다. 신라의 수도 서라벌이 셔블로 변경되었다가 서울로 변경된 것은 잘 알려진 사실이다. 고구려가 수도를 평양으로 부른 것처럼, 한국은 수도를 서울이라고 부른다. 수도가 옮겨지면 그곳이 서울이 된다. 민족 대통합을 위해, 국토의 중심이자 나라 지도의 중심으로 옮기는 것은 마땅하다.

민족 대통일이 된 후는 출산율을 2.2명으로 조정해야 한다. 출산율 2.2명은 안전출산율이고 30년 만에 인구가 5%씩 안정적으로 성장하기 때문이다. 이는 수요증가와 공급증가를 안정적으로 꾸준히 유도하므로 기업을 살리는 길이기도 하다.

단, 유의할 점은 수천 년간 우리를 노리는 세계 최대 인구국 중국을 상대해야 하기에 중국보다는 출산율을 높게 유지해야 한다는 것이다. 중국이 출산율 2.3명을 고수한다면 우리는 2.4명 이상을 유지하는 정책을 시행해야 한다.

승리는 좌절하지 않고 끝없이 도전하는 자의 것이다. 애국가처럼 '하느님의 보우하심'을 우리 민족은 받아야 한다. 구출한 동포들과 함께 2억 1천만이 자유와 인권이 보장된 새 나라에서 인간답게 살며, 세계 2대 원조국 겸 세계 2대 강국이자 핵보유국이 되어야 한다.

그리하여 세계 열방을 구제하며 자유와 진리 가운데로 선도하는 나라가 되어야 한다. 이는 하나님의 보호하심을 받으면 가능하다. 그 은혜는 우리가 하나님을 사랑하고 경외하면 반드시 주신다.

저출산 극복

초판 1쇄 발행 2023년 3월 17일

지은이 박영수
펴낸이 이기봉
편집 좋은땅 편집팀
펴낸곳 도서출판 좋은땅
주소 서울특별시 마포구 양화로12길 26 지월드빌딩 (서교동 395-7)
전화 02)374-8616~7
팩스 02)374-8614
이메일 gworldbook@naver.com
홈페이지 www.g-world.co.kr

ISBN 979-11-388-1712-7 (03330)